Oeuvres De Saint-françois D'assise...

François d'Assise, Berthaumier

Séminaire des _____,
Chablis ?

BIBLIOTHÈQUE

FRANCISCAINE

PROPRIÉTÉ DE

ŒUVRES

DE

SAINT FRANÇOIS D'ASSISE

FONDATEUR DE L'ORDRE DES FRÈRES MINEURS

SUIVIES DES ŒUVRES

DU BIENHEUREUX ÉGIDIUS D'ASSISE

DE CELLES

DU BIENHEUREUX JACQUES DE TODI

ET DE NOTICES

SUR LES PREMIERS DISCIPLES DE SAINT FRANÇOIS D'ASSISE

TRADUITES

PAR M. BERTHAUMIER

Curé de Levet

DU TIERS-ORDRE DE SAINT-FRANÇOIS

PARIS

LIBRAIRIE DE Mme Ve POUSSIELGUE-RUSAND

RUE CASSETTE, 27

—

1863

INTRODUCTION

———

Trente ans environ après la mort de saint François, un de ses disciples les plus illustres écrivait : « J'ai recueilli, du moins en partie, sinon d'une manière parfaite, ce qui est impossible, les vertus, les actes, les paroles de notre bienheureux Père, comme autant de précieuses reliques éparses çà et là, de peur que, les compagnons de ce grand serviteur de Dieu venant à mourir, elles ne périssent tout à fait. Afin de connaître d'une manière plus parfaite et plus assurée la vérité de ce que je me chargeais de transmettre à la postérité, je me suis entretenu soigneusement de ce qui concernait François avec ses disciples encore vivants, et surtout avec plusieurs de ceux qui furent des témoins plus intimes et des imitateurs plus empressés de sa sainteté, hommes vraiment dignes de foi par leur propre connaissance des choses et par leur vertu à toute épreuve. »

Ce que saint Bonaventure fit avec un soin si pieux, d'autres disciples du saint patriarche l'ont fait avec un zèle égal, et c'est à leur empressement à conserver, « comme autant de reliques précieuses, » les paroles de leur bien-aimé Père, que nous sommes redevables de la portion la plus grande de ses œuvres. Cet illustre serviteur de Dieu, tout entier à la contemplation des choses divines et des affaires de son Ordre, avait peu écrit ; et, sans ce zèle de ses disciples, ce que nous avons de lui serait bien restreint.

François, « dès sa plus tendre jeunesse, fut nourri dans la frivolité, au milieu des enfants des hommes, et livré, après une légère teinture des lettres, aux soins absorbants du commerce (1). » Mais il était doué d'une imagination vive, d'une âme ardente, d'un cœur profondément sensible et d'une grande rectitude de jugement ; il s'était conservé pur des entraînements de la chair avant sa conversion parfaite au Seigneur, et rien n'avait altéré en lui cette fraîcheur d'une belle intelligence, cette délica-

(1) Saint Bonaventure, *Légende*, ch. I.

tesse de sentiments élevés dont la bonté divine l'avait favorisé.

Une fois converti, « son application infatigable à l'oraison, accompagnée de l'exercice continuel de toutes les vertus, produisit en son âme une telle sérénité, qu'il pénétrait avec une rare profondeur d'intelligence les passages les plus difficiles des saintes Écritures. La pureté sans tache de son cœur lui ouvrait l'entrée aux endroits les plus cachés de nos mystères, et l'ardeur de son amour le faisait arriver là où la science du maître est impuissante à aborder. Un docteur en théologie l'interrogea un jour sur certaines questions fort difficiles. Il lui découvrit avec une telle clarté de doctrine les mystères de la divine Sagesse, que le docteur, plein d'étonnement et d'admiration, s'écria : « La « théologie de cet homme bienheureux s'est « élevée comme l'aigle au milieu des régions « les plus hautes, sur les ailes de la pureté et « de la contemplation ; mais notre science à « nous ne fait que se traîner contre terre. » Au reste, ajoute saint Bonaventure, nous ne devons pas être surpris de voir le serviteur de Dieu doué divinement d'une telle intelligence des Écritures ; il s'efforçait, en marchant sur les traces du Sauveur, d'en reproduire la vérité parfaite dans toute sa conduite, et l'Esprit-Saint, répandant en son cœur la plénitude de son onction, s'était fait lui-même son docteur (1). »

Ainsi les œuvres de François d'Assise ne doivent point être considérées au point de vue de la science humaine, dont il ignorait les secrets, quoique à ce point de vue même elles ne soient point à dédaigner, mais au point de vue de la foi. Formant à peine un faible volume, elles tiennent un rang distingué parmi les productions du moyen âge. Cette époque si féconde en puissants génies, en saints admirables, en créations de tout genre, n'a pas compté dans ses annales un homme comparable à l'illustre fondateur de l'Ordre franciscain, et ce que cet homme était dans ses entreprises destinées à exercer sur le monde une influence si grande, il l'est dans ses écrits.

Ces écrits sont l'image de son âme, la manifestation intime de sa pensée, de ses aspirations, de ses vues; ils sont le canal qui doit transmettre son esprit à ses enfants, ou plutôt l'incarner en quelque sorte en eux. La foi seule en est le principe, et il en a creusé si profondément les mys-

_____

(1) *Légende*, ch. xi.

tères, qu'il en a tiré une règle de conduite et des enseignements dont la sublimité étonne et confond la pensée humaine.

Aussi ces écrits sont-ils le phare qui depuis sept siècles a dirigé l'ordre entier des Frères-Mineurs ; à sa lumière seule il a pu franchir les écueils, surmonter les tempêtes, échapper aux dangers de toute sorte semés sous ses pas, et jamais il ne s'en est éloigné sans se sentir aussitôt agité et menacé du naufrage.

La règle des Frères-Mineurs n'est que l'abrégé des écrits de François ; l'âme, la vie de cette règle se trouve dans l'ensemble de ses œuvres ; c'est là, et là seulement, qu'il faut en aller chercher l'intelligence. Qui n'a pas médité ses œuvres ne saurait comprendre l'Ordre créé par sa charité ; ce serait pour lui une folie, le regard humain est impuissant à pénétrer un tel mystère.

Mais une fois initié au secret de cet homme héroïque, une fois conduit avec lui au pied de la croix et de la crèche, le mystère se révèle ; ce que veut François, c'est le salut du monde le salut comme l'a voulu le Sauveur lui-même, en naissant dans la pauvreté, en mourant dépouillé, en n'ayant qu'un tombeau d'emprunt ;

le salut comme l'ont voulu ses apôtres, en laissant de côté toutes les sollicitudes de la vie pour vaquer uniquement à la prière et à la prédication, en n'ayant ni patrie ni demeure propre, en ne gardant même pas pour eux où reposer leur tête.

Mais dans cette position sublime se trouvent des dangers. Dejà d'autres pauvres se sont élevés ; sans rien comprendre aux exemples du Sauveur et des apôtres, sans faire la part des temps et des besoins d'une société immense et établie dans tout l'univers, sans connaître même les premières nécessités d'une société quelconque, ils ont accusé les chefs de l'Église, ils ont blâmé les possessions de cette Église, ils la voulaient nue comme le Christ sur la croix.

François d'Assise se présente, lui, non pas comme le censeur de ce qui existe, mais comme l'aide de ceux que Jésus-Christ a placés à la tête du troupeau, comme le serviteur de tous. S'il ne veut rien posséder, c'est afin d'être, comme le soldat, prêt à courir sur tous les champs de bataille, prêt, comme le serviteur, à s'acquitter de tous les ministères à la voix du maître. A ce maître ou à ses enfants il abandonne le soin de le nourrir ; il les connaît assez pour savoir qu'ils ne le laisseront pas manquer du pain de chaque jour, et, libre de ce côté, il peut sans sollicitude s'entretenir avec le Ciel, parler des choses du Ciel avec tous les hommes, mener une vie céleste au milieu des hommes. Il prêche donc la pauvreté, il exalte la pauvreté comme le principe de sa liberté ; mais, en la choisissant pour son partage, il se gardera bien de s'en faire une arme contre ce qu'il trouve divinement établi ; elle est un moyen de perfection entre ses mains et rien de plus.

L'orgueil peut aussi envahir l'âme élevée de la sorte au-dessus des besoins communs de la vie. Il parera à ce danger en prêchant l'humilité à l'égal de la pauvreté. S'il ne veut pas des biens de la terre, des biens de l'Église, encore moins veut-il des honneurs. Il est venu pour servir, et il accepte sans réserve les humiliations, les mécomptes, les déboires, les dédains, les mépris attachés au rang de serviteur ; il prend à la lettre la parole de l'Évangile, il se croit un serviteur inutile après avoir usé sa santé, sa vie, au service des autres ; il veut être considéré comme tel, et celui d'entre les siens qui aurait une prétention plus élevée ne serait plus à ses yeux qu'un faux frère. De là le nom de *Mineurs* donné à ses enfants.

De ce titre de *serviteur* naît le devoir de l'obéissance, et d'une obéissance absolue aux volontés des maîtres. Ces maîtres sont pour l'Ordre le pape, les évêques, l'Église; pour chacun des frères la voix du supérieur, de la règle. L'obéissance parfaite, sans murmure, empressée, allègre, suppose la perfection à un degré sublime dans toutes les vertus; aussi la moindre faute en ce genre est-elle considérée comme une tache de déshonneur, un signe d'indignité. L'obéissance sera donc, avec l'humilité, avec la pauvreté, le sujet des prédications perpétuelles de François.

Mais cet état d'abaissement et de servitude n'a pas un principe humain, il a pris naissance dans la croix du Sauveur; c'est donc vers cette croix divine et tout ce qui s'y rattache que se porteront les pensées, les désirs, les affections de François. Il en parlera comme de l'objet de sa tendresse, comme du terme de son ambition; il se passionnera pour la croix, et cette passion il voudra la faire partager à ses enfants et à tous les hommes. La croix sera sa lumière et sa sagesse, son bien et son trésor; tout pour lui viendra se résumer en la croix, comme tout s'y résume aux yeux de Dieu.

Nous sommes bien loin de la terre en ce moment; nous parlions de François comme d'un homme peu versé dans les lettres humaines; qu'importe la science terrestre quand on est comme lui attaché à la croix de Jésus-Christ? Chacune des paroles tombées de la bouche d'un tel homme doit être recueillie avec respect, méditée avec amour, et, avant de juger son savoir, il faut avoir collé ses lèvres sur la croix, avoir demandé à la croix l'intelligence. Alors on s'écriera avec un grand poëte :

« A Assise naquit pour le monde un soleil comparable à celui qui semble sortir du Gange. Que celui qui veut parler de ce lieu ne le nomme pas Assise, ce nom dirait trop peu; qu'il l'appelle Orient, s'il veut employer le mot propre (1). »

Nous arrêterons ici ces réflexions; nous n'avons pas à faire l'éloge des écrits de François, non plus que de ses actes; ce qui vient de l'âme d'un tel homme sera toujours cher à ses enfants, et c'est pour eux en particulier, pour les membres du tiers-ordre, aujourd'hui si répandu en France, que nous avons entrepris en notre langue cette traduction.

(1) Dante, *Paradis*, cant. xi.

A ces écrits nous avons joint ceux d'un homme bien cher à notre saint, du bienheureux Ægidius, puis quelques chapitres empruntés à un autre de ses enfants, le bienheureux Jacques de Todi, si semblable à François par les élans de son amour et son ardeur pour les humiliations.

Enfin, nous avons ajouté quelques notices sur les premiers compagnons du saint fondateur. Après avoir fait connaître les entretiens du père avec sa famille, nous tenions à montrer sur quel terrain tombait sa parole bénie, quels fruits de salut elle produisait. On aime à voir revivre le père en ses enfants, et quels hommes ont mieux rappelé à la terre cet illustre serviteur de Dieu que ceux dont nous avons esquissé la vie ?

Puisse notre travail aider à faire aimer et vénérer de plus en plus François d'Assise ! Puisse-t-il surtout propager sa doctrine et ses enseignements ! c'est la doctrine de la croix, la doctrine envoyée par le Père céleste à la terre.

Levet, le 22 novembre 1862.

ŒUVRES

DE

SAINT FRANÇOIS D'ASSISE

PREMIÈRE PARTIE

—

LETTRES

—

· LETTRE Ire

A tous les chrétiens, religieux, clercs, laïques, hommes et femmes, à tous ceux qui habitent l'univers.

Oh! qu'ils sont bénis et heureux ceux qui aiment Dieu, et font comme le Seigneur dit dans l'Évangille : « Vous aimerez le Seigneur votre Dieu de tout votre cœur et de toute votre âme, et votre prochain comme vous-même (1) ! » Aimons donc Dieu et adorons-le avec un cœur pur et un esprit sans tache; c'est là ce qu'il demande par-dessus tout quand il dit : « Les vrais adorateurs adoreront Dieu le Père en esprit et en vérité; il faut que tous ceux

(1) Matth., XXII.

qui l'adorent l'adorent ainsi en esprit et en vérité (1). » Je vous salue dans le Seigneur (2).

LETTRE II

A tous les fidèles du Christ.

A tous les chrétiens, religieux, clercs, laïques, tant
hommes que femmes, à tous les habitants de
l'univers, frère François, leur serviteur et sujet,
hommage et respect, la vraie paix du ciel et la
charité sincère dans le Seigneur.

I. — Étant le serviteur de tous, je suis tenu de
servir tout le monde et d'offrir à tous les hommes
les paroles suaves et embaumées de mon Seigneur.
C'est pourquoi, après avoir considéré en moi-même
l'impuissance où je me trouve, à cause de l'infirmité et de la faiblesse de mon corps, de visiter
chacun en personne, j'ai pris la résolution de vous
adresser par le message de la présente lettre les
paroles de Notre-Seigneur Jésus-Christ, qui est le
Verbe du Père, et les paroles de l'Esprit-Saint, qui
sont esprit et vie.

(1) Joan., iv.

(2) Cette lettre fut écrite l'an 1213. Saint François, empêché
par une grave maladie de travailler au salut des âmes, voulut y
suppléer en écrivant ces quelques lignes. On s'en disputa les
copies, tant on vénérait tout ce qui venait d'un tel homme, et
bientôt on le pria de toutes parts de vouloir bien adresser aux fidèles
une instruction plus étendue, ce qui donna lieu à la seconde
lettre, une des plus belles écrites par le saint patriarche.

II. — Ce Verbe du Père si excellent, si saint et si glorieux, le Père lui-même, le Très-Haut, nous l'a annoncé des hauteurs célestes par son saint archange Gabriel. Il est descendu dans le sein de Marie, la Vierge glorieuse ; dans ce sein, il a pris la vraie chair de notre fragile humanité. Alors qu'il était riche, il a voulu avec sa très-bienheureuse Mère choisir en ce monde la pauvreté de préférence à tout le reste. A l'approche de sa Passion, il a célébré la Pâque avec ses disciples, et prenant du pain, il l'a béni et rompu en disant : « Prenez et mangez ; ceci est mon corps. » Puis, prenant le calice, il a dit : « Ceci est mon sang, le sang de la nouvelle alliance, qui sera répandu pour vous et pour beaucoup pour la rémission des péchés. » Ensuite il a prié son Père en disant : « Mon Père, si cela est possible, que ce calice passe loin de moi (1). » Et il lui vint une sueur comme de gouttes de sang qui découlaient jusqu'à terre (2). Cependant il soumit sa volonté à la volonté de son Père en disant : « Mon Père, que votre volonté se fasse ! Qu'il soit fait non comme je le veux, mais comme vous le voulez. »

Or la volonté du Père a été que son Fils béni et glorieux, qu'il nous a donné et qui est né pour nous, s'offrit lui-même par son propre sang comme sacrifice et hostie sur l'autel de la croix, non pour

(1) Matth., XXVI. — (2) Luc, XXII.

lui, par qui tout a été fait, mais pour nos péchés, en nous laissant son exemple afin de nous porter à suivre ses traces. Il veut que nous soyons tous sauvés par lui, et que nous le recevions lui-même avec un cœur pur et un corps chaste. Mais bien peu consentent à le recevoir et à se sauver par lui, quoique son fardeau soit suave et son joug léger.

III. — Ceux qui ne veulent point goûter combien le Seigneur est doux, et aiment les ténèbres de préférence à la lumière en refusant d'accomplir les commandements de Dieu, ceux-là sont maudits ; d'eux il est dit par le Prophète : « Maudits ceux qui se détournent de vos commandements (1). » Mais combien sont bénis et heureux ceux qui l'adorent en esprit et en vérité, comme il le demande ! Offrons-lui donc nos louanges et nos prières le jour et la nuit en disant : « Notre Père, qui êtes dans les cieux, etc. » Car il nous faut toujours prier, et ne jamais nous lasser.

IV. — Nous devons également confesser tous nos péchés au prêtre et recevoir le corps et le sang de Notre-Seigneur Jésus-Christ ; car celui qui ne mange pas sa chair et ne boit pas son sang ne peut entrer dans le royaume de Dieu. Cependant que chacun le mange et le boive dignement parce que celui qui mange indignement mange et boit son jugement, en ne faisant aucun discernement du corps du Seigneur.

(1) Ps. cxviii.

V. — De plus, faisons de dignes fruits de péni-tence, et aimons notre prochain comme nous-mêmes. Si quelqu'un ne veut pas aimer les autres comme soi-même, qu'au moins il ne leur cause au-cun mal, mais leur fasse du bien.

VI. — Que ceux qui ont reçu le pouvoir de juger exercent toujours la justice conjointement avec la miséricorde, en se souvenant qu'ils veulent aussi obtenir eux-mêmes miséricorde du Seigneur; le jugement sera sans miséricorde pour celui qui ne fait pas miséricorde

Ayons la charité et l'humilité, et faisons l'au-mône, car l'aumône purifie nos âmes des souillures du péché. Les hommes perdent tout ce qu'ils lais-sent dans ce monde, mais ils emportent avec eux la récompense de la charité et les aumônes qu'ils ont faites; ils en obtiendront du Seigneur le prix et la juste rétribution.

VII. — Nous devons jeûner et nous abstenir de tout acte vicieux et propre à nous conduire au péché, de même que de toute superfluité dans les choses de la vie. Nous devons aussi, nous qui sommes catholiques, visiter fréquemment nos églises, respecter et vénérer les ecclésiastiques à cause de l'office confié à leurs soins et de l'admi-nistration du saint corps et du sang de Jésus-Christ, qu'ils offrent en sacrifice, reçoivent et donnent aux autres. Sachons tous indubitablement que nul ne peut être sauvé que par les saintes paroles et le sang de Notre-Seigneur Jésus-Christ, que les clercs prêchent, annoncent et administrent, et dont eux seuls doivent être les ministres.

VIII. — Les religieux et ceux qui ont renoncé au siècle sont tenus d'une façon spéciale à des œuvres bien plus nombreuses et plus considérables, à laisser de côté les choses dont ils n'ont pas besoin, et à avoir en haine leur propre corps avec ses vices et ses péchés, parce que le Seigneur a dit dans l'Évangile : « Tous les maux sortent du cœur (1). » Nous devons aimer nos ennemis, faire du bien à ceux qui nous haïssent, observer les préceptes et les conseils de notre Rédempteur, nous renoncer nous-mêmes et placer nos corps sous le joug de la servitude et de l'obéissance. Mais nul n'est tenu à obéir là où il y a crime ou péché; nous sommes venus ici uniquement pour donner aux autres l'exemple des bonnes œuvres en sauvant nos âmes.

IX. — Que celui à qui l'obéissance est due et le pouvoir confié, celui qui est considéré comme le plus grand, que celui-là, dis-je, s'applique à devenir le plus petit et le serviteur des autres frères ; qu'il soit miséricordieux envers ses inférieurs comme il voudrait qu'on le fût pour lui s'il était lui-même sujet. Que la faute d'un frère ne l'entraîne pas à s'irriter contre ce frère ; mais qu'il le

(1) Matth., XIII.

corrige, l'avertisse et le supporte avec bénignité, en toute patience et humilité.

X. — Ne soyons point sages et prudents selon la chair, mais simples, humbles et purs. Ayons nos corps en opprobre et en objet de mépris, car par notre péché nous sommes tous misérables et corruptibles, selon cette parole du Seigneur dans le Prophète : « Je suis un ver de terre, et non un homme ; l'opprobre des hommes et le rebut de mon peuple (1). » Nous ne devons jamais désirer être élevés au-dessus des autres, mais plutôt être soumis et sujets à toute créature, à cause de Dieu. Et tous ceux qui auront agi ainsi, et persévéré jusqu'à la fin, l'esprit du Seigneur se reposera sur eux, il fera en eux sa demeure et son séjour, ils seront les enfants du Père céleste, dont ils accomplissent les œuvres, ils sont les épouses, les frères et les mères de Notre-Seigneur Jésus-Christ. Nous sommes, dis-je, les épouses de Jésus-Christ, parce que les âmes fidèles sont unies à l'Esprit-Saint ; nous sommes ses frères toutes les fois que nous faisons la volonté de notre Père, qui est dans les cieux ; nous sommes ses mères toutes les fois que nous le portons dans notre cœur et notre corps par l'amour et une conscience sincère, toutes les fois que nous l'enfantons par des œuvres saintes qui doivent briller aux yeux des autres et leur servir d'exemple.

Oh ! combien il est glorieux et grand d'avoir un

(1) Ps. XXI.

père dans les cieux ! combien il est saint d'avoir pour époux le Consolateur, lui si beau et si aimable ! combien c'est une chose parfaite, délectable, bonne, conforme à l'humilité, utile à la paix, une chose douce, délicieuse et désirable sur tout le reste, d'avoir pour frère Celui qui a donné sa vie pour ses brebis et a prié son Père pour nous en disant : « Mon Père, conservez en votre nom ceux que vous m'avez donnés. Mon Père, tous ceux que vous m'avez donnés en ce monde étaient à vous, et vous me les avez donnés ; et je leur ai donné les paroles que vous m'avez données, et ils les ont reçues, et ils ont connu que je suis sorti de vous, et ils ont cru que vous m'avez envoyé. Je prie pour eux, je me sanctifie pour eux, afin qu'ils soient eux-mêmes sanctifiés, et qu'ils soient un comme nous sommes un. Je désire, ô mon Père, que là où je suis, là aussi soit mon serviteur, afin qu'il contemple ma gloire dans mon royaume (1). »

XI. — Or qu'à ce Dieu qui a tant souffert pour nous, qui d'un seul coup nous a conféré tant de biens et nous en conférera tant dans la suite, qu'à ce Dieu toute créature qui est au ciel, sur la terre, en la mer, au fond des abîmes, rende la louange, la gloire, l'honneur et la bénédiction ; il est lui-même notre vertu et notre force ; il est seul bon, seul très-haut, seul tout-puissant, admirable et

---

(1) Joan., XVII, *passim*.

glorieux, seul saint, digne de louanges et béni durant les siècles infinis des siècles. *Amen*.

XII. — Tous ceux qui n'embrassent pas la pénitence, et ne reçoivent pas le corps et le sang de Notre-Seigneur Jésus-Christ, mais se livrent au vice et au péché, suivent leur concupiscence et leurs mauvais désirs, n'observent pas les choses qu'ils ont promises, abandonnent leurs corps au monde, à la chair et à ses passions, aux soins et aux sollicitudes du siècle et de la vie présente, ceux-là dis-je, sont trompés par le diable, ils sont ses enfants; ils accomplissent ses œuvres. Ce sont des aveugles; ils ne voient pas la vraie lumière, Notre-Seigneur Jésus-Christ. Ils n'ont point la sagesse de l'Esprit-Saint, parce qu'ils n'ont point en eux-mêmes le Fils de Dieu, la vraie sagesse du Père, dont il est écrit : « Leur sagesse a été dévorée (1) »; ils voient, connaissent, comprennent, font le mal, et perdent sciemment leurs âmes. Comprenez donc, ô aveugles, qui êtes le jouet de vos ennemis, c'est-à-dire de la chair, du monde et du démon, comprenez que si servir votre corps est un péché d'où vous tirez quelque plaisir, c'est une chose amère aux yeux de Dieu; comprenez que tous les maux sortent du corps de l'homme et ont là leur principe, comme le Seigneur le dit dans l'Évangile. Vous vous imaginez posséder longtemps les frivolités de ce monde; bientôt viendront

(1) Ps. CVI.

le jour et l'heure auxquels vous ne pensez pas, que vous ne connaissez pas et que vous ignorez.

XIII. — Voilà que le corps tombe malade, la mort approche, les parents et les amis viennent et disent à l'homme : « Mettez ordre à votre maison ; car vous ne vivrez plus désormais, vous allez mourir. » L'épouse de cet homme, ses enfants, ses proches et ses amis feignent de pleurer, et lui, portant sur eux ses regards, les voit dans les larmes ; un sentiment mauvais s'empare de lui, il réfléchit et répond : « Je mets entre vos mains mon âme, mon corps et tout ce qui m'appartient. » En vérité il est maudit, cet homme qui confie et expose en de telles mains son âme, son corps et tous ses biens. Aussi le Seigneur a-t-il dit par son prophète : « Maudit soit l'homme qui place son espérance dans l'homme (1)! » Les proches appellent aussitôt le prêtre, qui lui dit : «Voulez-vous recevoir le pardon de tous vos péchés? — Je le veux bien. — Voulez-vous satisfaire pour les fautes dont vous êtes coupable, réparer avec votre bien ce que vous avez dérobé ou enlevé aux autres par des moyens frauduleux ? — Non, je ne le veux pas. — Et pourquoi pareil refus ? — Parce que j'ai remis tous mes biens entre les mains de mes proches. » Alors cet infortuné commence à perdre la parole, et il meurt ainsi. Mais que tous sachent bien qu'en quelque lieu et de quelque manière qu'un homme meure

(1) Jérém., xvii.

en péché mortel, et sans avoir satisfait, alors qu'il l'a pu et a négligé de le faire, qu'ils sachent que le démon s'empare d'un tel homme, et enlève son âme de son corps, au milieu d'angoisses et de tribulations telles, que nul ne peut s'en faire une idée, si ce n'est celui qui a souffert quelque chose de semblable. Alors tous les talents, la puissance, le savoir qu'il pensait posséder, lui sont ravis, ses proches et ses amis prennent et se partagent les biens qu'il leur a donnés, et ils disent ensuite : « Que son âme soit maudite, il pouvait nous donner davantage, et il ne l'a pas fait, il pouvait acquérir de plus qu'il n'a acquis ; » et autres choses du même genre. Les vers mangeront le corps, les démons rongeront l'âme, et ainsi il aura perdu son corps et son âme à cause de ce siècle passager.

Moi frère François, votre tout petit serviteur, je vous prie et vous conjure dans la charité qui est Dieu et avec le désir d'embrasser vos pieds, de vouloir bien recevoir, faire fructifier et mettre en pratique avec humilité et amour ces paroles ainsi que les autres de Jésus-Christ Notre-Seigneur. Que tous ceux qui les auront accueillies avec bienveillance et les auront comprises s'en servent pour l'édification du prochain. S'ils y sont fidèles jusqu'à la fin, qu'ils reçoivent la bénédiction du Père, du Fils, et du Saint-Esprit. Ainsi soit-il.

LETTRE III

Au bienheureux Antoine de Padoue.

A mon bien-aimé frère Antoine, frère François, salut dans le Seigneur.

Ma volonté est que vous expliquiez aux frères les enseignements de la sainte théologie, mais de telle manière cependant (ce que je désire par-dessus tout) que l'esprit de la sainte oraison ne s'éteigne ni en vous, ni dans les autres, selon la règle que nous professons. Adieu.

LETTRE IV

A la bienheureuse vierge Claire et aux autres sœurs de Saint-Damien.

A la très-chère sœur Claire et aux autres sœurs de Saint-Damien, frère François, salut dans le Seigneur.

Puisque, par l'inspiration du Seigneur, vous vous êtes faites les filles et les servantes du Très-Haut, du Roi suprême, du Père céleste; puisque vous vous êtes fiancées au Saint-Esprit pour vivre selon la perfection du saint Évangile, ma volonté est, et j'en fais la promesse pour moi et pour mes frères, d'avoir en tout temps de vous comme de nous-mêmes un soin diligent et une sollicitude spéciale. Adieu dans le Seigneur.

LETTRE V

Aux mêmes.

A sa très-chère sœur Claire et aux autres sœurs de Saint-Damien, salut dans le Seigneur.

Moi, tout petit frère François, je veux suivre la vie et la pauvreté de notre très-haut Seigneur Jésus-Christ et de sa très-sainte Mère, et y persévérer jusqu'à la fin. Je vous prie donc, Mesdames, et vous donne à toutes le conseil de vivre toujours de cette vie très-sainte et dans cette pauvreté. Apportez le soin le plus grand à ne jamais vous en éloigner en aucune manière, malgré tout enseignement ou tout conseil contraire. Adieu dans le Seigneur.

LETTRE VI

Au frère Élie, vicaire général de tout l'Ordre.

A son révérend Père dans le Christ frère Elie, vicaire général de tout l'Ordre, frère François, salut dans le Seigneur.

Mon frère, que Dieu vous donne sa sainte bénédiction. Soyez patient et bien disposé en toutes choses. Si vos frères vous contristent en quelque point, rapportez à Dieu ce que vous aurez eu à souffrir. En cela seulement je vous reconnaîtrai pour un vrai serviteur de Dieu, si vous lui ramenez par la miséricorde le frère qui s'égare, et si vous ne cessez point d'aimer celui qui a commis quelque faute grave. Si par quelque crainte humaine il n'osait implorer sa grâce, demandez-lui, vous, s'il désire être pardonné. Si quelqu'un à la persuasion du diable était tombé dans un péché considérable, qu'il ait recours à son gardien; que celui-ci l'envoie au provincial, et que le provincial le reçoive avec tendresse. S'il le voit repentant, qu'il lui dise : « Allez, et gardez-vous de pécher à l'avenir. » Adieu dans le Seigneur.

LETTRE VII

Au même.

A son révérend Père dans le Christ frère Élie, vicaire général de tout l'Ordre, frère François, salut dans le Seigneer.

Frère Élie, en tout ce que vous aurez à faire, je vous recommande singulièrement la charité et la patience; vous aurez à supporter bien des personnes, et le fardeau imposé à vos épaules est considérable et lourd; il se compose des âmes d'un grand nombre. Dans la loi ancienne, le grand prêtre portait écrits sur le rational du jugement, qui retombait suspendu de ses épaules sur sa poitrine, les noms des douze tribus d'Israël, et par là il nous enseignait que le supérieur doit porter dans son cœur ses subordonnés de même qu'il les porte sur ses épaules; car, s'il cessait de les aimer, ils lui deviendraient intolérables. Quand Jésus-Christ Notre-Seigneur voulut donner son Église à Pierre, avant de lui livrer ses brebis, il l'examina sur son amour. Prenez donc garde qu'aucun frère ne pèche; mais, s'il vient à pécher, qu'il ne se retire pas de votre présence sans avoir ressenti votre miséricorde et reçu sa correction. Puisque vous êtes médecin, offrez le remède à celui qui est malade : « Ceux qui se portent bien, dit le Seigneur, n'ont pas besoin de médecin, mais les malades (1). » Veillez, avertissez, travaillez, paissez, aimez, attendez, craignez. Adieu dans le Seigneur.

LETTRE VIII

Au ministre général des Frères Mineurs (2).

A son révérend Père dans le Christ le général ministre de tout l'Ordre.

Que le Seigneur vous garde et vous conserve dans sa sainte charité ! En toutes vos actions, mon frère, je vous recommande la patience ; et, quelque obstacle qui vous survienne soit de la part des frères, soit d'autres personnes, alors même qu'on en viendrait à lever la main sur vous, vous devez

---

(1) Matth., ix.

(2) Ce ministre est le frère Pierre de Catane, dont nous donnons la vie plus loin.

tout accepter comme une faveur, vouloir cela et pas autre chose. Aimez ceux qui agissent ainsi à votre égard, et ne désirez d'eux rien de plus, si ce n'est autant que le Seigneur voudra bien vous l'accorder. Que la fin unique de votre amour pour eux soit de les rendre meilleurs chrétiens. Voici la marque à laquelle je reconnaîtrai si vous aimez le Seigneur et moi, son serviteur et le vôtre : si un frère a péché dans le monde, quelle que soit la grièveté de sa faute, une fois qu'il aura paru devant vos yeux, que jamais il ne se retire sans avoir éprouvé votre miséricorde. S'il n'implorait pas son pardon, vous, demandez-lui s'il le désire; si, après avoir refusé, il paraissait mille fois en votre présence, aimez-le plus que moi-même afin de l'attirer par là au bien, et ayez toujours pitié de tels hommes. Faites savoir aussi aux gardiens, quand vous le pourrez, que vous êtes bien résolu à agir ainsi pour votre compte. Que les frères qui connaîtraient la faute de quelqu'un d'entre eux se gardent d'en faire rougir le coupable et d'en dire du mal, qu'ils agissent, au contraire, avec tendresse à son égard et qu'ils tiennent cachée la faute de leur frère; ceux qui sont en bonne santé n'ont pas besoin de médecin, mais les malades.

Si quelque frère, à l'instigation de notre ennemi, venait à pécher mortellement, qu'il soit tenu par obéissance d'avoir recours à son gardien;

que le gardien soit tenu à son tour, au nom de l'obéissance, de l'envoyer au custode, et que le custode pourvoie à ses besoins avec miséricorde, comme il voudrait qu'on fît à son égard en pareil cas; que nul n'ait le pouvoir d'imposer à ce frère une autre pénitence que celle-ci : « Allez, et gardez-vous de pécher à l'avenir. » Agissez de la sorte, et adieu.

LETTRE IX

Aux provinciaux de l'ordre des Frères Mineurs (1).

A ses bien-aimés en Jésus-Christ les frères ministres provinciaux de l'ordre des Mineurs.

Dans votre administration, frères ministres, je vous demande deux choses en grâce : la première, que vous ne fassiez pas acception des personnes; la seconde, que vous ne commandiez pas facilement au nom de la sainte obéissance; car c'est là tirer de suite l'épée hors du fourreau, ce qui ne doit se faire que dans les grandes circonstances et après une mûre réflexion. Soyez modérés dans vos ordres, miséricordieux envers les pécheurs, faciles à pardonner, mortifiés dans vos repas, pauvres en vos vêtements, doux en vos paroles, fidèles à Dieu et aux devoirs de votre charge. Appuyez vos paroles

(1) L'éditeur des Œuvres du saint émet quelques doutes sur l'authenticité de cette lettre, dont la doctrine d'ailleurs est tout à fait celle du bienheureux François.

et vos ordres sur vos œuvres, si vous voulez que vos inférieurs fassent de vos paroles la règle de leurs actions, et qu'ils mettent à exécution les ordres sortis de votre bouche. — Adieu dans le Seigneur.

LETTRE X

Au second chapitre général.

A tous les révérends et bien-aimés frères, frère François, salut dans le Christ.

Lorsque vous entendrez prononcer le nom de Dieu, adorez-le avec crainte et révérence en vous inclinant vers la terre. Dieu vous a envoyés dans le monde entier pour rendre témoignage de vive voix et par vos œuvres à sa parole et faire connaître à tous qu'il n'est point d'autre Dieu que lui. Persévérez dans la discipline et la sainte obéissance, et soyez fidèles de point en point aux promesses que vous avez faites au Seigneur avec une résolution généreuse. Je prie autant qu'il est en mon pouvoir le ministre-général de faire observer inviolablement la règle à tous. Que les clercs récitent l'office divin avec dévotion en présence de Dieu, en s'occupant non de la mélodie de la voix, mais de celle de l'esprit. — Portez-vous bien dans le Seigneur.

LETTRE XI

Au chapitre général.

A ses révérends et bien-aimés frères le ministre général et autres de l'ordre des Mineurs, frère François, salut dans le Seigneur.

Puisque celui qui est de Dieu écoute les paroles de Dieu, nous devons, nous, mes frères bien-aimés, qui avons été choisis pour remplir d'une façon plus spirituelle les offices divins, non-seulement écouter et mettre en pratique ce que Dieu nous dit, mais encore, afin de bien nous pénétrer de la grandeur de notre Créateur et de nous soumettre à lui sans réserve, veiller soigneusement à la garde des vases sacrés et des livres d'offices où sont contenues ses saintes paroles. J'avertis donc mes frères de témoigner de leur mieux leur respect aux divines Écritures en quelque lieu qu'ils les trouvent, et je les y exhorte fortement en Jésus-Christ. Si ces Écritures ne sont pas rangées convenablement, si elles sont éparpillées en quelque lieu d'une façon peu digne, je les engage à les recueillir autant qu'il est en eux et à les mettre en lieu convenable, afin d'honorer en ces paroles le Seigneur qui nous les a fait entendre. Bien des choses sont sanctifiées par la parole de Dieu, et le sacrement de l'autel s'accomplit par la vertu des paroles de Jésus-Christ.

En outre, je confesse tous mes péchés à Dieu le
Père, le Fils et le Saint-Esprit, à la bienheureuse
Marie, toujours vierge, à tous les saints du ciel et
de la terre, au ministre-général de notre religion,
comme étant mon vénérable seigneur, à tous les
prêtres de notre Ordre et à tous mes autres frères
bénis. J'ai péché en beaucoup de points par ma
faute et bien gravement, surtout parce que je n'ai
pas observé la règle à laquelle je me suis engagé
devant Dieu, ni dit mon office selon que cette règle
le commande, soit par négligence, soit à l'occasion
de mes infirmités, soit parce que je suis un homme
ignorant et idiot. C'est pourquoi je supplie par
tous les moyens en mon pouvoir le ministre-général, mon seigneur, de faire observer la règle à tous
les frères, de veiller à ce que les clercs récitent
l'office avec dévotion en présence de Dieu, afin de
lui plaire en vérité, et non pour flatter par la mol-
lesse de leurs voix les oreilles du peuple; qu'ils le
récitent en s'occupant non de la mélodie du chant,
mais de celle de l'esprit, de façon que la voix soit
d'accord avec l'esprit, et l'esprit avec Dieu. Pour
moi, je promets de garder ces choses jusqu'à la fin
selon que Dieu m'en accordera la grâce, et je
les ferai observer aux frères qui sont avec moi
en ce qui concerne l'office et les autres constitutions. Quant aux frères qui refuseraient de s'y
soumettre, je ne les tiens plus pour catholiques ni
pour mes frères; je ne veux ni les voir, ni leur

parler jusqu'à ce qu'ils aient fait pénitence. J'en dis autant de tous ces hommes qui vont errant çà et là sans tenir aucun compte des prescriptions de la règle; car Notre-Seigneur Jésus-Christ a sacrifié sa vie pour être fidèle à l'obéissance de son très-saint Père.

Moi, frère François, homme vil et indigne créature du Seigneur mon Dieu, je dis par Jésus-Christ Notre-Seigneur au général-ministre de toute notre religion, et à tous les généraux-ministres après lui, aux custodes et gardiens présents et à venir, d'avoir cet écrit, de le mettre en pratique et de le conserver soigneusement. Je les supplie de faire garder avec zèle et observer avec diligence les choses qu'il contient. O vous, qui devez être fidèles à mes avis, soyez bénis du Seigneur, selon le bon vouloir du Dieu tout-puissant, maintenant, toujours et tant que ce monde subsistera; que le Seigneur soit avec vous éternellement. Ainsi soit-il.

LETTRE XII

Aux prêtres de tout l'Ordre.

Au nom de la Trinité sainte et de l'Unité suprême, le Père le Fils, et le Saint-Esprit. *Amen.*

A tous ses révérends et bien-aimés frères, le général-ministre de l'ordre des frères Mineurs, son seigneur, et aux autres ministres-généraux après lui dans la suite, à tous les ministres, custodes et

prêtres de la même fraternité, à tous ceux qui
dans le Christ sont humbles, simples, obéissants,
aux premiers et aux derniers, frère François,
homme vil et caduc, votre petit serviteur, salut
en Celui qui nous a rachetés et lavés en son
sang, Jésus-Christ Notre-Seigneur, le Fils très-
haut, tel est son nom : il est béni dans tous les
siècles. *Amen*.

Écoutez, mes seigneurs, mes enfants et mes
frères, et prêtez l'oreille à mes paroles, inclinez les
oreilles de votre cœur, et obéissez à la voix du Fils
de Dieu. Gardez de tout votre cœur ses commandements, et accomplissez ses conseils dans la perfection de votre esprit. Louez-le, parce qu'il est
bon, et exaltez-le en vos œuvres. Le Seigneur
s'offre à nous comme à ses enfants. C'est pourquoi
je vous conjure tous, ô mes frères, en vous baisant
les pieds et avec toute la charité dont je suis capable, de témoigner tout respect et tout honneur,
autant que vous le pourrez, au corps et au sang de
Notre-Seigneur Jésus-Christ, en qui tout au ciel
et sur la terre a été rétabli en paix et réconcilié
avec le Dieu tout-puissant.

Je prie aussi dans le Seigneur tous mes frères
qui sont, seront et désirent être prêtres du Très-
Haut, toutes les fois qu'ils voudront célébrer la
messe, d'être purs et d'offrir dans la pureté et avec
révérence le vrai sacrifice du très-saint corps et du
sang de Notre-Seigneur Jésus-Christ, de le faire

avec une intention sainte et irrépréhensible, sans aucun motif terrestre, ni par la crainte ni pour l'amour de quelque homme, comme s'il était question de plaire aux hommes. Autant que la grâce du Tout-Puissant vous y aidera, que toute votre volonté soit dirigée vers le Dieu suprême ; désirez plaire à lui seul uniquement, car lui seul opère là selon son bon vouloir. Le Seigneur a dit : « Faites ceci en mémoire de moi. » Si donc quelqu'un fait autrement, il devient un traître, un Judas.

O prêtres mes frères, rappelez-vous qu'il est écrit dans la loi de Moïse que les transgresseurs en des choses corporelles étaient, par la sentence du Seigneur, condamnés à mort sans pitié. Combien méritera de souffrir des supplices plus graves et plus terribles celui qui aura foulé aux pieds le Fils de Dieu, et traité comme un objet souillé le sang du Testament, dans lequel il a été sanctifié, et fait injure à l'Esprit-Saint ?—L'homme atteint de souillure méprise et foule aux pieds l'Agneau de Dieu, lorsque, selon le langage de l'Apôtre, il n'établit ni distinction ni différence entre les autres aliments et le pain sacré, qui est le Christ ; il le foule aux pieds lorsque, coupable d'œuvres indignes, il le mange indignement ; car le Seigneur a dit par son Prophète : « Maudit soit l'homme qui accomplit l'œuvre de Dieu avec négligence ou avec fraude (1). » Aussi nous condamne-t-il nous-mêmes

(1) Jérém., xlviii.

à cause des prêtres qui ne veulent pas arrêter sincèrement leur cœur à ces considérations, quand il dit : « Je maudirai vos bénédictions (1). »

Écoutez, mes frères, si la bienheureuse vierge Marie est honorée, et elle en est bien digne, pour avoir porté le Sauveur en son sein très-sacré ; si le bienheureux Jean-Baptiste a été saisi de crainte et n'osait pas toucher même le front du Seigneur ; si le sépulcre dans lequel ce même Seigneur a reposé quelque temps est si digne de notre vénération, quelle sainteté, quelle innocence, quel mérite devra avoir celui qui touche de ses mains, prend de cœur et de bouche, et donne aux autres à recevoir ce Dieu désormais étranger à la mort, destiné à vivre éternellement, ce Dieu dont les anges ne peuvent rassasier leurs regards ! Comprenez votre dignité, ô prêtres mes frères, et soyez saints parce qu'il est saint lui-même. Comme Dieu, à cause de ce mystère, vous a honorés entre tous les autres, de même, vous, à cause de ce mystère, aimez-le, soyez pour lui pleins de respect, et honorez-le. C'est une misère bien grande, une infirmité bien déplorable, que vous jouissiez ainsi de sa présence et que quelque autre chose dans l'univers puisse attirer votre attention. Que l'homme tout entier soit saisi d'effroi, que tout le monde tremble de frayeur, et que le ciel tressaille d'allégresse, quand sur l'autel, entre les mains du prêtre, est le Christ, le Fils du

(1) Malach., ii.

Dieu vivant. O admirable hauteur ! ô condescendance vraiment prodigieuse ! ô sublimité pleine d'humilité ! le Seigneur de l'univers, Dieu, Fils de Dieu, s'humilie jusqu'à se cacher pour notre salut sous un tout petit morceau de pain ! Voyez donc, mes frères, l'abaissement de votre Dieu ; répandez vos cœurs en sa présence, et humiliez-vous afin d'être exaltés par lui à votre tour. Ne retenez rien de vous-mêmes pour votre propre compte, afin qu'il vous reçoive tout entiers, Celui qui s'offre ainsi à vous sans réserve.

Je vous avertis en outre, et je vous exhorte dans le Seigneur à vous soumettre à cet avertissement ; je vous avertis de ne célébrer dans les lieux où résident nos frères qu'une messe par jour, et en suivant la règle de la sainte Église romaine. Si dans ces lieux il y a plusieurs prêtres, que par charité chacun d'eux se contente d'avoir entendu la messe d'un autre prêtre, car Notre-Seigneur Jésus-Christ remplit de ses dons et ceux qui sont éloignés et ceux qui sont présents quand il les trouve dignes de lui (1). Quoiqu'il habite en plusieurs lieux, il

---

(1) Ce passage ne renferme pas une défense de célébrer des messes privées, comme l'ont imaginé certains hérétiques ; le saint a pour but seulement d'inspirer à ses frères un plus profond respect, une crainte plus vive de l'auguste sacrement, en les exhortant à se contenter dans l'intérieur de leur couvent d'une seule grand'messe, appelée la *messe conventuelle*. Si cependant la dévotion de quelques prêtres les porte à célébrer en particulier, il n'a garde de les en empêcher ; il leur dit seulement.

demeure cependant indivisible. Il ne connaît aucun changement, mais il agit selon sa volonté, vraiment un avec le Seigneur Dieu son Père et l'Esprit-Saint consolateur, dans tous les siècles des siècles. *Amen.*

LETTRE XIII

A tous les clercs.

A mes révérends seigneurs tous les clercs qui sont dans l'univers et vivent selon les règles de la foi catholique, le tout petit frère François, le dernier de leurs serviteurs, salut avec tout le respect possible et en leur baisant les pieds.

Puisque je suis devenu le débiteur de tout le monde, et qu'il m'est impossible désormais, à cause de mes infirmités, de me transporter en votre présence pour remplir de vive voix mes devoirs envers vous, veuillez recevoir en tout amour et en

comme on le lit plus haut dans la même lettre: « Je prie mes frères qui sont prêtres, toutes les fois qu'ils voudront célébrer la messe, d'être purs, et d'offrir dans la pureté et avec révérence le vrai sacrifice du très-saint corps et du sang de Notre-Seigneur Jésus-Christ, de le faire avec une intention sainte et irrépréhensible... » Au reste, saint François n'est pas seul à recommander de s'abstenir par respect, de temps à autre, de la sainte communion et de la célébration de l'auguste sacrifice; nous trouvons pareil enseignement dans saint Jean Chrysostome, saint Jérôme et autres anciens, ainsi que dans un grand nombre d'auteurs du moyen âge. Il y a donc dans ce passage seulement un conseil du saint patriarche à ses enfants.

toute charité ce souvenir de moi, et ces avis que je vous adresse en peu de mots dans cet écrit. O clercs, considérons tous de quel grand péché et de quelle ignorance se rendent coupables certains hommes envers le très-saint corps et le sang de Notre-Seigneur Jésus-Christ, envers ses noms très-sacrés et ses paroles écrites, paroles par lesquelles on consacre son corps; car, nous le savons, le corps de Jésus-Christ ne peut être présent s'il n'est d'abord consacré par sa parole. Nous n'avons rien, nous ne voyons rien corporellement du Très-Haut en ce monde, si ce n'est le corps et le sang de Jésus-Christ; rien réellement, si ce n'est le nom et la parole par qui nous avons été formés, et rachetés de la mort à la vie. Que tous les hommes employés au ministère de si saints mystères examinent donc bien en eux-mêmes, surtout ceux qui agissent en cela sans discernement, si les calices, les corporaux et les linges qui servent à la consécration du corps et du sang de Jésus-Christ, sont en mauvais état, s'ils ne le laissent pas lui-même en des lieux peu convenables, s'ils ne le portent pas sans respect, s'ils ne le prennent pas indignement, et s'ils ne le donnent pas aux autres indiscrètement.

Quelquefois aussi ses noms et ses paroles écrites sont foulés aux pieds, parce que l'homme animal ne comprend pas les choses de Dieu. Eh quoi! nous ne concevrons aucun sentiment de pitié de tout cela, alors que notre tendre Seigneur lui-

2

même se met entre nos mains, que nous le touchons et que nous le recevons tous les jours en
notre bouche? ignorons-nous que, nous aussi, nous
viendrons en ses mains? Corrigeons-nous donc
promptement et avec une ferme résolution de
toutes ces choses et de bien d'autres, et partout où
nous trouverons le très-saint corps de Notre-Seigneur Jésus-Christ placé peu convenablement et
abandonné, ôtons-le de là, plaçons-le et enfer-
mons-le dans un lieu soigneusement préparé.

De même les noms et paroles écrites du Seigneur, toutes les fois qu'on les trouve dans un
endroit peu digne, doivent être recueillis par nous
et rangés en une place convenable. Nous sommes
tenus, nous le savons, d'observer avec le plus
grand soin ces choses d'après les préceptes du Seigneur et les constitutions de notre sainte mère
l'Église. Que celui qui ne l'aura pas fait sache qu'il
en rendra compte au jour du jugement. Afin que
cet écrit soit plus fidèlement mis en pratique, je
déclare que ceux-là seront bénis de Dieu qui en
auront fait de leur main une copie pour leur usage.
Que Jésus-Christ Notre-Seigneur vous remplisse
tous de sa sainte grâce et vous fortifie, mes seigneurs.

LETTRE XIV

A tous les custodes des frères Mineurs.

A tous les custodes des frères Mineurs à qui ces lettres parviendront, frère François, le plus petit des serviteurs de Dieu, salut et sainte paix dans le Seigneur.

Sachez qu'en présence de Dieu il y a des choses très-élevées et très-sublimes réputées parfois viles et abjectes parmi les hommes, et des choses précieuses et considérables devant les hommes estimées bien viles et bien méprisables aux yeux de Dieu. Je vous prie donc, autant qu'il est en mon pouvoir, devant le Seigneur notre Dieu, de remettre aux évêques et aux autres clercs cette lettre, qui traite du très-saint corps et du sang de Notre-Seigneur, et de bien garder en votre mémoire le souvenir de ce que nous vous avons recommandé sur ce point (1). Faites tout de suite des exemplaires et des copies d'une autre lettre que je vous envoie pour les donner aux gouverneurs, aux consuls et

(1) Le saint veut parler de la lettre précédente sur le respect dû au très-saint sacrement de l'Eucharistie. Il ne s'était pas borné à écrire, il avait encore fait en particulier à ses enfants des recommandations expresses sur ce point. Son zèle dévorant ne pouvait se contenir devant la froideur et l'indifférence des hommes; il aurait voulu faire pénétrer dans le cœur de tous les sentiments de sa foi profonde, de son amour embrasé et de sa reconnaissance sans limites pour les bienfaits du Ciel.

aux magistrats, puis offrez-les avec le plus grand empressement à ceux à qui cette lettre est adressée, afin que les louanges divines se fassent entendre au milieu des peuples et des places publiques (1). Adieu dans le Seigneur.

LETTRE XV

Aux gouverneurs des peuples.

A tous ceux qui ont le pouvoir, aux consuls, aux juges, aux gouverneurs des différentes contrées de l'univers, et autres à qui ces lettres parviendront, frère François, votre tout petit et abject serviteur dans le Seigneur, salut et paix à tous.

Considérez et voyez que le jour de la mort approche. Je vous prie donc, avec tout le respect possible, de ne point oublier le Seigneur, et de ne point vous éloigner de ses commandements à cause des embarras et des sollicitudes du siècle qui pèsent sur vous; car tous ceux qui l'oublient et s'éloignent de ses commandements sont maudits, et il les laissera dans l'oubli. Lorsque le jour de la mort sera venu, tout ce qu'ils pensaient avoir leur sera enlevé, et plus ils auront été sages et puissants dans ce monde, plus ils endureront de graves tourments en enfer. C'est pourquoi je vous conseille fortement, à vous, mes seigneurs, de mettre de

(1) Cette lettre est celle qui suit.

côté tout soin et toute sollicitude, puis de recevoir avec de bonnes dispositions le très-saint corps et le sang très-sacré de Notre-Seigneur Jésus-Christ en mémoire de lui-même. Faites rendre par le peuple confié à votre garde les plus grands honneurs au Seigneur, et chaque soir invitez par un crieur ou au moyen d'un signe quelconque tous vos sujets à offrir à ce même Seigneur, le Dieu tout-puissant, leurs louanges et leurs actions de grâces. Si vous ne le faites, sachez que vous en rendrez compte au jour du jugement en présence de Jésus-Christ, votre Dieu.

Que ceux qui auront conservé et mis en pratique cet écrit, sachent qu'ils seront bénis du Seigneur leur Dieu.

LETTRE XVI

A frère Léon.

Frère Léon, votre frère François vous donne le salut et vous souhaite la paix.

Je vous parle, ô mon fils, comme une mère à son enfant, et toutes les paroles que nous avons dites dans le chemin, je les renferme en abrégé dans ce mot de mère, à ce mot se réduisent mes conseils. Si dans la suite vous avez besoin de venir à moi pour me consulter, je vous conseille de le faire. En quelque manière que vous jugiez devoir plaire au Seigneur notre Dieu, suivre ses exemples et sa pauvreté, faites-le avec la bénédiction du Seigneur et ma permission. S'il vous est nécessaire pour le bien de votre âme ou votre consolation de venir me trouver, venez, ô mon Léon. Adieu dans le Seigneur.

LETTRE XVII

A la dame Jacobée de Septisol.

A la dame Jacobée, la servante du Très-Haut, frère François, le tout petit pauvre de Jésus-Christ, salut et union de l'Esprit-Saint en Notre-Seigneur Jésus-Christ.

Sachez, ma bien chère, que le Christ béni m'a révélé par sa grâce que le terme de ma vie est proche. Si donc vous voulez me trouver vivant, hâtez-vous, aussitôt que vous aurez lu cette lettre, de venir à Sainte-Marie-des-Anges; car si vous arrivez après le jour de samedi, vous ne pourrez plus me voir en ce monde. Prenez avec vous un gros drap ou un cilice pour envelopper mon corps, et de la cire pour ma sépulture. Je vous prie d'apporter quelques-uns des aliments que vous aviez coutume de me donner quand j'étais malade à Rome.

OPUSCULES

—

I

Paroles d'admonition sacrée du bienheureux père François
à ses disciples.

I. — Le Seigneur a dit à ses disciples : « Je suis la voie, la vérité et la vie. Nul ne vient à mon Père si ce n'est par moi, si vous me connaissiez bien, vous connaîtriez aussi mon Père; vous le connaîtrez bientôt; vous l'avez déjà vu. Philippe lui dit : Seigneur montrez-nous votre Père, et cela nous suffit. Jésus lui dit : Depuis si longtemps je suis avec vous, et vous ne me connaissez pas? Philippe, celui qui me voit, voit aussi mon Père. » (*Joan.*, xiv.)

Or le Père habite une lumière inaccessible; l'Esprit-Saint est Dieu, et personne n'a jamais vu Dieu. On ne peut le voir qu'en esprit, parce que c'est l'esprit qui vivifie, et la chair ne sert de rien. Mais le Fils lui-même, en tant qu'il est égal au Père, ne saurait être vu par aucun non plus que le Père, non plus que le Saint-Esprit. C'est pourquoi tous ceux qui ont vu Notre-Seigneur Jésus-Christ selon l'humanité, et ne l'ont pas cru vrai

Fils de Dieu selon l'esprit et la divinité, et sans le voir ainsi, ceux-là ont été damnés.

De même aujourd'hui tous voient le sacrement consacré sur l'autel en la forme du pain et du vin par les paroles du Seigneur et le ministère du prêtre ; mais s'ils ne croient pas selon l'esprit et la divinité que c'est là véritablement le très-saint corps et le sang de Notre-Seigneur Jésus-Christ, quoiqu'ils ne les voient pas de leurs yeux, ils seront damnés. Le Très-Haut lui-même a attesté cette vérité quand il a dit : « Ceci est mon corps, ceci est le sang du testament nouveau ; » puis : « Celui qui mange ma chair et boit mon sang a la vie éternelle. » (*Luc.*, XXII. — *Joan.*, VI.) Celui-là donc a l'Esprit de Dieu qui habite en ses fidèles, qui reçoit le très-saint corps et le sang du Seigneur. Tous les autres, qui n'ont rien de ce même Esprit, et osent cependant recevoir ce corps et ce sang, mangent et boivent leur jugement.

Aussi, ô enfants des hommes, jusques à quand aurez-vous le cœur appesanti ? Pourquoi aimez-vous la vanité et poursuivez-vous le mensonge ? Pourquoi ne connaissez-vous point la vérité et ne croyez-vous point au Fils de Dieu ? Voilà que chaque jour il s'humilie comme lorsqu'il descendit de sa demeure royale dans le sein de la Vierge ; tous les jours il vient à nous sous la forme la plus humble ; tous les jours il descend du sein de son Père suprême sur l'autel entre les mains du prêtre.

De même qu'il a apparu à ses apôtres en sa chair véritable, ainsi maintenant il se montre à nous dans le pain sacré. Mais aussi, de même que des yeux de leurs corps ils voyaient seulement la chair, et que, le contemplant des yeux de l'esprit, ils le croyaient leur Seigneur et leur Dieu, de même nous autres, en voyant des yeux de notre corps le pain et le vin, croyons fermement que c'est là en toute vérité son corps très-saint et son sang plein de vie. C'est de cette manière que le Seigneur est toujours avec ses fidèles, selon cette parole : « Voilà que je suis avec vous jusqu'à la consommation des siècles. » (*Matth.*, xxvi.)

II. — Le Seigneur dit à Adam : « Mange du fruit de tous les arbres du paradis ; mais ne mange pas du fruit de l'arbre de la science du bien et du mal. » (*Genès.*, ii.) Adam pouvait ainsi manger du fruit de tous les arbres du paradis, car tant qu'il n'agit pas contre l'obéissance, il ne pécha pas. Or celui-là mange du fruit de l'arbre de la science du bien et du mal, qui regarde sa volonté à lui comme son bien propre, qui s'enfle du bien que le Seigneur lui a donné ou qu'il accomplit en sa personne. En prêtant l'oreille à la suggestion du démon et en transgressant le commandement, il trouve en lui le fruit de la science du mal, et devient par là même soumis à la peine.

III. — Le Seigneur a dit en son Évangile : « Celui qui ne renonce pas à tout ce qu'il possède ne peut être mon disciple. Celui qui voudra sauver son âme, la perdra. » (*Matth.*, XVI. — *Luc.*, XIV.) Or l'homme renonce à tout ce qu'il possède et perd son corps, quand il se met tout entier entre les mains de son supérieur pour lui obéir ; il a la vraie obéissance, lorsque dans ses actes et dans ses paroles il n'y a rien qu'il sache contraire à sa volonté, pourvu toutefois que ce qu'il fait soit bien. Celui-là offre au Seigneur le sacrifice de sa volonté propre qui, voyant des choses meilleures et plus avantageuses à son âme que celles commandées par son supérieur, s'applique cependant à accomplir ce qui a été imposé par le supérieur. C'est là l'obéissance de charité, car alors l'homme s'offre lui-même en sacrifice à Dieu et au prochain. Mais si le supérieur lui commandait quelque chose de contraire à son âme, il a le droit de ne pas lui obéir, sans avoir pourtant celui de le quitter. Si, en agissant ainsi, il s'attire quelque persécution, qu'il aime davantage à cause du Seigneur ceux qui le font souffrir ; celui qui préfère endurer la persécution plutôt que de se séparer de ses frères, demeure dans l'obéissance parfaite ; il sacrifie sa vie pour ses frères. Il y a bien des religieux qui, sous prétexte de voir mieux que ce que le supérieur ordonne, regardent en arrière et reviennent au vomissement de leur volonté propre. Ce sont des homicides, et par leurs actions mauvaises ils causent la perte de beaucoup d'âmes.

IV. — « Je ne suis pas venu pour être servi, mais pour servir, » dit le Seigneur. (*Matth.*, x.) Que ceux qui sont établis au-dessus des autres ne se glorifient de cette élévation non plus que s'ils avaient reçu l'emploi de laver les pieds à leurs frères ; et s'ils devaient être plus troublés de se voir ôter leur dignité que s'ils perdaient la charge de laver les pieds aux autres, alors ils amasseraient un trésor dangereux à leur âme.

V. — Considère, ô homme, à quel degré d'excellence Dieu t'a élevé. Selon le corps il t'a créé et formé à l'image de son Fils bien-aimé, et selon ton esprit à sa propre ressemblance. Et cependant toutes les créatures placées sous le ciel servent et connaissent mieux selon leur nature leur créateur que toi-même, elles lui obéissent mieux. Les démons ne l'ont pas attaché à la croix, et toi tu l'as crucifié en te joignant à eux, et tu le crucifies encore en prenant ton plaisir dans le vice et dans le péché. Comment donc peux-tu te glorifier ? Quand tu serais habile et savant jusqu'à posséder toute science, jusqu'à comprendre toutes les langues, jusqu'à pénétrer ce qu'il y a de plus intime dans les choses célestes, tu ne pourrais en tirer vanité, parce qu'un seul démon a connu plus de secrets du ciel, et il connaît maintenant plus de secrets terrestres qu'aucun homme, quoique parmi les hommes il s'en trouve ayant reçu une science spéciale de la suprême Sagesse. De même, quand tu serais le plus beau et le plus riche de l'univers, quand tu ferais des miracles jusqu'à mettre en fuite les démons, tout cela t'est plutôt contraire et ne te rapporte aucun profit; tu ne peux donc te glorifier de pareilles choses. Nous pouvons nous glorifier seulement de nos infirmités et de porter chaque jour la sainte croix de Notre-Seigneur Jésus-Christ.

VI. — Considérons tous, mes frères, le bon Pasteur qui, pour sauver ses brebis, a souffert le supplice de la croix. Les brebis du Seigneur l'ont suivi dans la tribulation et la persécution, dans l'humiliation et la faim, dans l'infirmité, la tentation et autres peines; c'est pourquoi elles ont reçu de lui la vie éternelle. Aussi, nous autres serviteurs de Dieu, devons-nous grandement rougir de voir les saints faire de telles œuvres, et de prétendre recevoir la gloire et l'honneur, seulement pour en avoir parlé et fait l'éloge.

VII. — L'Apôtre nous dit : « La lettre tue, mais l'esprit vivifie. » (*II Cor.*, III.) — Ceux-là sont tués par la lettre, qui désirent savoir uniquement pour être réputés plus sages parmi les autres, pouvoir acquérir de grandes richesses et les donner ensuite à leurs proches et à leurs amis. Ces religieux sont tués par la lettre, qui refusent de suivre l'esprit de la lettre divine, et veulent connaître les mots seuls de l'Écriture et les expliquer aux autres. Ceux-là, au contraire, sont vivifiés par l'esprit

de la lettre divine, qui renvoient au Très-Haut,
l'auteur de tout bien, toute la science et toutes
les lettres qu'ils savent et désirent savoir, qui ne
vivent pas selon la vie du corps, mais selon les
paroles et les exemples de l'Écriture.

VIII. — Comme l'Apôtre a écrit : « Nul ne peut
dire : Seigneur Jésus, si ce n'est avec le secours
de l'Esprit-Saint ; » et encore : « Il n'est personne
qui fasse le bien, il n'en est pas un seul
(*I Cor.*, XII. — *Ps.* LII), » quiconque porte envie
à son frère du bien que Dieu dit et fait en lui,
celui-là commet le péché de blasphème, parce
qu'il porte envie au Très-Haut lui-même, l'inspi-
rateur et l'auteur de tout bien.

IX. — Le Seigneur dit dans l'Évangile : « Aimez
vos ennemis, faites du bien à ceux qui vous haïssent, et priez pour ceux qui vous persécutent. »
(*Matth.*, v.) Celui-là aime véritablement son
ennemi qui ne s'attriste pas de l'injure reçue de
lui, mais se sent pénétré de douleur, par amour
pour Dieu, du péché dont son âme se rend coupable, et lui témoigne sa charité par des œuvres.

X. — Plusieurs, lorsqu'ils pèchent ou sont en
butte à des injures, en rejettent la faute sur l'ennemi commun ou le prochain. Or il ne doit pas en
être ainsi ; car chacun a sous sa puissance son
ennemi ou autrement son corps, l'instrument du
péché. Heureux donc le serviteur qui, ayant un tel
ennemi sous sa dépendance, le tient toujours captif

et demeure sagement en garde contre lui ; tant qu'il agira de la sorte, nul autre ennemi visible ne pourra lui nuire.

XI. — Aucune chose, excepté le péché, ne doit déplaire au serviteur de Dieu. De quelque manière qu'une personne pèche, si le serviteur de Dieu se fâche ou s'irrite, il se ramasse pour lui-même un trésor de colère, à moins qu'il ne soit mû par la charité, et il commet une faute. Celui-là est vraiment serviteur de Dieu que rien ne trouble et ne met en colère, qui vit en toute droiture et sans posséder rien en propre. Bienheureux est celui à qui il ne reste aucun bien, tout en rendant à César ce qui est à César, et à Dieu ce qui est à Dieu.

XII. — On reconnaîtra aux marques suivantes si le serviteur de Dieu a l'esprit de son Seigneur ; ce sera, lorsque le Seigneur opère quelque bien par lui, si sa chair et son esprit ne prennent pas de là occasion de s'élever, car on les trouve toujours contraires au bien ; s'il désire se reconnaître comme plus vil encore à ses propres yeux ; si en tout il s'estime le dernier des hommes.

XIII. — On ne peut reconnaître combien le serviteur de Dieu a de patience et d'humilité tant que ses vœux et ses besoins sont satisfaits. Mais lorsque le temps arrive où ceux qui devraient répondre à ses désirs font le contraire, alors, autant il montre de patience et d'humilité, autant ces vertus existent en lui, et rien de plus.

XIV. — « Bienheureux les pauvres d'esprit, parce que le royaume des cieux leur appartient. » (*Matth.*, v.) Plusieurs sont fidèles à l'oraison et à l'office divin, ils exercent en leur corps de nombreuses abstinences et mortifications; mais c'est assez d'une seule parole en apparence injurieuse à ce corps, de la moindre chose dont ils ont à supporter la perte, pour les faire tomber et les jeter dans le trouble. Ceux-là ne sont pas vraiment pauvres d'esprit; car le vrai pauvre d'esprit a de la haine pour soi-même, et il aime ceux qui le frappent sur la joue.

XV. — « Bienheureux les pacifiques, parce qu'ils seront appelés les enfants de Dieu. » (*Matth.*, v.) Ceux-là sont vraiment pacifiques qui, par amour pour Jésus-Christ Notre-Seigneur, gardent la paix en leur âme et en leur corps au milieu de tout ce qu'ils ont à souffrir en ce monde.

XVI. — « Bienheureux ceux qui ont le cœur pur, parce qu'ils verront Dieu. » (*Matth.*, v.) Ceux-là ont vraiment le cœur pur qui méprisent les choses terrestres et cherchent les choses célestes, qui ne cessent jamais d'adorer et de contempler avec une âme et un cœur purs le Dieu vivant et véritable.

XVII. — Bienheureux le serviteur qui ne s'exalte pas plus du bien que le Seigneur dit et opère par lui-même que du bien qu'il dit et opère par un autre. Il pèche, l'homme qui aime mieux recevoir de son prochain que de donner de son propre fonds au Seigneur son Dieu.

XVIII. — Bienheureux l'hommé qui supporte le prochain en sa fragilité, comme il voudrait être supporté lui-même dans un cas semblable. Bienheureux le serviteur qui renvoie et attribue au Seigneur son Dieu tout ce qu'il fait de bien. Celui qui retient quelque chose pour son propre compte, celui-là cache l'argent de son Seigneur, et ce qu'il pensait avoir lui sera enlevé.

XIX. — Bienheureux le serviteur qui ne se tient pas pour meilleur quand les hommes le vantent et l'exaltent que quand ils le considèrent comme vil, grossier et digne de mépris ; tel l'homme est devant Dieu, tel il est en réalité et rien de plus. Malheur au religieux qui, élevé par les autres en dignité, éprouve le désir de ne pas en descendre. Bienheureux, au contraire, le serviteur qui a été élevé contre sa volonté, et voudrait toujours être sous les pieds des autres.

XX. — Bienheureux le religieux qui place son bonheur et sa joie uniquement dans les saints discours et les bonnes œuvres, et par elles amène les hommes à aimer Dieu dans la joie, l'allégresse et la jubilation. Malheur, au contraire, au religieux qui se complaît dans les discours oiseux et frivoles, et porte par de tels discours les hommes au rire.

XXI. — Bienheureux le serviteur qui ne parle point avec la pensée de recevoir une récompense, ne manifeste pas tout ce qu'il a dans le cœur, n'est pas empressé à se répandre en paroles, mais prévoit sagement ce qu'il doit dire et ce qu'il doit répondre. Malheur au religieux qui ne garde pas dans le secret de son âme les faveurs dont Dieu le favorise, les montre aux autres autrement que par ses œuvres, et désire s'en entretenir avec les hommes, dans l'espoir d'en tirer profit, plutôt qu'avec Dieu : il reçoit sa récompense, et ceux qui l'écoutent en recueillent peu de fruits.

XXII. — Bienheureux le serviteur qui supporte les avertissements, les accusations et les réprimandes de la part d'un autre avec autant de patience que si tout cela venait de lui-même. Bienheureux le serviteur qui, réprimandé, acquiesce avec bénignité, se soumet avec modestie, avoue son tort avec humilité et en donne satisfaction de grand cœur. Bienheureux le serviteur qui n'est pas prompt à s'excuser, et supporte humblement la honte et la réprimande d'une faute alors qu'il n'est pas coupable.

XXIII. — Bienheureux le serviteur qui est aussi humble parmi les frères soumis à son autorité qu'il le serait au milieu de ses supérieurs et de ses seigneurs. Bienheureux le serviteur qui demeure toujours sous la verge de la correction. Il est un serviteur fidèle et prudent, celui qui dans toutes ses offenses ne tarde point de se punir intérieurement par la contrition, extérieurement par la confession et la satisfaction des bonnes œuvres.

XXIV. — Bienheureux le serviteur qui, son frère étant infirme et ne pouvant lui rendre aucun service, l'aime autant que s'il était en bonne santé et à même de lui être utile. Bienheureux celui qui aime autant son frère lorsqu'il est loin de lui que s'il était en sa société, et ne voudrait pas dire de lui hors de sa présence ce que la charité lui défendrait de dire devant lui.

XXV. — Bienheureux le serviteur qui met sa confiance dans les clercs qui vivent régulièrement selon les prescriptions de la sainte Église romaine, et malheur à ceux qui les méprisent. Quand même ils seraient pécheurs, nul cependant ne doit les juger, parce que le Seigneur s'est réservé à lui seul leur jugement. Plus leur ministère touchant le très-saint corps et le sang très-sacré de Notre-Seigneur Jésus-Christ, qu'ils reçoivent et peuvent seuls administrer aux autres, l'emporte sur tous les autres ministères, plus les péchés commis contre eux l'emportent en grièveté sur les péchés commis contre tous les autres hommes de ce monde.

XXVI. — Là où il y a la charité et la sagesse, il n'y a ni crainte ni ignorance. Là où résident la patience et l'humilité, il n'y a ni colère ni agitation. Là où se rencontrent la pauvreté et le contentement, il n'y a ni cupidité ni avarice. Là où habitent le calme et la méditation, il n'y a ni sollicitude ni dissipation. Là où l'on garde sa maison dans la crainte du Seigneur, l'ennemi ne peut y trouver une entrée pour y pénétrer. Là où règnent la miséricorde et la discrétion, il n'y a ni superfluité ni endurcissement.

XXVII. — Bienheureux le serviteur qui forme un trésor pour le ciel des biens dont le Seigneur le comble, et ne se laisse pas aller au désir de les faire connaître aux autres dans l'espérance de quelque profit; car c'est au Très-Haut à manifester ses œuvres à qui il le juge convenable. Bienheureux le serviteur qui garde en son cœur les secrets de son Seigneur.

Ces paroles sont des paroles de vie et de salut; quiconque en fera son partage et les mettra en pratique, celui-là trouvera la vie et puisera le salut dans le Seigneur. *Amen*.

II

Paroles de notre bienheureux père François portant à l'humilité, à l'obéissance, à la dévotion et à la patience (1).

Bienheureux le serviteur qui ne s'estime pas meilleur quand les hommes le vantent et l'exaltent que quand ils le considèrent comme vil, grossier,

(1) Ces paroles sont une répétition de quelques passages de l'Opuscule précédent; elles sont peut-être un extrait fait par quelque saint religieux pour son propre usage. Comme elles se trouvent dans toutes les éditions des Œuvres de saint François, nous n'avons pas cru devoir les omettre.

abject et digne de mépris; car tel l'homme est en présence de Dieu, tel il est en réalité et rien de plus.

Malheur au religieux qui, élevé par les autres en dignité, éprouve le désir de ne pas en descendre. Bienheureux, au contraire, le serviteur qui a été élevé contre sa volonté et voudrait toujours être sous les pieds des autres.

Bienheureux le religieux qui n'a de bonheur et de joie que dans les saints discours et les bonnes œuvres, et par elles amène les autres à aimer Dieu dans la joie, l'allégresse et la jubilation. Malheur, au contraire, au religieux qui se complait dans les discours oiseux et frivoles, et porte les hommes à rire par de tels discours.

Bienheureux le serviteur qui supporte les avertissements, les accusations, les réprimandes de la part d'un autre avec autant de patience que si tout cela venait de lui-même. Bienheureux le serviteur qui, réprimandé, acquiesce avec bénignité, se soumet avec modestie, avoue son tort avec humilité, et en donne satisfaction de grand cœur.

Bienheureux le serviteur qui n'est pas prompt à s'excuser, et supporte humblement la honte et la réprimande d'une faute alors qu'il n'est pas coupable.

III

Autres avis aux Frères.

I. — Considérons tous, mes frères, cette parole du Seigneur : «Aimez vos ennemis, faites du bien à ceux qui vous haïssent. » (*Matth.*, v.) Notre-Seigneur Jésus-Christ, dont nous devons suivre les traces, a donné le nom d'ami même à celui qui le trahissait, il s'est offert de lui-même à ses bourreaux. Nos amis sont donc tous ceux qui nous procurent injustement des tribulations, des angoisses, des confusions, des injures, des douleurs et des tourments, le martyre et la mort; nous devons les aimer beaucoup, parce que nous trouvons la vie éternelle dans les choses que nous recevons d'eux.

II. — Souvenons-nous que nous nous sommes livrés à Jésus-Christ, et que pour son amour nous devons nous exposer à nos ennemis visibles et invisibles, parce que le Seigneur dit : « Celui qui aura perdu son âme à cause de moi, la sauvera pour la vie éternelle. — Bienheureux ceux qui souffrent persécution à cause de la justice, parce que le royaume des cieux est à eux. — S'ils m'ont persécuté, ils vous persécuteront. — Mais s'ils vous persécutent dans une ville, fuyez dans une autre. —Vous serez bienheureux lorsque les hommes vous

haïront, vous maudiront, vous chargeront d'injures, lorsqu'ils rejetteront votre nom comme
mauvais, et qu'ils diront faussement toute sorte
de mal de vous à cause de moi. Réjouissez - vous
en ce jour et tressaillez d'allégresse, parce que
votre récompense est considérable dans les cieux.
— Pour moi je vous le dis, à vous mes amis, ne
craignez point ceux qui tuent le corps, et ne peuvent plus ensuite rien faire. Gardez-vous de vous
effrayer ; vous possèderez vos âmes par votre patience. — Celui qui aura persévéré jusqu'à la fin sera
sauvé. (*Matth.*, x, 5. — *Joan.*, xv. — *Luc.*, xii, 21.)

III. — Ayons ensuite notre corps en haine avec
ses vices et ses péchés, parce que, en vivant selon
la chair, il veut nous ravir l'amour de Notre-
Seigneur Jésus - Christ et la vie éternelle, et en
même temps se perdre avec nous en enfer. Par sa
faute nous sommes souillés, misérables, opposés
au bien, empressés et pleins d'ardeur pour le mal,
car, selon la parole du Seigneur en son Évangile :
« Du cœur des hommes naissent et sortent les
pensées mauvaises, les adultères, les fornications,
les homicides, les vols, l'avarice, la méchanceté,
la fourberie, les faux témoignages, les blasphè-
mes, l'orgueil, la sottise. Tous ces maux sortent
du fond du cœur de l'homme, et ce sont eux qui
souillent l'âme. » (*Matth.*, xv.)

III. — Maintenant que nous avons quitté le
monde, nous n'avons plus rien à faire qu'à suivre

avec empressement la volonté de Dieu et à lui
plaire. Veillons singulièrement pour ne pas être
cette terre qui est la voie publique, ce lieu rempli
de pierres, où encore ce lieu couvert de ronces,
selon ce mot du Seigneur dans son Évangile : « La
semence est la parole de Dieu. Or ce qui est tombé
le long du chemin et a été foulé aux pieds dé-
signe ceux qui écoutent la parole de Dieu et ne la
comprennent pas; le diable vient aussitôt, et enlève
ce qui a été semé dans leurs cœurs, de peur qu'en
croyant ils ne soient sauvés. Ce qui est tombé sur
la terre couverte de pierres marque ceux qui,
ayant entendu la parole de Dieu, la reçoivent
d'abord avec joie ; mais, la tribulation et la persécution arrivant à cause de cette parole, ils tombent aussitôt ; ils n'ont point en eux de racine, ils
sont des hommes temporels, ils croient pour un
temps, et se retirent au moment de la tribulation.
Ce qui tombe dans les épines nous montre ceux qui
écoutent la parole de Dieu ; mais les sollicitudes
et les peines de cette vie, le faux brillant des
richesses et les autres concupiscences se présentant, étouffent la parole, et ils demeurent sans
aucun fruit. Ce qui a été semé dans la bonne terre
indique ceux qui écoutent la parole avec un cœur
bon et excellent ; ils la comprennent, la retien-
nent, et portent du fruit par leur patience. »
(*Luc.* VIII.) C'est pourquoi, nous autres, mes
frères, laissons, comme dit le Seigneur, les morts

ensevelir leurs morts, et tenons-nous singulièrement en garde contre la malice et la subtilité de
Satan, dont le désir est que l'homme ne porte ni
son esprit ni son cœur vers le Seigneur. Il tourne
autour de nous afin de ravir notre cœur sous prétexte de quelque récompense ou soulagement, et
d'étouffer dans notre mémoire la parole et les commandements de Dieu; il veut aveugler notre cœur
au moyen des affaires et des sollicitudes du siècle,
et s'y fixer, selon cette parole du Seigneur : «Lorsque l'esprit immonde est sorti d'un homme, il s'en
va par des lieux arides et sans eaux cherchant du
repos; et, comme il n'en trouve point, il dit : Je
retournerai dans ma maison d'où je suis sorti. Et
y venant, il la trouve nettoyée et parée. Alors il
s'en va et prend avec lui sept autres esprits plus
méchants que lui; et, entrant dans cette maison,
ils y font leur demeure, et le dernier état de cet
homme devient pire que le premier. » (*Luc.*, xi.)

Ainsi, mes frères, prenons bien garde, sous prétexte d'un gain, d'une assistance, d'une œuvre
quelconque, de perdre notre âme ou de la ravir au
Seigneur. Je prie donc dans la sainte charité, qui est
Dieu, tous mes frères, tant les ministres que les
autres, de mettre de côté tout empêchement, tout
soin, toute sollicitude, et de servir, aimer et honorer le mieux qu'ils le peuvent le Seigneur notre
Dieu avec un cœur pur et un esprit sans tache,
ce qu'il cherche par-dessus tout. Faisons en tout

temps une demeure et une retraite en nous à
Celui qui est le Seigneur, le Dieu tout-puissant,
Père, Fils, et Saint-Esprit, lui qui dit : « Veillez
et priez en tout temps, afin que vous méritiez
d'éviter tous les maux à venir, et de paraître avec
confiance devant le Fils de l'homme. (*Luc.*, XXI.)

V. — Et lorsque vous êtes en sa présence pour
le prier, dites-lui : *Notre Père qui êtes aux cieux*,
etc. « Adorons-le avec un cœur pur ; car il faut
toujours prier, et ne pas se lasser : le Père cherche
de tels adorateurs. Dieu est esprit, et ceux qui
l'adorent doivent l'adorer en esprit et en vérité. »
(*Luc.*, XVIII.—*Joan.*, IV.) Recourons à lui comme
au Pasteur et à l'Evêque de nos âmes ; il a dit : « Je
suis le bon Pasteur, je pais mes brebis, je donne
ma vie pour mes brebis. » (*Joan.*, X.)

Vous êtes tous frères : « N'appelez personne
sur la terre votre père, parce que vous n'avez qu'un
Père, qui est dans les cieux. » Ne vous laissez pas non
plus appeler maîtres, parce que vous n'avez qu'un
Maître, qui est dans les cieux. « Si vous demeurez
en moi, vous dit-il, et si mes paroles demeurent
en vous, vous demanderez tout ce que vous voudrez,
et cela vous sera accordé. Partout où deux ou trois
sont assemblés en mon nom, je suis au milieu
d'eux. Voici que je suis avec vous jusqu'à la
fin des siècles. Les paroles que je vous ai annon-
cées sont esprit et vie. Je suis la voix, la vérité
et la vie. »

2*

VI. — Retenons donc la vie véritable, la doctrine et l'Évangile de Celui qui, par amour pour
nous, a daigné nous faire connaître son Père et le
nom de son Père, de Celui qui a dit : « Mon Père,
j'ai fait connaître votre nom aux hommes que vous
m'avez donnés; je leur ai donné les paroles que
vous m'avez données; et ils les ont reçues, et ils
ont reconnu véritablement que je suis sorti de
vous, et ils ont cru que vous m'avez envoyé.
Je prie pour eux, non pour le monde, mais pour
ceux que vous m'avez donnés en votre nom, afin
qu'ils soient un, comme nous sommes un. Je leur
dis ces choses dans le monde, afin qu'ils aient la
joie en eux-mêmes. Je leur ai donné votre parole,
et le monde les a eus en haine, parce qu'ils ne
sont pas du monde, comme moi je ne suis pas du
monde. Je ne demande pas que vous les enleviez
du monde, mais que vous les gardiez du mal.
Sanctifiez-les dans la vérité; votre parole est vérité. Comme vous m'avez envoyé dans le monde,
de même je les ai envoyés dans le monde, et je
me sanctifie moi-même en m'offrant pour eux, afin
qu'ils soient sanctifiés eux-mêmes dans la vérité.
Je ne prie pas seulement pour eux, mais encore
pour tous ceux qui croiront en moi par leur parole,
afin que tous soient unis entre eux, et que le
monde connaisse que vous m'avez envoyé, et que
vous les avez aimés comme vous m'avez aimé. Je
leur ai fait et je leur ferai connaître votre nom;

afin qu'ils aient en eux l'amour dont vous m'avez aimé, et que je sois moi-même en eux. Mon Père, ceux que vous m'avez donnés, je désire qu'ils soient avec moi là où je suis, et qu'ils voient votre splendeur dans votre royaume. (*Joan.*, XVII, *Passim.*)

VII. — Je conjure dans la charité, qui est Dieu, tous mes frères prédicateurs, contemplatifs, ouvriers, tant clercs que laïques, de s'appliquer à s'humilier en tout, de ne se glorifier ni se réjouir en eux-mêmes, de ne point s'exalter intérieurement de leurs bonnes paroles ou de leurs bonnes œuvres, ni même d'aucun bien que le Seigneur dit, fait et accomplit, soit en eux, soit par eux, selon cette parole du même Seigneur : « Ne vous réjouissez point parce que les démons vous sont soumis. » (*Luc.*, X.) — Et sachons de façon à ne jamais l'oublier, que notre bien propre ne consiste que dans nos vices et nos péchés. Nous devons nous réjouir plutôt lorsque nous tombons en des épreuves diverses, lorsque nous avons à souffrir des angoisses soit du corps, soit de l'esprit, ou les tribulations de ce monde pour la vie éternelle.

Tenons-nous donc tous en garde, ô mes frères, contre tout orgueil et toute vaine gloire, éloignons-nous de la sagesse de ce monde et de la prudence de la chair. L'esprit de la chair veut et désire beaucoup parler, mais peu agir ; il cherche non la religion et la sainteté de l'esprit ; ce qu'il souhaite et ambitionne, c'est une sainteté et une religion extérieures et frappant le regard des hommes. Or le Seigneur a dit de ceux qui sont animés d'un tel esprit. « En vérité je vous le dis : Ils ont reçu leur récompense. » (*Matth.*, vi.)

L'esprit du Seigneur, lui, désire voir la chair mortifiée, méprisée, abaissée, dans l'abjection et l'opprobre ; il s'applique à l'humilité, à la patience, à la pure simplicité et à la vraie paix intérieure. Il souhaite posséder de préférence à tout bien la divine crainte, la divine sagesse, le divin amour du Père, du Fils, et du Saint-Esprit.

Renvoyons donc au Dieu Très-Haut et suprême tout ce que nous avons de bien ; reconnaissons que tout bien vient de lui ; rendons grâces de tout à celui de qui procèdent tous les biens, que le Dieu très-haut, suprême, unique et véritable, reçoive tous les honneurs, les respects, les louanges, les bénédictions, les actions de grâces et toute gloire, lui à qui appartient tout bien, lui qui est seul bon. Et quand nous entendons ou voyons dire ou faire le mal, ou encore blasphémer notre Dieu, nous, de notre côté bénissons-le, faisons le bien et louons ce Dieu qui est béni dans tous les siècles des siècles. Ainsi soit-il.

IV

Prière ou action de grâces à Dieu et exhortation aux Frères.

Dieu tout-puissant, très-saint, très-haut et suprême, Père saint et juste Seigneur, Roi du ciel et de la terre, nous vous rendons grâces à cause de vous-même, de ce que, par votre sainte volonté, par votre Fils unique et le Saint-Esprit, vous avez créé toutes choses, tant spirituelles que corporelles; de ce que, après nous avoir faits à votre image et votre ressemblance, vous nous avez placés dans le paradis, d'où nous avons été chassés par notre faute.

Nous vous rendons grâces de ce que, après nous avoir créés par votre Fils, vous l'avez, poussé par cette charité dont vous nous avez aimés, fait naître lui-même, vrai Dieu et vrai homme, de la glorieuse et toujours vierge la bienheureuse et sainte Marie; de ce que, alors que nous étions captifs, vous avez voulu nous racheter par sa croix, son sang et sa mort.

Nous vous rendons grâces de ce que ce même Fils doit venir de nouveau dans la gloire de sa majesté pour envoyer au feu éternel les hommes de malédiction qui n'ont pas fait pénitence et ne vous ont pas connu, et dire à tous ceux qui vous ont connu, adoré et servi dans la pénitence : « Venez, les bénis de mon Père ; recevez le royaume qui vous a été préparé dès le commencement du monde. » (*Matth.*, xxv.)

Et parce que nous autres, misérables et pécheurs que nous sommes, nous ne sommes pas dignes de prononcer votre nom, nous vous demandons humblement que Jésus-Christ Notre-Seigneur, votre Fils bien-aimé, en qui vous avez mis vos complaisances, vous rende grâces avec le Saint-Esprit consolateur, selon que vous et eux le désirez, pour tous vos bienfaits, ce Jésus-Christ, dis-je, qui seul a répondu toujours d'une manière parfaite à toutes vos volontés, et par qui vous nous avez accordé de si grandes faveurs. *Alleluia*.

Nous conjurons aussi humblement, pour votre amour, la glorieuse Mère de votre Fils, la bienheureuse Marie toujours vierge, les bienheureux Michel, Gabriel, Raphaël, et tous les chœurs des esprits bienheureux, les chœurs des Séraphins, des Chérubins, des Trônes, des Dominations, des Principautés, des Puissances, des Vertus, des Anges et des Archanges, les bienheureux Jean-Baptiste, Jean l'Évangéliste, Pierre et Paul, les bienheureux Patriarches, Prophètes, Innocents, Apôtres, Évangélistes, Disciples, Martyrs, Confesseurs et Vierges, les bienheureux Élie et Énoch, et tous les saints qui ont été, sont et seront, de vous rendre grâces de tous ces bienfaits, à vous Dieu suprême, vrai, éternel et vivant, ainsi qu'à votre Fils bien-

heureux Jésus-Christ Notre-Seigneur, et le Saint-
Esprit consolateur, dans tous les siècles des siècles.
Alleluia.

Ensuite nous autres, frères Mineurs, qui sommes
tous des serviteurs inutiles, nous conjurons humblement, et nous supplions tous ceux qui veulent
servir Dieu Notre-Seigneur dans le sein de l'Église
catholique et apostolique, et tous les ordres suivants : les prêtres, les diacres, les sous-diacres,
les acolytes, les exorcistes, les lecteurs, les por-
tiers, tous les clercs, tous les religieux et les
religieuses, tous les enfants et les petits-enfants,
les pauvres et les indigents, les rois et les princes,
les ouvriers et les laboureurs, les serviteurs et les
maîtres, toutes les vierges, les personnes qui gardent la continence et les personnes mariées, les
laïques hommes et femmes, tous les enfants, les
adolescents, les jeunes et les vieux, les hommes en
bonne santé et les infirmes, les petits et les grands,
tous les peuples, les tribus, les langues, les nations, tous les hommes de toutes les contrées du
monde, présents et à venir, de tous persévérer dans
la vraie foi et la pénitence, parce que nul ne peut
être sauvé autrement. Aimons tous de tout notre
cœur, de toute notre âme, de tout notre esprit et
de tout notre pouvoir, de toute notre intelligence,
de toutes nos forces, de tous nos efforts, de toute
notre affection, de toutes nos entrailles, de tous
nos désirs, de toutes nos volontés le Seigneur notre

Dieu, qui nous a donné et nous donne à tous tout notre corps, toute notre âme, toute notre vie ; qui nous a créés, rachetés et sauvés par sa seule miséricorde, qui nous a fait et nous fait toute sorte de bien à nous misérables et malheureux, impurs et immondes, ingrats, ignorants et pervers. Ne désirons donc rien, ne veuillons rien, que rien ne nous plaise et ne nous réjouisse, si ce n'est notre Créateur, Rédempteur et Sauveur, le seul Dieu véritable, qui est le bien complet, le bien parfait, le bien total, le bien vrai et suprême ; lui qui seul est bon, miséricordieux, tendre, plein de douceur et de suavité ; seul saint, juste, vrai et droit ; seul bienveillant, pur et sans tache ; de qui, par qui et en qui sont tout le pardon, toute la grâce et toute la gloire de tous les pénitents, de tous les justes et de tous les bienheureux admis à la félicité du ciel.

Que rien donc ne nous arrête, ne nous sépare, ne nous détourne. Tous, en tout lieu, à toute heure, en tout temps, tous les jours et sans interruption, croyons en toute vérité et humilité, tenons en notre cœur, aimons, honorons, adorons, servons, louons et bénissons, glorifions et exaltons, célébrons et remercions le Dieu très-haut, suprême, éternel, trinité et unité, le Père, le Fils, et le Saint-Esprit, créateur de tous ceux qui croient en lui, espèrent en lui et l'aiment, le Dieu sans commencement, sans fin, immuable, invisible, inénarrable, ineffable, incompréhensible, insaisissable, béni, digne de louanges, glorieux, surexalté, sublime, élevé, suave, aimable, délectable, tout entier et toujours désirable sur toutes choses dans tous les siècles des siècles.

V

Des vertus dont fut ornée la sainte Vierge, et dont une âme sainte doit être embellie.

O sagesse notre reine, que Dieu vous sauve avec votre sainte sœur la pure simplicité. O sainte Dame la pauvreté, que Dieu vous sauve avec votre sœur la sainte humilité. O sainte Dame la charité, que Dieu vous sauve avec votre sœur la sainte obéissance. O vous toutes très-saintes vertus, qu'il vous sauve le Seigneur de qui vous venez, de qui vous procédez.

Nul homme au monde ne peut posséder une seule d'entre vous, s'il ne commence d'abord par mourir (1). Mais celui qui en possède une seule et ne fait rien contre les autres, celui-là vous possède toutes. Celui-là, au contraire, qui blesse une seule d'entre vous, n'en possède aucune et vous blesse toutes; car chacune des vertus couvre de confusion les vices et les péchés.

(1) Le saint n'entend pas ici la mort du corps, mais de la volonté propre, de toutes les affections ou sentiments terrestres.

La sainte sagesse confond Satan et toutes ses malices. La pure simplicité confond toute la sagesse de ce monde et toute la sagesse du corps. La sainte pauvreté confond la cupidité, l'avarice et la sollicitude du siècle. La sainte humilité confond l'orgueil, tous les hommes qui sont dans le monde en même temps que toutes les choses du monde. La sainte charité confond toutes les tentations du diable et de la chair, et toutes les craintes charnelles. La sainte obéissance confond toutes les volontés du corps et de la chair; elle tient le corps assujetti à l'obéissance de l'esprit, à l'obéissance des supérieurs; elle le soumet à tous les hommes qui sont en ce monde, elle l'incline devant eux; elle le soumet non-seulement aux hommes, mais encore aux animaux et aux bêtes sauvages, afin qu'ils puissent faire de lui ce qu'ils voudront, selon qu'il leur aura été donné d'en haut par le Seigneur. Grâces soient rendues à Dieu. *Amen.*

VI

Opuscule de la vraie et parfaite joie des frères Mineurs.

Quand même les frères Mineurs donneraient dans le monde entier le bon exemple d'une grande sainteté et d'une grande édification, là ne serait pas cependant la joie parfaite. Quand même un frère Mineur rendrait la vue aux aveugles, l'usage de leurs membres aux paralysés, l'ouïe aux sourds, la parole aux muets; quand il redresserait les jambes des boiteux, quand il chasserait les démons, et, ce qui est plus encore, quand il ressusciterait des morts de quatre jours, là ne serait pas encore la joie parfaite.

Quand même un frère Mineur connaîtrait les langues de toutes les nations, toutes les sciences, toutes les Écritures; quand il aurait le don de prophétie et qu'il pourrait révéler non-seulement les choses futures, mais encore le secret des consciences, là ne serait pas la joie parfaite.

Quand un frère Mineur parlerait le langage des anges et connaîtrait le cours des étoiles et les vertus des plantes; quand même il pourrait découvrir de ses yeux tous les trésors de la terre, comprendre les vertus et les propriétés des oiseaux, des poissons, des animaux, des hommes, des racines, des arbres, des pierres et des eaux, là encore ne serait pas la joie parfaite.

Si un frère Mineur savait prêcher assez bien pour convertir les infidèles à la foi, là ne serait pas la joie parfaite.

Mais supposez que nous arrivions à Sainte-Marie-des-Anges, transpercés par la pluie, grelottants de froid, couverts de boue, mourants de faim; que, frappant à la porte, le portier s'en vienne en colère nous demandant qui nous sommes, et que nous lui répondions : « Nous sommes deux de vos frères; » que de son côté il nous dise : « Point du tout ; vous êtes deux misérables qui allez courir le monde et ravir aux pauvres leurs aumônes ; » et qu'au lieu de nous ouvrir, il nous fasse attendre à la neige et à l'eau, transis de froid et en proie à la faim jusqu'à défaillir. Si alors nous souffrions avec patience, sans trouble et sans murmure, tant de refus et de grossièretés ; si nous pensions humblement et charitablement que ce portier nous apprécie très-bien et que Dieu excite sa langue contre nous, dites que là se trouverait la joie parfaite.

Supposez ensuite que, nous persévérant à frapper, ce portier sorte comme contre des importuns et nous soufflette très-durement en disant : « Retirez-vous d'ici ; vous êtes de vils fainéants ; allez-vous-en à l'hôpital ; pour moi, je ne vous connais pas, et vous n'aurez point à manger ici. » Si nous supportions ces choses avec patience ; si, injuriés de la sorte, nous pardonnions avec amour et du fond du cœur, dites qu'alors ce serait la joie parfaite.

Supposez enfin que, rejetés de toutes parts, poussés par la faim, brisés par le froid et voyant la nuit approcher, nous persistions à frapper, nous criions, nous conjurions avec larmes de nous ouvrir ; que le portier, poussé à bout par nos tentatives, s'écrie : « Voilà des hommes bien effrontés et bien impudents, je m'en vais les calmer, » et que, armé d'un gros bâton, il sorte, nous prenne par notre capuce, nous jette par terre dans la boue et dans la neige, et nous frappe de telle sorte avec son bâton qu'il nous laisse tout couverts de plaies. Si nous supportions avec joie tant de maux, tant d'injures et tant de coups, en nous souvenant que c'est pour nous un devoir d'accepter et de partager les peines de Jésus-Christ notre Dieu béni, écrivez alors et retenez bien soigneusement que nous aurions trouvé la joie véritable.

Maintenant écoutez la conclusion : Entre tous les dons du Saint-Esprit que Jésus-Christ accorde et accordera à ses serviteurs, le plus excellent est de se vaincre soi-même, et de souffrir de grand cœur les opprobres à cause de Dieu et par amour pour Dieu. En effet, nous ne pouvons nous glorifier de toutes les choses merveilleuses dont nous avons parlé d'abord; elles ne sont pas à nous, mais à Dieu, car il est écrit : « Qu'avez-vous que vous n'ayez reçu? et si vous l'avez reçu, pourquoi vous en glorifiez-vous comme si vous ne l'aviez pas reçu? » (*I Cor.*, vii.) Mais nous pouvons nous glorifier en la croix de nos tribulations et de nos afflictions, parce que c'est là un bien vraiment à nous. Aussi l'Apôtre dit-il : « Loin de moi de me glorifier autrement que dans la croix de Jésus-Christ Notre-Seigneur. » (*Galat.*, vi.)

VII

Exposition de notre Père bienheureux sur l'Oraison dominicale.

Notre Père, Père bienheureux et très-saint, vous êtes notre créateur, notre rédempteur et notre consolateur.

Qui êtes dans les cieux, vous y êtes en vos anges et en vos saints. Vous les éclairez de votre connaissance, car, ô Seigneur, vous êtes la lumière; vous les enflammez de votre divin amour; vous êtes, ô Seigneur, l'amour qui habite en eux ; vous les remplissez de votre béatitude, parce que vous êtes, ô Seigneur, le bien suprême, le bien éternel, de qui découlent tous les biens, et sans qui il n'y a aucun bien.

Que votre nom soit sanctifié, que votre science brille en nous, afin que nous sachions quelle est l'étendue de vos bienfaits, la longueur de vos promesses, la hauteur de votre majesté, la profondeur de vos jugements.

Que votre règne arrive, régnez en nous par votre grâce, et faites-nous arriver à votre royaume où l'on vous voit sans nuages, où l'on vous aime parfaitement, où l'on a en partage votre société bienheureuse, où l'on jouit de vous éternellement.

Que votre volonté soit faite en la terre comme au ciel. Que nous vous aimions de tout notre cœur, en pensant toujours à vous ; de tout notre àme , en vous désirant toujours ; de tout notre esprit, en dirigeant vers vous toutes nos intentions et en cherchant votre honneur en toutes choses ; de toutes nos forces, en employant à vous témoigner notre amour et non autrement toutes les forces et toutes les facultés de notre àme et de notre corps. Que nous aimions notre prochain comme nous-mêmes , en attirant par tous nos efforts tous les hommes à votre amour, en nous réjouissant du bien des autres comme de notre bien propre , en compatissant aux maux de tous et en ne faisant aucune offense à personne.

Donnez-nous notre pain quotidien, votre Fils bien-aimé , Jésus-Christ Notre-Seigneur ; donnez nous-le *aujourd'hui* pour nous rappeler, nous faire comprendre et respecter l'amour qu'il a eu pour nous, et les choses qu'il a dites, faites et endurées à cause de nous.

Pardonnez-nous nos offenses, par votre miséricorde ineffable et la vertu de la passion de votre Fils bien - aimé , Jésus - Christ Notre - Seigneur , ainsi que par les mérites de l'intercession de la bienheureuse vierge Marie et de tous les élus.

Comme nous pardonnons à ceux qui nous ont offensés; nous ne pardonnons pas bien pleinement, il est vrai , mais accordez-nous de le faire sans reserve ; accordez-nous d'aimer véritablement nos ennemis à cause de vous, d'intercéder dévotement pour eux auprès de vous , de ne rendre à aucun le mal pour mal , et de nous appliquer à rendre service à tous en vous.

Et ne nous induisez point en tentation , en une tentation cachée ou manifeste , subite , passagère ou de longue durée.

Mais délivrez - nous du mal , passé , présent et avenir.

Ainsi soit-il. Nous le disons du fond de notre cœur et sans réserve.

VIII

Louange du Seigneur, le Dieu très-haut.

Vous êtes notre saint Seigneur notre Dieu , vous êtes le Dieu des dieux , vous seul opérez des merveilles. Vous êtes fort , vous êtes grand , vous êtes le Très-Haut , vous êtes le Tout-Puissant , vous êtes le Père saint , le Roi du ciel et de la terre ; vous êtes le Dieu trois et un. Vous êtes bon , vous êtes tout bien , le bien suprême , ô Seigneur , Dieu unique et véritable.

Vous êtes amour et charité , vous êtes sagesse , humilité, patience ; vous êtes la beauté, la sécurité, le repos, la félicité. Vous êtes notre espérance et notre joie, vous êtes la justice et la tempérance, vous êtes la force et la prudence, vous êtes la richesse qui suffit à tout besoin, vous êtes la mansuétude. Vous êtes notre protection, notre garde et notre défense; vous êtes notre refuge et notre vertu; vous êtes notre foi, notre espérance et notre charité; vous êtes notre douceur par excellence. Vous êtes infiniment bon, grand et admirable, le Seigneur mon Dieu tout-puissant, tendre, miséricordieux et Sauveur.

ORAISON.

O Dieu tout-puissant, éternel, juste et miséricordieux, à cause de vous-même accordez-nous à nous infortunés de faire ce que nous savons être conforme à vos désirs, et de vouloir toujours ce qui vous plaît, afin que, purifiés, illuminés et embrasés intérieurement du feu du Saint-Esprit, nous puissions marcher sur les traces de votre très-aimé Fils, Jésus-Christ Notre-Seigneur, et parvenir par votre seule grâce jusqu'à vous le Très-Haut, qui dans une trinité parfaite et une unité simple, vivez, régnez et êtes glorifié Dieu tout-puissant, dans tous les siècles des siècles. Ainsi soit-il.

Prière du bienheureux François au commencement de sa conversion.

O Dieu grand et glorieux, Jésus-Christ mon Seigneur, illuminez, je vous prie, les ténèbres de mon âme. Donnez-moi une foi droite, une

espérance inébranlable et une charité parfaite.
Faites que je vous connaisse, ô Seigneur, de telle
sorte, qu'en toutes choses j'agisse toujours selon
votre sainte et véritable volonté. Ainsi soit-il.

Prière à réciter avant l'office divin.

Saint, saint, saint est le Seigneur le Dieu tout-
puissant, qui est, qui était et qui doit venir.
Louons-le et exaltons-le de toutes nos forces dans
toute la suite des siècles. Vous êtes digne, ô Seigneur notre Dieu, de recevoir la louange, la
gloire, l'honneur et la bénédiction. — Louons-le
et exaltons-le de toutes nos forces dans toute la
suite des siècles. Il est digne l'Agneau qui a été mis
à mort, de recevoir la puissance, la divinité, la
sagesse, la force, l'honneur, la gloire et la bénédiction. Louons-le et exaltons-le de toutes nos
forces dans toute la suite des siècles.

Bénissons le Père, le Fils et le Saint-Esprit.

Louons-le et exaltons-le de toutes nos forces
dans toute la suite des siècles.

Chantez les louanges de Dieu, ô vous qui êtes
ses serviteurs, vous qui craignez Dieu, petits et
grands.

Louez-le et exaltez-le de toutes vos forces dans
toute la suite des siècles.

Que les cieux et la terre le louent ce Dieu glorieux.

Qu'ils l'exaltent sur toute chose et le louent dans toute la suite des siècles.

Que toute créature au ciel, sur la terre et sous la terre ; que la terre, la mer et tout ce qu'elles renferment le louent.

Qu'elles le louent et l'exaltent sur toute chose dans toute la suite des siècles.

Gloire au Père, au Fils, et au Saint-Esprit.

Louons-le et exaltons-le sur toute chose dans toute la suite des siècles.

Maintenant et toujours, comme dès le commencement et dans tous les siècles des siècles.

Louons-le et exaltons-le sur toute chose dans toute la suite des siècles.

ORAISON.

O Dieu tout-puissant, très-saint et très-haut, bien universel, bien suprême, bien sans mélange, qui seul êtes bon, accordez-nous de vous rendre toute louange, toute action de grâces, toute gloire, tout honneur, toute bénédiction, et de vous rapporter en tout temps tout ce qu'il y a de bien en nous. Ainsi soit-il.

IX

Salutation à la Vierge Marie.

Salut, ô sainte Dame, Reine très-sainte, Marie Mère de Dieu, vous la vierge perpétuelle, choisie du haut du ciel par le Père très-saint, consacrée par son Fils très-saint et bien-aimé, et par le Saint-Esprit consolateur; vous en qui est et fut la plénitude de toute grâce et de tout bien. Salut, ô palais de Dieu! salut, tabernacle de Dieu! Mère de Dieu, salut! Et vous aussi saintes Vertus, qui, par la grâce et l'illumination du Saint-Esprit, vous répandez en nos cœurs pour d'infidèles les rendre fidèles, salut!

Mère très-sainte de Jésus-Christ Notre-Seigneur, Épouse du Saint-Esprit, priez pour nous avec saint Michel Archange, toutes les Vertus des cieux et tous les Saints, votre Fils bien-aimé, notre Seigneur et notre maître. Ainsi soit-il.

Prière à la sainte Vierge.

Sainte, douce et auguste Mère de Dieu, conjurez le Roi livré à la mort, votre très-aimable Fils, Jésus-Christ Notre-Seigneur, de vouloir bien par sa tendre clémence et la vertu de sa très-sainte incarnation et de sa mort très-douloureuse nous pardonner nos péchés. Ainsi soit-il.

Autre prière à la même bienheureuse Vierge Marie.

Sainte Vierge Marie, nulle en ce monde parmi les autres femmes n'a paru semblable à vous; vous êtes la fille et la servante du Roi très-haut, du

Père céleste, la Mère très-sainte de Notre-Seigneur Jésus-Christ, l'Épouse du Saint-Esprit. Priez donc pour nous avec saint Michel Archange, toutes les Vertus des cieux et tous les Saints, votre très-saint Fils, notre bien-aimé Seigneur et maître.

Gloire au Père, au Fils, et au Saint-Esprit. Ainsi soit-il.

X

Prière de notre bienheureux Père pour obtenir la pauvreté.

O Jésus mon Seignenr, montrez-moi les sentiers de votre bien-aimée pauvreté. Le testament ancien fut, je le sais, une figure du nouveau. Or telles furent autrefois vos promesses : « Tout lieu que votre pied aura foulé sera à vous. » (*Deut.*, XI ; *Jos.*, 1.) Mais fouler c'est mépriser, et la pauvreté foule tout à ses pieds ; elle est donc la reine de tout. O mon Seigneur, ô compatissant Jésus-Christ, ayez pitié de moi et de notre dame la pauvreté ; car son amour me met hors de moi, et sans elle je ne puis goûter le repos. Vous le savez bien, vous mon Seigneur, puisque c'est vous qui avez blessé mon cœur de cet amour. La pauvreté demeure plongée dans la tristesse, elle est repoussée de tous les hommes. Elle, la reine de l'univers, la voilà devenue semblable à une femme réduite à la viduité ; elle apparaît vile, digne de mépris, alors qu'elle est la reine de toutes les vertus. Assise dans la fange, elle se plaint d'avoir vu ses amis la mépriser et se transformer en ennemis ; depuis long-temps ils lui ont prouvé qu'ils sont des adultères et non des époux.

O Seigneur Jésus, voyez-le : si la pauvreté est la reine des vertus, c'est que vous-même, quittant le séjour des anges, vous êtes descendu sur la terre pour vous la fiancer par un amour à jamais durable, former en elle, d'elle et par elle tous ceux qui sont des enfants de perfection. De son côté, elle s'est attachée à vous avec une inviolable fidélité ; elle a commencé à vous donner ses soins empressés dès le sein de votre mère, alors que vous revêtant d'un corps animé vous l'avez pris si petit. Au sortir du sein de Marie, elle vous reçut dans la sainte crèche et dans l'étable, et, tandis que vous demeuriez dans le monde, elle vous a retranché toutes choses jusqu'à ne pas vous laisser où reposer votre tête. Compagne d'une fidélité à toute épreuve, lorsque vous engageâtes le combat de notre rédemption, elle vous accompagna résolûment, et, comme un écuyer inséparable, elle se tint à vos côtés dans la lutte de votre Passion. Vos disciples se retiraient, ils reniaient votre nom ; mais elle ne vous abandonna pas, et elle vous entoura fidèlement du long cortége dont elle marche environnée. Votre Mère elle-même, qui cependant vous honora avec tant de constance et s'unit à vos angoisses avec un sentiment si profond de douleur, votre Mère, dis-je, et une telle mère ! ne pouvait arriver jusqu'à vous à cause de la hauteur de la croix ; mais notre dame la pauvreté s'en vint avec toute sa suite de privations comme avec autant de serviteurs, elle s'attacha à vous plus étroitement que jamais, elle s'y unit plus intimement par la souffrance. Elle ne prit pas le temps de polir votre croix, ni même d'y donner une façon grossière ; elle ne forgea pas, comme on le croit, les clous en nombre suffisant pour vos blessures, elle n'en aiguisa pas la pointe, elle n'en fit pas disparaître les aspérités ; mais elle en prépara seulement trois, grossiers, rudes et obtus, propres à aider votre supplice. Tandis que vous étiez consumé par l'ardeur de la soif, cette épouse fidèle vous assista avec une vive sollicitude pour empêcher qu'il vous fût possible d'avoir au moins un peu d'eau, et par les mains des satellites impies elle vous composa un breuvage d'une telle amertume, qu'il vous devint plus facile d'y goûter que de le boire.

Vous avez donc rendu l'esprit au milieu des embrassements étroits de cette épouse. Mais alors même, toujours persévérante, elle présida aux dispositions de votre sépulture, et elle ne vous permit pas d'avoir un tombeau, des parfums et un linceul, autrement qu'à titre d'emprunt. Cette épouse très-sainte fut également présente à votre résurrection, elle jouissait de vos embrassements lorsque vous sortîtes glorieux du tombeau ; car vous laissiez là ce que vous aviez emprunté et ce qu'on vous avait donné. Vous l'avez conduite avec vous au ciel en abandonnant aux personnes du monde tout ce qui est de ce monde; puis vous avez remis à notre dame la pauvreté le sceau du royaume des cieux pour en marquer les élus qui désirent s'avancer par le chemin de la perfection.

Oh! qui donc n'aimera pas notre dame la pauvreté de préférence à tout le reste? Je vous demande d'être marqué d'un tel sceau, je désire être enrichi d'un tel trésor; je vous en conjure, que mon partage et celui des miens, ô très-pauvre Jésus, soit de ne pouvoir rien posséder en propre sous le ciel à cause de votre nom, et de me sustenter péniblement avec les dons d'une main étrangère tant que je vivrai en cette chair misérable. Ainsi soit-il.

XI

Prière que le saint avait coutume de dire quand le prêtre élevait le très-saint Corps de Jésus-Christ.

O Seigneur mon Dieu, Père céleste, abaissez vos regards sur la personne glorieuse de votre Christ; ayez pitié de moi et des autres pécheurs pour qui votre Fils béni, Notre-Seigneur, a daigné souffrir la mort; pour le salut et la consolation desquels il a voulu demeurer avec nous dans le sacrement de l'autel, lui en la société duquel vous êtes, ô Père, avec le Saint-Esprit, vous qui êtes un seul Dieu et vivez avec le Fils et le Saint-Esprit dans tous les siècles des siècles. Ainsi soit-il.

Prière pour obtenir le divin amour.

Que l'ardeur embrasée et délicieuse de votre amour, je vous en prie, ô mon Seigneur, absorbe mon âme et la rende étrangère à tout ce qui est sous le ciel; que je meure pour l'amour de votre amour, vous qui avez daignez mourir pour l'amour de mon amour. Je vous le demande par vous-même, ô Fils de Dieu, qui, avec votre Père et le Saint-Esprit, régnez dans tous les siècles des siècles. Ainsi soit-il.

Autre prière pour le temps de la maladie.

Je vous rends grâces, ô Seigneur mon Dieu, de toutes les douleurs auxquelles je suis soumis en ce moment, et je vous prie, ô mon Seigneur, de les augmenter cent fois plus, si c'est votre bon plaisir. Il me sera agréable par-dessus tout qu'en me faisant passer par les souffrances, vous ne m'épargniez pas; car l'accomplissement de votre sainte volonté est pour moi la consolation suprême.

Prière pour recommander sa famille au Seigneur.

Seigneur, je vous recommande votre famille que vous m'avez confiée jusqu'à ce jour. Maintenant, ne pouvant plus en prendre soin à cause de mes infirmités, que vous connaissez, Seigneur, je la confie à des ministres, qui au jour du jugement seront tenus de rendre compte en votre présence si quelqu'un de leurs frères a péri par leur négligence, leur mauvais exemple ou une correction trop sévère.

Oraison de chaque jour du bienheureux père François.

Mon Dieu et mon tout! qui êtes-vous? mon très-doux Seigneur, mon Dieu, et qui suis-je, moi, pauvre ver de terre, votre serviteur? Très-saint Seigneur, je voudrais vous aimer, très-doux Seigneur, je voudrais brûler d'amour pour vous. Seigneur mon Dieu, voilà que je vous ai donné tout mon cœur et tout mon corps, et je désirerais ardemment faire davantage pour votre amour, si je pouvais connaître autre chose.

XII

Testament du bienheureux père François.

Le Seigneur m'a donné, à moi, frère François, de commencer ainsi à faire pénitence. Lorsque je vivais dans le péché, il me semblait par trop amer de voir des lépreux ; mais le Seigneur m'a amené lui-même au milieu d'eux, et j'ai exercé les œuvres de miséricorde envers eux. Puis, lorsque je les quittai, ce qui m'avait semblé amer se changea en douceur pour mon âme et mon corps. Après cela je demeurai peu dans le monde et je sortis du siècle.

Le Seigneur me donna une telle foi dans ses églises, que je l'y adorais en toute simplicité, et lui disais : « Nous vous adorons, ô très-saint Seigneur Jésus-Christ, ici et dans toutes vos églises qui sont dans tout l'univers, et nous vous bénissons, parce que par votre sainte croix vous avez racheté le monde. »

Ensuite le Seigneur m'a donné, et il me donne encore, une si grande foi en ses prêtres, qui vivent selon la sainte Église romaine, à cause de leur ordre, qu'alors même qu'ils me persécuteraient, je voudrais encore avoir recours à eux. Quand j'aurais une sagesse égale à celle de Salomon, si je me trouvais avec les prêtres les plus médiocres de notre époque dans les églises où ils résident, je ne consentirais pas à prêcher contre leur volonté. De plus, je veux les craindre, les aimer, les honorer eux et tous les autres comme mes seigneurs Je ne veux pas considérer en eux le péché, parce qu'en eux je vois le Fils de Dieu, et qu'ils sont mes seigneurs.

J'agis ainsi parce que je ne vois rien de sensible

en ce monde du Fils très-haut de Dieu, si ce n'est son corps très-saint et son sang, qu'ils prennent eux-mêmes et ont seuls la mission de donner aux autres. Or je veux que ces très-saints mystères soient honorés et vénérés sur toutes choses, et qu'ils soient placés en des lieux tout à fait choisis. Je veux aussi qu'on recueille et qu'on ramasse avec soin les très-saints noms du Seigneur et ses paroles écrites, toutes les fois qu'on les trouvera dans des endroits inconvenants, pour les mettre en une place convenable.

Nous devons honorer tous les théologiens et ceux qui nous annoncent la très-sainte parole de Dieu, comme ceux qui nous donnent la respiration et la vie.

Quand le Seigneur m'eut confié le soin de mes frères, personne ne me montrait ce que je devais faire ; mais le Très-Haut lui-même m'a révélé que je devais vivre selon la règle du saint Évangile. Je la fis donc écrire en peu de mots et simplement, et le seigneur pape me la confirma. Or ceux qui venaient à moi pour embrasser ce genre de vie donnaient aux pauvres tout ce qu'ils avaient. Ils se contentaient d'une tunique, qu'ils rapiéçaient au-dedans et au dehors selon leur volonté, avec une corde et des habits de dessous, et nous ne voulions rien de plus. Nous autres clercs nous disions l'office comme les autres clercs, les laïques disaient *Notre Père*.

Nous demeurions assez volontiers dans les églises pauvres et abandonnées, nous étions des hommes sans savoir et soumis à tout le monde. Je travaillais de mes mains, ma volonté est encore de travailler, et je veux d'une manière bien arrêtée que mes frères se livrent à un travail honnête. Que ceux qui ne savent pas travailler apprennent, non par le désir de retirer un prix de leur travail, mais pour le bon exemple et pour éviter l'oisiveté. Si l'on ne nous donne pas le prix de notre travail, ayons recours à la table du Seigneur en allant demander l'aumône de porte en porte.

Le Seigneur m'a révélé une manière de saluer ; elle consiste en ces paroles : « Que le Seigneur vous donne sa paix ! »

Que les frères se gardent bien d'accepter les églises, les maisons et autres choses faites pour eux, à moins qu'elles ne soient conformes à la sainte pauvreté que nous avons vouée dans notre règle, et alors même demeurons-y comme des étrangers et des voyageurs.

J'ordonne invariablement en vertu de l'obéissance à tous mes frères, en quelque lieu qu'ils soient, de ne point oser demander aucun privilége en cour de Rome par eux-mêmes ou une personne intermédiaire, soit pour une église, soit pour un lieu quelconque, soit sous prétexte de prédication, soit sous prétexte de se mettre à l'abri de la persécution. S'ils ne sont pas reçus dans un endroit, qu'ils s'en aillent dans un autre pour y faire pénitence avec la bénédiction de Dieu.

Ma volonté bien arrêtée est d'obéir au ministre général de cette famille et au gardien qu'il lui aura plu de me donner. Je veux être comme un captif entre ses mains, sans aucun pouvoir d'aller ou d'agir contre sa volonté, parce qu'il est mon seigneur. Quoique je sois un homme simple et infirme, cependant je veux toujours avoir un clerc avec moi pour réciter l'office, selon qu'il est enseigné dans la règle. Je veux aussi que tous les autres frères soient strictement tenus d'obéir à leurs gardiens et à réciter l'office selon la règle. S'il s'en rencontrait quelqu'un qui ne récitât pas l'office selon cette même règle, qui voulût établir des changements, ou ne fût pas catholique, que tous les frères, en quelque lieu qu'ils se trouvent, se regardent comme tenus, en vertu de l'obéissance, de le présenter au gardien le plus proche de ce lieu. Que le gardien soit tenu à son tour de le garder soigneusement le jour et la nuit, comme on fait pour un prisonnier, de façon qu'il ne puisse pas s'échapper de ses mains jusqu'à ce qu'il l'ait remis lui-même en la puissance de son ministre. Enfin que le ministre soit strictement tenu de le faire conduire par des frères qui le gardent le jour et la nuit, comme un prisonnier, jusqu'à ce qu'ils l'aient présenté au seigneur cardinal d'Ostie, le protecteur et le correcteur de cet ordre.

Et que les frères ne disent pas : « C'est là une autre règle. » C'est là un souvenir que je vous laisse, ce sont mes avis, mes exhortations, mon testament, que moi François, votre tout petit frère, je vous donne à vous, mes frères bénis, afin que nous observions plus catholiquement la règle que nous avons vouée au Seigneur. Que le ministre général, tous les autres ministres et gardiens soient tenus par l'obéissance de n'ajouter ni ne retrancher à ces paroles. Qu'ils aient toujours cet écrit avec eux de même que la règle, et que dans tous les chapitres qu'ils tiendront ils en lisent les paroles quand ils liront la règle.

J'ordonne rigoureusement en vertu de l'obéissance à tous mes frères, clercs et laïques, de ne point faire de gloses sur la règle ni sur ces paroles, en disant : « Voici comment il faut les entendre. » Mais, comme le Seigneur m'a donné de m'exprimer purement et simplement, et d'écrire ainsi cette règle et ces paroles, vous devez de même les entendre purement et simplement, et les observer jusqu'à la fin par des œuvres de sainteté.

Que celui qui aura mis ces choses en pratique soit comblé dans le ciel de la bénédiction du Père céleste le Très-Haut, qu'il soit sur la terre comblé de la bénédiction de son Fils bien-aimé, du très-Saint-Esprit consolateur, de toutes les Vertus des cieux et de tous les Saints. Pour moi, frère François, votre tout petit frère et serviteur dans le Seigneur, je vous confirme, autant que je le puis, intérieurement et extérieurement cette bénédiction très-sainte. Ainsi soit-il.

Louanges du testament de notre bienheureux père François.

O testament de paix ! que jamais l'oubli ne l'atteigne ; que jamais le dédain ne le rende l'objet d'aucun mépris ; que jamais une disposition contraire n'y apporte aucun changement. C'est là un testament sanctionné non par la mort du testateur, mais par le don d'une vie immortelle. Bienheureux celui qui ne méprise ni ne rejette ce testament incorruptible de la charité, ce champ fertile de l'humilité, ce trésor désirable de la pauvreté, qui lui a été légué par la main d'un père si illustre (1) !

(1) Ces paroles ne sont pas de saint François, mais d'un de ses fidèles disciples dont le nom n'est point arrivé jusqu'à nous.

DEUXIÈME PARTIE

───◆───

RÈGLE DES TERTIAIRES

ou

DES FRÈRES DE LA PÉNITENCE (1)

—

AU NOM DU SEIGNEUR, AINSI SOIT-IL

—

CHAPITRE I

Comment il faut examiner ceux qui veulent entrer dans l'Ordre.

Ceux qui voudront suivre ce genre de vie et seront admis à l'embrasser devront, avant leur admission ou reception, être soumis à un examen touchant la foi catholique et leur soumission à

.

(1) Nous n'indiquons pas les modifications introduites dans la règle du Tiers Ordre par les souverains pontifes suivant les besoins du temps. Ces modifications sont légères, et ne changent pas l'œuvre du bienheureux fondateur. Ceux qui désireraient s'instruire non-seulement de la règle, mais de tout ce qui concerne le Tiers Ordre de saint François, trouveront les plus amples renseignements dans le Manuel de ce Tiers Ordre, publié chez Mme Ve Poussielgue-Rusand, rue Cassette, 27.

l'Église. S'ils professent fermement cette foi, et s'ils croient véritablement, on pourra les admettre ou les recevoir en toute sûreté dans cet Ordre. Cependant il faut se garder avec le plus grand soin d'admettre jamais à pareille profession un homme hérétique, suspect d'hérésie, ou même ayant mauvaise réputation. S'il était arrivé qu'on eût reçu quelqu'un de tel, il faudrait le déclarer au plus tôt aux inquisiteurs du crime d'hérésie pour le faire punir.

CHAPITRE II

De la manière de recevoir ceux qui veulent entrer dans l'Ordre.

Lorsque quelqu'un voudra entrer dans cette fraternité, les ministres ayant charge d'admettre examineront soigneusement quel est son emploi, son état et sa condition, et lui exposeront bien clairement les obligations de l'Ordre, et surtout celle de restituer le bien d'autrui. Cela fait, si telle est sa volonté, il recevra l'habit selon l'usage; et, s'il est encore possesseur du bien d'autrui, il aura soin de satisfaire sur ce point en argent comptant, ou en donnant une caution sûre, ensuite il se mettra en devoir de se réconcilier avec le prochain.

Toutes ces choses accomplies, et après un an

passé, quelques frères discrets tiendront conseil, et, s'il leur semble digne, il sera admis de cette manière : Il promettra d'observer tous les commandements de Dieu, et aussi de satisfaire convenablement pour les transgressions commises contre ce genre de vie, selon la volonté du visiteur. Cette promesse faite par lui sera écrite sur-le-champ par un officier publique. Nul ne devra être reçu d'une manière différente par les ministres, à moins que, après un mûr examen, ils ne jugent devoir faire autrement par considération pour le rang et les instances de la personne.

Nous ordonnons en outre et nous arrêtons que nul, après être entré dans cette fraternité, ne pourra en sortir pour retourner au siècle. Toutefois chacun sera libre de passer dans une autre religion approuvée. Quant aux femmes ayant encore leurs maris, elles ne pourront sans leur permission et leur consentement s'agréger à cette fraternité.

CHAPITRE III

De la forme de l'habit et de la qualité des vêtements.

De plus, les frères de cette fraternité seront vêtus communément d'étoffes d'un prix modique et d'une couleur tenant le milieu entre le blanc et le noir, à moins que, pour une cause légitime et évidente, les visiteurs, d'après le conseil du ministre, ne dispensent pour un temps en ce qui concerne le prix. Les manteaux et fourrures des frères seront sans collet, fendus ou entiers, ayant des agrafes, et non ouverts, comme il convient à la modestie, et leurs manches seront fermées.

Les sœurs seront vêtues d'un manteau et d'une tunique d'une étoffe humble, comme il vient d'être dit, ou au moins elles auront avec le manteau une robe de couleur blanche ou noire, ou une robe ample de chanvre ou de lin, et cousue sans être aucunement froncée. On pourra accorder des dispenses touchant la grossièreté de l'étoffe et les pelisses des sœurs, selon la condition de chacune d'elles et les coutumes du lieu.

Elles ne se serviront ni de bandeaux ni de rubans de soie : les frères comme les sœurs auront seulement des fourrures de peaux d'agneau, des bourses de cuir, des attaches faites simplement, sans aucun mélange de soie, et tous les autres vains ornements du siècle seront mis de côté selon le conseil salutaire du bienheureux Pierre, le prince des apôtres.

CHAPITRE IV

Que l'on doit ne pas aller aux festins licencieux ni aux spectacles,
et ne rien donner aux histrions.

Toute fréquentation des festins licencieux, des spectacles, des jeux publics ou des danses est entièrement défendue. Les frères ne devront rien donner aux histrions ni pour aucune frivolité. Ils tâcheront de détourner également leurs familles de pareilles dépenses.

CHAPITRE V

De l'abstinence et du jeûne.

Tous s'abstiendront de manger de la viande le lundi, le mercredi, le vendredi et le samedi, à moins que la maladie ou la faiblesse du tempérament n'exige le contraire. On servira de la viande pendant trois jours à ceux qui auront été saignés, et l'on n'en privera pas ceux qui sont en voyage. Il est permis également à tous d'en manger lorsqu'il arrivera une fête solennelle où la coutume ancienne le permet au reste des chrétiens.

3·

Pendant les jours où le jeûne n'est pas imposé, l'on pourra manger des œufs et du fromage.

Lorsque les frères se trouveront avec d'autres religieux dans leurs couvents, il leur sera permis de manger ce qui sera servi, et, à l'exception des malades, des voyageurs et des infirmes, ils se contenteront du repas du dîner et du souper. Ceux qui se portent bien mangeront et boiront modérément, car l'Évangile nous dit : « Prenez garde que vos cœurs ne s'appesantissent par l'excès du boire et du manger. » (*Luc.*, XXI.) On ne prendra point son dîner ou son souper sans le faire précéder de l'Oraison dominicale; et après chacun de ses repas on la redira en ajoutant : *Deo gratias*. S'il arrivait à quelqu'un d'y manquer, il devrait réciter trois fois le *Pater*.

Tous les vendredis de l'année on jeûnera, à moins qu'on n'en soit dispensé par la maladie ou une autre cause légitime, ou que la fête de la Nativité du Seigneur ne se rencontre ce jour-là. Mais depuis la fête de tous les Saints jusqu'à Pâques, le jeûne aura lieu le mercredi et le vendredi, et l'on observera les autres jeûnes établis ou réglés par l'Église, et ceux imposés par les ordinaires pour une cause générale. On aura soin également de jeûner tous les jours, excepté le dimanche, pendant le carême de la Saint-Martin à la Nativité du Seigneur, et depuis le dimanche de la Quinquagésime jusqu'à Pâque, à moins que l'infirmité ou une autre cause n'oblige à faire autrement. Les sœurs enceintes pourront, si elles le veulent, s'abstenir de tout exercice corporel, et se borner aux pratiques spirituelles, jusqu'au jour de leurs relevailles.

Ceux qui travaillent peuvent, à cause de la fatigue à laquelle ils sont soumis, manger licitement trois fois par jour, les jours où ils se livrent au travail, depuis la fête de la résurrection du Seigneur jusqu'à la fête de la Saint-Michel. Lorsqu'il leur arrivera de travailler chez les autres, il leur sera permis chaque jour de manger ce qui leur sera servi, si ce n'est le vendredi ou tout autre jour de jeûne qu'on sait être établi généralement par l'Église.

CHAPITRE VI

Combien de fois par an il faut se confesser et communier.

Trois fois par an, pour la Nativité du Seigneur, les fêtes de la Résurrection et de la Pentecôte, aucun des frères et des sœurs ne négligera de confesser ses péchés et de recevoir dévotement l'Eucharistie après s'être réconcilié avec le prochain et avoir restitué le bien d'autrui.

CHAPITRE VII

Que les Frères ne doivent point porter d'armes offensives (1).

Que les frères ne portent point avec eux d'armes offensives, si ce n'est pour la défense de l'Église romaine, de la foi chrétienne et de leurs propres terres, ou d'après la permission de leurs minitsres.

CHAPITRE VIII

De la récitation des heures canoniales.

Les frères et les sœurs diront chaque jour les sept heures canoniales : Mat'nes, Prime, Tierce, Sexte, None, Vêpres et Complies. Les clercs, c'est-à-dire ceux qui savent le Psautier, diront pour prime les psaumes *Deus in nomine tuo*, et *Beati*

(1) Pour l'intelligence de ce chapitre, il est bon de se rappeler qu'au temps où saint François écrivait sa règle, l'Italie était désolée par les discordes civiles, la guerre des Albigeois bouleversait l'Europe occidentale, et Frédéric II, empereur d'Allemagne, menaçait d'envahir les États de l'Église à la tête d'une puissante armée. (*Manuel du Tiers Ordre.*)

immaculati jusqu'à *Legem pone* avec le *Gloria Patri...*, et les autres psaumes des heures, selon qu'il est réglé pour les clercs.

Lorsqu'ils n'iront pas à l'église, ils auront soin de dire pour Matines les psaumes récités par les clercs en l'église cathédrale, ou au moins ils n'omettront pas de dire, comme ceux qui sont illettrés, douze fois le *Pater noster* avec le *Gloria Patri* pour Matines, et sept fois pour chacune des autres heures. A Prime et à Complies ils ajouteront le petit Symbole et le *Miserere mei Deus*, s'ils le savent; s'ils ne l'avaient pas dit à ces heures, ils réciteraient trois fois le *Pater noster.* — Les malades ne seront pas tenus à dire ces heures, à moins qu'ils ne le veuillent.

Pendant le carême de la Saint-Martin et le grand carême, ils ne manqueront pas d'assister en personne aux matines des églises de leurs paroisses, s'ils n'en sont dispensés par des raisons légitimes.

CHAPITRE IX

Que tous ceux qui en ont le droit, doivent faire leur testament.

En outre, tous ceux à qui la loi en accorde la faculté feront leur testament; ils régleront ce

qui concerne leurs biens, et feront leurs dispositions
dans les trois mois qui suivront immédiatement
leur entrée dans l'Ordre, de façon qu'il n'arrive
à aucun d'entre eux de mourir sans cette for-
malité.

CHAPITRE X

De la manière de rétablir la paix entre les Frères et les étrangers.

Pour établir la paix entre les frères, les sœurs,
ou même les étrangers vivant dans la discorde, on
agira comme les ministres le jugeront convenable,
après avoir pris pour cela le conseil de l'évêque
diocésain, si c'est possible.

CHAPITRE XI

Ce qu'il faut faire quand on est molesté injustement dans sa personne ou dans ses priviléges.

Si les frères ou les sœurs sont soumis, dans les
lieux où ils demeurent, en leur personne ou dans
leurs priviléges, à d'injustes vexations de la part
du pouvoir séculier ou ecclésiastique de ces lieux,

les ministres auront recours aux évêques et autres
ordinaires de la localité, et ils se conduiront en
ces circonstances d'après leurs conseils et leurs
déterminations.

CHAPITRE XII

Que les frères doivent s'abstenir autant que possible de serments solennels.

Que tous s'abstiennent de serments solennels
si la nécessité ne leur en fait pas une obligation,
excepté les cas permis par l'indulgence du siége
apostolique, comme lorsque cela est utile à la
paix et à la foi ; ou pour détruire la calomnie,
affermir un témoignage, confirmer un contrat
d'achat, de vente et de donation, et qu'on le
jugera avantageux.

Qu'ils se gardent aussi le plus possible de tout
serment dans les conversations ordinaires, et celui
à qui pendant le jour il serait arrivé de jurer en
ne veillant pas assez sur sa langue, comme cela a
lieu fréquemment dans les longs entretiens, celui-
là, dis-je, devra le soir même, après l'examen des
actions de la journée, réciter trois fois l'Oraison
dominicale pour les serments faits sans discrétion.

Ensuite que chacun se souvienne d'exhorter sa propre famille à obéir à la loi de Dieu.

CHAPITRE XIII

De l'audition de la messe et de la tenue des assemblées.

Que tous les frères et les sœurs en bonne santé, de quelque ville et lieu qu'ils soient, entendent chaque jour la messe, s'ils le peuvent commodément. Que tous les mois ils se réunissent à l'église ou autres lieux marqués par les ministres, pour y assister à une messe solennelle. Que là, chacun donne un denier de la monnaie usuelle au trésorier chargé de recueillir cet argent, et celui-ci, d'après le conseil des ministres, le distribuera aux frères et aux sœurs les plus pauvres, et surtout aux malades, à ceux qu'on sait dans l'impuissance de pourvoir à leurs funérailles, puis aux autres pauvres, selon qu'il le jugera nécessaire.

On offrira aussi sur cet argent quelque chose à l'église où se tiennent les réunions, et l'on tâchera, si on le peut commodément, d'avoir pour ces réunions un homme religieux et bien capable d'annoncer la parole de Dieu, pour qu'il excite et exhorte les assistants à la pénitence et aux œuvres de miséricorde, et leur donne sur ce point ses conseils avec sollicitude.

Que chacun s'applique à garder le silence pendant la messe et la prédication ; qu'il demeure attentif à la prière et à l'office, si l'utilité commune des frères ne l'en empêche.

CHAPITRE XIV

Des frères malades et défunts.

Lorsque quelqu'un des frères sera tombé malade, les ministres, s'il les a fait avertir de sa maladie, seront tenus de le visiter une fois chaque semaine par eux-mêmes, ou par un autre et même par plusieurs frères. Ils l'exhorteront avec zèle, en se servant des moyens qu'ils jugeront les meilleurs et les plus efficaces, à recevoir le sacrement de pénitence, et ils fourniront à ses besoins sur les fonds communs.

Si ce malade vient à mourir, on le fera savoir aux frères et aux sœurs alors présents dans la ville ou le lieu où il sera mort, afin qu'ils tâchent d'assister en personne à ses funérailles, et ils ne se retireront que lorsque la messe aura été célébrée et le corps mis dans le tombeau. Nous voulons qu'on observe les mêmes choses pour les sœurs malades ou décédées.

De plus, dans les huit jours qui suivront immédiatement la mort, les frères et les sœurs diront pour l'âme du défunt, les prêtres une messe, ceux qui savent le Psautier cinquante psaumes, et ceux qui ne savent pas lire autant de fois le *Pater* avec le *Requiem æternam* à chaque fois.

De plus on fera célébrer chaque année trois messes pour le salut des frères et sœurs, tant morts que vivants. Ceux qui sauront le Psautier le réciteront, et les autres ne manqueront pas de dire cent fois l'Oraison dominicale avec le *Requiem æternam* à chaque fois.

CHAPITRE XV

Des ministres.

Chacun acceptera avec empressement et s'efforcera d'exercer fidèlement les ministères et autres offices dont il est parlé dans cette règle, quand ils leur seront imposés. L'office de chacun sera limité à un temps déterminé. Aucun ministre ne sera institué à vie, mais sa charge sera réduite à une durée fixe.

CHAPITRE XVI

De la visite et de la correction des délinquants.

Les ministres , les frères et les sœurs d'une ville
ou d'un lieu quelconque se réuniront pour la visite
générale dans un lieu consacré à la religion ou dans
une église , lorsqu'ils n'auront pas de local particulier, et ils auront pour visiteur un prêtre appartenant à quelque ordre religieux approuvé, lequel
prêtre leur imposera une pénitence salutaire pour
les fautes dont ils se seront rendus coupables.
Nul autre ne pourra exercer auprès d'eux cet
office de visiteur (1).

Cette visite aura lieu une fois chaque année , à
moins que quelque circonstance particulière n'o-
blige de la faire plus souvent. On avertira par
trois fois les incorrigibles et les désobéissants.
Ceux qui n'apporteraient aucun soin à se corriger,
seront, d'après l'avis des discrets, chassés de cette
congrégation.

(1) Le pape Nicolas IV a ajouté à ces paroles du saint fondateur : « Comme cette forme de vie a été établie par le bienheureux
François, nous conseillons de prendre dans l'ordre des frères
Mineurs des visiteurs et des directeurs, que les custodes ou gardiens du même ordre voudront bien désigner lorsqu'on leur en
fera la demande. »

CHAPITRE XVII

Que les frères doivent éviter les procès entre eux et avec les autres.

Les frères et les sœurs éviteront le plus possible les procès entre eux. Si on leur en suscitait quelqu'un, ils mettront tous leurs soins à l'arrêter; s'ils n'y réussissaient point, ils comparaîtront devant celui en qui réside la puissance de juger.

CHAPITRE XVIII

Comment et par qui on peut être dispensé des abstinences.

Les ordinaires des lieux, ou le visiteur, pourront pour des causes légitimes, lorsqu'ils le jugeront convenable, dispenser les frères et les sœurs des abstinences, des jeûnes et des autres austérités de la règle.

CHAPITRE XIX

Que les ministres doivent dénoncer au visiteur les fautes
manifestes des membres de l'Ordre.

Les ministres feront connaître au visiteur , pour
qu'il les punisse , les fautes publiques des frères
et des sœurs. S'il se trouve quelque incorrigible ,
les ministres, après l'avoir averti trois fois avec
zèle et avoir pris l'avis de quelques frères discrets,
le feront connaître au visiteur , pour qu'il le chasse
de la fraternité, et l'on instruira ensuite l'assemblée de son exclusion.

CHAPITRE XX

Les choses prescrites dans cette règle n'obligent personne
sous peine de péché mortel.

Au reste en toutes ces choses , quand les frères
et les sœurs de cet Ordre n'y sont point tenus en
vertu d'un commandement de Dieu ou de son
Église, nous ne voulons obliger personne sous
peine de péché mortel, mais seulement chacun
devra accepter avec un humble empressement
et s'appliquer à accomplir de point en point la pénitence qui lui aura été imposée pour les transgressions dont il se sera rendu coupable.

CONFÉRENCES MONASTIQUES

DU

BIENHEUREUX PÈRE FRANÇOIS A SES FRÈRES

iʳᵉ CONFÉRENCE

De la multiplication du petit troupeau.

Prenez courage, mes bien-aimés, et réjouissez-vous dans le Seigneur. Ne vous laissez point aller à la tristesse parce que vous êtes en petit nombre, ni effrayer par ma simplicité ou la vôtre; car, selon qu'il m'a été montré par le Seigneur dans la vérité, Dieu vous fera croître jusqu'à devenir une grande multitude, et la grâce de sa bénédiction vous dilatera extraordinairement. Beaucoup se convertiront au Seigneur, et Dieu multipliera et augmentera sa famille dans tout l'univers.

Je suis forcé, dans votre intérêt, de dire ce que j'ai vu; j'aimerais mieux le garder sous silence, si la charité ne me faisait un devoir de vous le faire connaître. J'ai vu une grande foule d'hommes venant à nous avec la volonté de demeurer en notre société sous le saint habit de notre Ordre. Voilà que j'entends encore de mes oreilles le bruit de ceux qui vont et viennent au commandement de la sainte obéissance. J'ai vu les sentiers pleins de leur multitude; ils arrivent de presque toutes les nations pour embrasser ce genre de vie. Les Français viennent, les Espagnols se hâtent, les Allemands et les Anglais accourent, une masse considérable des autres langues les plus diverses s'avance avec empressement.

IIᵉ CONFÉRENCE

De la vocation des frères Mineurs, et de la prédication de la parole de Dieu.

Considérons, mes frères bien-aimés, notre vocation. Dieu nous a appelés dans sa miséricorde à aller par le monde non-seulement pour notre salut, mais encore pour le salut de beaucoup, afin d'y exhorter les hommes, plus par notre exemple que par notre parole, à faire pénitence de leurs péchés et à se souvenir des commandements de Dieu. Gardez-vous donc de craindre parce que nous paraissons petits et insensés, mais annoncez en toute sécurité et humblement la pénitence, avec confiance dans le Seigneur qui a vaincu le monde. Car son Esprit parlera par vous et en vous pour exhorter tous les hommes à se convertir à lui et à observer ses commandements. Prenons garde,

nous qui avons tout quitté, de perdre le royaume
des cieux pour une bagatelle, et si nous trouvons
de l'argent en quelque lieu, n'en faisons pas plus
de cas que de la poussière que nous foulons aux
pieds.

Ne jugeons ni ne méprisons ceux qui vivent dé-
licatement, et usent de recherche et de superflu
dans leurs vêtements. Dieu est notre Seigneur et
le leur ; il a la puissance de les appeler à lui, et de
les justifier après les avoir appelés. Respectons de
tels hommes comme nos frères et nos seigneurs ;
ils sont nos frères, puisqu'ils ont été formés par un
même Créateur ; ils sont nos seigneurs, puisqu'ils
aident les gens de bien à faire pénitence en leur
donnant les choses nécessaires à la vie du corps.

Allez donc, annoncez la paix aux hommes, prê-
chez-leur la pénitence pour la rémission des péchés.
Parmi eux vous en trouverez de fidèles, pleins de
mansuétude et de bénignité ; ils recevront avec
joie vos personnes et vos paroles ; mais aussi vous
en rencontrerez d'autres qui seront infidèles, superbes, blasphémateurs ; ils vous accableront de
reproches et vous résisteront ainsi qu'à vos enseignements. Arrêtez en vos cœurs de tout supporter
avec patience et humilité. Cependant ne craignez
pas, parce que dans peu de temps viendront à vous
en grand nombre des sages et des gens de haute
naissance ; ils prêcheront avec vous aux rois, aux
princes et à des peuples nombreux.

Soyez donc patients dans la tribulation, assidus à la prière, courageux dans le travail, modestes en vos discours, graves dans vos mœurs, reconnaissants pour les bienfaits; pour toutes ces choses, le royaume éternel de Dieu vous est préparé. Qu'il nous l'accorde Celui qui règne trois et un; et il nous l'accordera sans doute, si nous gardons les vœux que nous lui avons faits dans la plénitude de notre volonté.

IIIe CONFÉRENCE

De la demeure des religieux dans les ermitages.

Que ceux qui veulent mener la vie religieuse dans les ermitages soient trois ou quatre au plus. Que deux d'entre eux aient le nom de mère, et qu'ils aient deux fils ou au moins un. Que les deux premiers observent la vie de Marthe, et les deux autres la vie de Marie-Madeleine. Que ceux qui mènent la vie de Marie aient un cloître, et chacun une cellule, de façon à ne point habiter ni coucher dans le même lieu.

Qu'ils disent toujours Complies pendant le jour, lorsque le soleil est à son déclin. Qu'ils s'appliquent à garder le silence et à réciter les Heures. Qu'ils se lèvent pour Matines, et cherchent avant tout le royaume de Dieu et sa justice. Qu'ils disent Prime et Tierce à une heure convenable, et après

Tierce ils rompront le silence, pourront parler et aller vers leurs mères, et, quand il leur plaira, ils pourront également leur demander l'aumône pour l'amour de Dieu Notre-Seigneur, comme les plus petits d'entre les pauvres. Ensuite ils diront Sexte, None et Vêpres au temps voulu. Ils ne permettront à personne d'entrer ou de manger dans le cloître où ils demeurent.

Que les frères qui ont le titre de mères s'appliquent à rester éloignés de toute personne, et que nul ne puisse s'entretenir avec eux. Que les fils ne parlent point avec d'autres personnes qu'avec leurs mères et leur custode, quand il lui plaira de les visiter avec la bénédiction de Dieu. Quelquefois aussi les fils prendront l'office des mères, selon qu'il leur semblera bon de le faire tour à tour et que les circonstances le voudront. Qu'ils s'appliquent à observer soigneusement et fidèlement toutes ces choses.

IVe CONFÉRENCE

De la vraie obéissance.

Mes frères bien-aimés, accomplissez tout d'abord le commandement qui vous est donné; n'attendez pas qu'on vous réitère ce qui a été dit. N'alléguez aucune impossibilité et n'en voyez aucune dans un commandement; car, quand même je vous ordonnerais quelque chose au-dessus de vos forces,

la sainte obéissance vous rendrait capables de vous
en acquitter. Vous ne devez pas considérer quelle
est la condition ou la qualité de celui qui vous
commande, mais seulement qu'il est votre supérieur. Entre autres faveurs que la bonté divine a
daigné m'accorder, j'en ai reçu cette grâce, que
j'obéirais avec autant d'empressement à un novice
d'une heure, s'il m'était donné pour gardien, qu'au
plus ancien et au plus sage de mes frères. L'inférieur doit considérer dans son supérieur non
l'homme, mais Celui pour l'amour duquel il obéit.
Car plus le supérieur est de basse apparence, plus
l'humilité de celui qui obéit est méritoire.

Vᵉ CONFÉRENCE

De la sainte pauvreté.

Vous saurez, mes frères bien-aimés, que la pauvreté est la reine des vertus, parce qu'elle a brillé
au plus haut degré dans le Roi des rois et la Reine
sa mère. Retenez donc bien, mes frères, que la
pauvreté est la voie par excellence du salut; elle
est comme la nourrice de l'humilité et le germe de
la perfection; ses fruits sont nombreux quoique
peu connus. C'est là le trésor caché du champ
évangélique, le trésor pour l'acquisition duquel il
faut vendre toutes choses, et mépriser ce qu'on ne
peut vendre, afin de le posséder.

Quiconque désire atteindre à son sommet doit non-seulement renoncer à la prudence mondaine, mais en quelque sorte à l'habileté dans les lettres, afin que, dépouillé d'un tel bien, il puisse entrer sous la puissance du Seigneur, et s'offrir nu aux bras du Dieu crucifié. Celui-là ne renonce pas d'une manière parfaite au siècle, qui conserve dans le secret de son cœur la monnaie de son sens propre.

Que la sainte pauvreté reluise donc en toutes choses parmi vous, et surtout dans les maisons que vous bâtissez. Rappelez-vous ce passage de l'Évangile : « Les renards ont leurs tanières, et les oiseaux du ciel leur nid ; mais le Fils de l'homme n'a pas eu où reposer sa tête. » (*Matth.*, VIII.) C'est pourquoi n'élevez que de petites maisons à la manière du pauvre, et encore ne devez-vous pas les habiter comme vous appartenant, mais comme les voyageurs et les étrangers habitent les maisons d'autrui. La règle des voyageurs, vous le savez, est de se retirer sous un toit étranger, de soupirer après leur patrie et de poursuivre leur route pacifiquement.

Cette pauvreté évangélique est le fondement de notre Ordre. Sur cette base première repose de telle sorte tout l'édifice de notre religion, qu'il est inébranlable si elle est bien solide, et qu'il croule de fond en comble si elle est renversée. Autant les frères s'éloigneront de la pauvreté, autant le monde

s'éloignera d'eux ; ils chercheront, et ils ne trouveront pas. S'ils embrassent étroitement la pauvreté, ma souveraine, le monde les nourrira, parce
qu'ils ont été donnés au monde pour le sauver. Il
y a commerce entre le monde et les frères. Ils doivent au monde le bon exemple, et le monde doit,
lui, pourvoir à leurs besoins. Si donc, trahissant la
foi jurée, ils retirent au monde le bon exemple,
le monde, par un juste retour, leur retirera sa
main.

VIe CONFÉRENCE

Qu'il faut demander l'aumône avec confiance.

Mes frères bien-aimés et mes petits enfants, ne
rougissez pas d'aller demander l'aumône ; car le
Seigneur s'est fait pauvre pour nous en ce monde,
et à son exemple nous avons choisi la voie d'une
pauvreté très-réelle. Mais si pour son amour nous
avons pris une telle voie, nous ne devons pas avoir
honte d'aller demander l'aumône ; aux héritiers
du royaume des cieux il ne convient point de rougir des arrhes de leur héritage. C'est là en vérité
notre héritage, il a été acquis pour nous, laissé
par Jésus-Christ à nous et à tous ceux qui, à son
exemple, veulent vivre dans la très-sainte pauvreté. Je vous le dis en vérité : Beaucoup d'entre les
nobles et les plus habiles de ce monde viendront

à cette communauté ; ils auront à grand honneur et considèreront comme une faveur singulière d'aller demander l'aumône. Vous donc qui êtes leurs prémices, réjouissez-vous et soyez dans l'allégresse ; ne refusez pas de faire ce que vous devez laisser à faire à ces saints hommes. Allez avec confiance, l'âme pleine de joie et avec la bénédiction de Dieu, demander l'aumône. Allez-y en toute liberté, et estimez-vous plus généreux que celui qui vous offrirait cent pièces de monnaie au lieu d'une, parce que vous offrez l'amour de Dieu à ceux à qui vous vous adressez en leur disant : « Faites-nous l'aumône pour l'amour de Dieu notre Seigneur. » Or, le ciel et la terre ne sont rien en comparaison d'un tel amour.

VIIe CONFÉRENCE

De la discrétion à nourrir le corps.

Mes frères bien-aimés, il faut apporter de la discrétion à pourvoir aux besoins de notre frère le corps, si nous ne voulons voir une tempête d'insubordination soulevée par lui. Le serviteur de Dieu doit donc pour le boire, le manger, le dormir et autres nécessités corporelles, satisfaire avec discrétion son frère le corps, de façon qu'il puisse veiller sans dégoût et persévérer respectueusement dans l'oraison, et ne pas murmurer en disant :

« Je tombe de faim, je suis impuissant à porter le fardeau de vos exercices, je ne puis me tenir debout, ni m'appliquer à la prière, ni me réjouir dans mes tribulations, ni faire d'autres bonnes œuvres, parce que vous ne satisfaites pas à mes besoins. »

Mais si le serviteur de Dieu pourvoit aux nécessités de son corps d'une façon convenable et honnête, et que frère le corps, après avoir consommé une ration suffisante, murmure encore et se montre négligent, paresseux ou endormi durant l'oraison, les veilles et autres bonnes œuvres, alors sachez que le cheval indolent a besoin de l'éperon, et que l'âne entêté réclame l'aiguillon ; il faut châtier le corps comme un animal méchant et lâche, qui veut manger, ne rien gagner ni porter aucun fardeau.

Mais si frère le corps ne peut avoir, à cause de l'indigence et de la pauvreté, de quoi répondre à ses besoins dans la santé ou dans la maladie après avoir demandé avec modestie et humilité à son supérieur pour l'amour de Dieu, et n'en avoir rien reçu, alors qu'il souffre avec patience pour l'amour du Seigneur qui a souffert en cherchant qui le consolerait, et n'a trouvé personne. Ce besoin lui sera compté comme un martyre de la part du Seigneur ; et parce qu'il a fait ce qui était en son pouvoir, parce qu'il a réclamé avec humilité ce qui lui était nécessaire, il est excusé de tout péché, quand même il aurait à être gravement malade ensuite.

VIIIᵉ CONFÉRENCE

De l'émulation indiscrète à faire abstinence.

Mes frères, que chacun considère sa nature ; car parmi vous les uns ont besoin de moins de nourriture que les autres, et je ne veux pas que ceux qui éprouvent un besoin plus grand cherchent à imiter les premiers dans leur abstinence ; mais que chacun, considérant sa nature, donne à son corps suivant son besoin. De même qu'en mangeant nous sommes tenus de nous éloigner de toute superfluité propre à appesantir le corps et l'âme ; de même nous devons être en garde contre une abstinence excessive, et même user de plus de latitude en ce point, parce que Dieu *veut la miséricorde et non le sacrifice.* (Osé. vi).

IXᵉ CONFÉRENCE

Qu'il faut supporter avec patience les besoins divers.

Mes frères bien-aimés, le besoin qui n'a pas pour principe la raison, mais que la volupté nous présente, est un signe manifeste d'un esprit déjà éteint. Quand l'esprit est devenu tiède et s'est refroidi peu à peu dans la grâce, la chair et le sang se prennent nécessairement à chercher ce qui leur est propre. En effet, une fois l'âme privée des délices spirituelles, que reste-t-il si ce n'est de voir la chair se tourner vers ses propres jouissances? Et alors l'appétit animal pallie la vraie signification du besoin, alors le sens de la chair forme lui-même la conscience. Si mon frère éprouve un besoin véritable, et qu'il se hâte aussitôt de le satisfaire, quelle récompense recevra-t-il? Il avait une occasion de mériter, mais il s'est appliqué à nous prouver qu'elle ne lui était pas agréable; ne pas savoir supporter avec patience les diverses privations, c'est rebrousser chemin vers l'Égypte.

Xᵉ CONFÉRENCE

Qu'il faut se réjouir spirituellement dans le Seigneur.

Mes frères bien-aimés, ayez intérieurement et extérieurement la sainte joie du Seigneur. Si le serviteur de Dieu s'applique à avoir et à conserver la joie spirituelle qui provient de la pureté du cœur et s'acquiert par la ferveur de l'oraison, les démons ne peuvent lui nuire en rien, ils en sont réduits à dire : « Depuis que ce serviteur de Dieu a la joie dans la tribulation et la prospérité, nous ne pouvons trouver une issue pour entrer en lui, ni lui faire aucun mal. »

Mais les démons sont dans l'allégresse quand ils peuvent éteindre ou empêcher d'une manière quelconque la dévotion et la joie dont le principe est dans une oraison pure et les autres œuvres de vertu. Que le diable puisse avoir quelque chose du sien dans un serviteur de Dieu, si celui-ci n'est attentif et empressé à le détruire et à le faire disparaître le plus promptement possible par la vertu de la sainte oraison, de la contrition, de la confession et de la satisfaction, le diable aura en peu de temps fait d'un cheveu une poutre en y ajoutant de jour en jour.

Donc, mes frères bien-aimés, puisque cette joie spirituelle naît de l'innocence du cœur et de la pureté d'une oraison continuelle, il faut vous exercer avant tout à acquérir ces deux choses, afin que vous puissiez avoir intérieurement et extérieurement, pour l'édification du prochain et la confusion de votre ennemi, cette joie que j'ambitionne avec un désir suprême pour vous et pour moi, que j'aime à voir et à goûter. Au démon et à ses membres il appartient d'être dans la peine, mais notre partage à nous est d'avoir en tout temps la joie et l'allégresse dans le Seigneur.

XIe CONFÉRENCE

De l'humilité et de la paix à garder avec les clercs.

Mes frères bien-aimés, nous avons été envoyés

pour aider les clercs en travaillant au salut des âmes, afin que ce qui peut manquer en eux soit suppléé par nous. Chacun recevra sa récompense non à raison de son autorité, mais de son travail. Sachez donc, mes frères, que le gain le plus agréable à Dieu est celui des âmes, et nous pouvons mieux y arriver par la paix avec les clercs que par la discorde. Pour eux, s'ils empêchent le salut des âmes, c'est à Dieu à en tirer vengeance, et lui-même la leur fera sentir dans le temps.

Ainsi, soyez soumis aux prélats, et, autant qu'il dépend de vous, que jamais la discorde perverse n'existe. Si vous êtes des enfants de paix, vous gagnerez le clergé et le peuple, et cela sera plus agréable à Dieu que si vous gagniez le peuple seulement en scandalisant le clergé. Couvrez les fautes des clercs, suppléez à ce qui leur manque, et après avoir agi ainsi, soyez encore plus humbles.

XIIe CONFÉRENCE

Comment on peut se reconnaître pour serviteur de Dieu.

Ah! mes frères, combien c'est une chose excellente que de servir Dieu! Le service de Dieu l'emporte sur toutes les principautés du monde. Mais qui connaîtra d'une manière assurée s'il est serviteur de Dieu? Rien de meilleur que d'être le

serviteur de Dieu, cependant rien n'est plus difficile à l'homme que de savoir certainement s'il est
le serviteur ou l'ami de Dieu.

Pour moi, je vous le confesse, j'ai prié le Seigneur de daigner m'apprendre quand j'étais son
serviteur et quand je ne l'étais pas ; et le très-
miséricordieux Seigneur m'a répondu dans sa
bonté : « Sache que tu es vraiment mon serviteur quand tu penses, quand tu dis et tu fais de
saintes choses. » J'ai donc voulu vous découvrir
cela, afin de vous apprendre à reconnaître si vous
êtes les serviteurs de Dieu et si vous lui êtes
agréables, et aussi afin d'être moi-même couvert
de confusion en votre présence, quand vous me
verrez manquer en toutes ces choses ou en quelqu'une d'elles.

XIIIᵉ CONFÉRENCE

S'il est plus agréable à Dieu qu'on se livre à l'oraison,
ou à la prédication.

Mes frères bien-aimés, j'ai à vous proposer
une grave question, et je vous demande de la
résoudre avec l'aide de Dieu. Que me conseillez-
vous, mes frères ? A quoi donnez-vous la préférence ? dois-je vaquer à l'oraison, ou bien aller
prêcher de côté et d'autre ?

Je suis un homme sans apparence, simple, d'un
langage grossier ; j'ai plus reçu la grâce de prier

que de parler. Ensuite dans l'oraison on gagne et l'on accumule les grâces ; dans la prédication, au contraire, il faut distribuer aux autres les dons reçus du Ciel. Dans l'oraison, les affections de notre âme se purifient, l'union au bien véritable, unique et suprême, s'accomplit avec une force de jour en jour plus grande. Dans la prédication, les pieds de notre esprit se couvrent de poussière, on se distrait en beaucoup de choses, et la discipline se relâche. Enfin dans l'oraison, nous nous entretenons avec Dieu, nous entendons sa voix, nous menons une vie angélique, nous demeurons au milieu des esprits célestes. Dans la prédication, au contraire, il faut user d'une grande condescendance pour les hommes, vivre en homme au milieu d'eux, penser, voir, parler et entendre en homme.

Cependant une chose me semble devant Dieu combattre en faveur de la prédication : c'est que le Fils de Dieu, la sagesse suprême, est descendu du sein de son Père pour le salut des âmes, et afin d'instruire le monde par ses exemples ; il a annoncé la parole du salut aux hommes, qu'il se proposait de racheter au prix de son sang vénérable, de purifier dans le bain de ce même sang, de sustenter de son breuvage, donnant ainsi avec générosité pour notre salut tout ce qui était en sa possession, sans rien se réserver. Puisque nous devons agir en tout selon le modèle des choses offertes à nos yeux en sa personne comme sur une montagne élevée, il me semble que Dieu a pour agréable de me voir interrompre le repos de la contemplation pour le travail du dehors. Dites-moi ce qui vous semble préférable en cette question.

XIVᵉ CONFÉRENCE

De ceux qui s'appliquent aux lettres, et des docteurs.

Mes frères, ceux qui se laissent conduire par un amour frivole de la science se trouveront les mains vides au jour de la tribulation. C'est pourquoi je voudrais voir tous mes frères se fortifier dans la pratique des vertus, afin qu'ils eussent avec eux le Seigneur dans leurs angoisses au temps d'épreuve. La tribulation viendra, sachez-le, et alors les livres, n'étant d'aucune utilité, seront jetés par les fenètres ou relegués en quelque coin.

Je ne veux pas que mes frères se passionnent pour la science ni pour les livres; je veux qu'ils se fondent sur la sainte humilité, et qu'ils imitent la pure simplicité, la sainte oraison et la pauvreté du Seigneur. Cette voie seule est sûre pour leur propre salut et pour l'édification des autres; Jésus-Christ, que les frères sont appelés à imiter, nous a montré cette seule voie; il nous l'a enseignée et par sa parole et par son exemple.

Plusieurs frères, sous prétexte d'édifier les autres, mettront de côté leur vocation, c'est-à-dire la sainte humilité, la pure simplicité, l'oraison, la dévotion et la pauvreté du Seigneur. Ils penseront se pénétrer ou se remplir d'une dévotion plus grande, s'embraser d'amour, s'illuminer de la connaissance de Dieu en s'appliquant à scruter les Écritures, et il leur arrivera de trouver là même l'occasion de demeurer froids et vides en leur âme ; ils ne pourront plus revenir en leur première vocation, parce qu'ils auront perdu dans une étude vaine et fausse le temps qui devait être employé à vivre selon cette même vocation.

XVᵉ CONFÉRENCE

Des prédicateurs vains et orgueilleux.

Mes frères, plusieurs mettent tout leur soin et toute leur sollicitude à acquérir la science ; ils oublient leur sainte vocation, et se laissent entraîner d'esprit et de corps hors de la voie de l'humilité et de la sainte oraison. Lorsqu'ils ont fait au peuple quelque prédication, et qu'ils savent que quelques-uns en ont été édifiés ou se sont convertis à la pénitence, ils en deviennent orgueilleux, et prennent sujet de s'élever d'une pareille œuvre et du profit des autres. Cependant ils ont plutôt prêché pour leur condamnation et à leur propre préjudice ; en réalité ils n'ont fait là aucune bonne œuvre ; ils n'ont été que les instruments de ceux par qui le Seigneur a produit véritablement un tel fruit. Ceux qu'ils s'imaginent avoir édifiés et amenés au repentir par leur savoir et leur prédication, le Seigneur les édifie et les convertit par les prières et les larmes de quelques saints frères pauvres, humbles et sans apparence, bien que ces mêmes saints frères l'ignorent le plus souvent. Car Dieu veut qu'ils n'en savent rien, de peur qu'ils ne prennent de là occasion de s'enorgueillir. Ceux-là, mes frères, sont les vrais chevaliers de la Table ronde (1), qui se cachent dans les déserts et les lieux retirés, afin de vaquer plus soigneusement à la prière et à la méditation, pleurant leurs propres péchés et ceux des autres, vivant dans la simplicité, conversant dans l'humilité ; leur sainteté est connue de Dieu, et quelquefois ignorée des frères et des hommes.

Les âmes de ces religieux seront présentées à Dieu par les anges ; alors leur Seigneur leur fera voir le fruit et la récompense de leurs travaux, ces

---

(1) On appelait *table-ronde* une sorte de fête d'armes, comme les tournois et les joutes, où les chevaliers donnaient des preuves de leur courage et de leur adresse ; après quoi ils venaient souper chez celui qui avait donné la fête, et étaient assis à une table ronde pour éviter toute distinction de rang, ce qui forma un ordre de chevalerie tout composé de gens braves. Les religieux fervents et zélés étaient donc aux yeux de saint François les braves de son Ordre. (Voyez la Vie du saint, par le P. CHALIPPE, liv. v.)

âmes nombreuses sauvées par leurs exemples, leurs prières et leurs larmes. Il leur dira : « Parce que vous avez été fidèles en de petites choses, je vous établirai sur de plus grandes. D'autres ont prêché et travaillé en empruntant leurs discours à leur propre sagesse et à leur science, et moi j'ai opéré des fruits de salut par vos mérites. C'est pourquoi recevez la récompense de leurs travaux et le fruit de vos mérites, le royaume éternel, que vous avez ravi par la violence de votre humilité, de votre simplicité, de vos prières et de vos larmes. »

Et ainsi ces hommes, portant en leurs bras leurs gerbes, ou autrement les fruits et les mérites de leur sainte humilité et de leur simplicité, entreront pleins de félicité et d'allégresse dans la joie du Seigneur. Ceux, au contraire, dont l'application se sera bornée à savoir et à montrer aux autres la voie du salut sans rien faire pour eux-mêmes, se trouveront au tribunal de Jésus-Christ nus et les mains vides, leurs gerbes seront uniquement des gerbes de confusion, de honte et de douleur.

Alors la vérité de la sainte humilité, de la sainte simplicité, de la sainte oraison, de la sainte pauvreté, qui est notre vocation, sera exaltée, glorifiée et manifestée avec éclat ; cette vérité, à laquelle, enflés du souffle de leur vaine science, ils n'ont cessé de déroger par leur vie et les discours frivoles de leur savoir, appelant cette vérité elle-même une fausseté, et, semblables à des aveugles, persécutant ceux qui marchaient dans ses sentiers. Alors les opinions erronées et mensongères qui avaient dirigé leurs pas, qu'ils avaient prêchées comme étant la vérité, et au moyen desquelles ils avaient précipité tant d'hommes dans la fosse de l'aveuglement, ces opinions, dis-je, auront pour terme la douleur, la confusion et la honte, et eux-mêmes avec leurs opinions ténébreuses seront plongés dans les ténèbres extérieures avec les esprits de ténèbres.

XVIe CONFÉRENCE

Qualités et éloge d'un bon prédicateur.

Mes frères bien-aimés, je veux des ministres de la parole de Dieu tels, qu'aucun office ne les empêche de s'appliquer aux choses spirituelles; car ils ont été choisis par le grand Roi pour faire connaître aux peuples les édits qui sortent de sa bouche. Le prédicateur doit donc d'abord puiser dans des prières secrètes ce qu'il doit enseigner, ensuite dans de pieux discours il doit s'échauffer intérieurement avant de répandre sa parole au dehors.

Assurément l'office de prédicateur est digne de respect, et ceux qui l'exercent doivent être respectés de tous. Ils sont la vie du corps, les adversaires du démon, le flambeau du monde. Ils méritent nos louanges ces prédicateurs, qui, selon le temps, savent être sages pour eux-mêmes, goûter les choses saintes pour eux-mêmes. Mais ils ne savent pas faire un bon partage, ceux qui accordent tout à la prédication, et ne donnent rien à la dévotion. D'autres encore doivent être l'objet de nos larmes : ce sont ceux qui vendent souvent leur travail pour les douceurs d'une vaine louange.

L'office de la prédication, mes frères, l'emporte sur tout sacrifice aux yeux du Père des miséricordes, principalement s'il est rempli avec le zèle de la charité, si le prédicateur travaille plus par son exemple que par sa parole, plus par des prières accompagnées de larmes que par l'abondance du langage. Il faut donc pleurer sur le prédicateur comme sur un homme privé de la vraie piété, lorsque, dans sa prédication, il ne cherche pas le salut des âmes, mais sa propre louange, ou bien lorsque par la perversité de sa vie il détruit ce qu'il édifie par la vérité de son enseignement. Il lui est de beaucoup préférable, le frère simple et incapable de parler, qui par ses bons exemples provoque les autres au bien.

Celle qui était stérile a donné le jour à plusieurs, dit le Prophète, *et celle qui avait une postérité nombreuse s'est trouvée sans appui.* (I Reg., II.) La femme stérile, c'est le pauvre petit frère qui n'a pas reçu l'office d'engendrer des enfants à l'Église. Au jour du jugement, il se trouvera être le père d'un grand nombre, car tous ceux qu'il convertit au Seigneur par ses prières secrètes, le souverain Juge les lui donnera alors, et il en sera glorifié. *Celle qui avait une postérité nombreuse se verra sans appui,* parce que le prédicateur vain, le beau parleur, se considérant comme le père d'une multitude d'hommes qu'il croit avoir rendus à la vie par sa propre vertu, connaîtra alors qu'il n'a rien à revendiquer sur eux.

XVIIe CONFÉRENCE

Du murmure et de la détraction.

Le vice de la détraction, mes frères, est opposé au principe même de la piété et de la grâce; il est abominable à notre très-pieux Seigneur, parce que le détracteur se repaît du sang des âmes qu'il tue par le glaive de sa langue. L'impiété des détracteurs est d'autant plus grande que celle des voleurs, que la loi de Jésus-Christ, dont l'accomplissement consiste à observer la charité, nous oblige plus strictement à désirer le salut de l'âme que celui du corps.

De plus, que fait autre chose le religieux qui murmure contre ses frères ou ses supérieurs, que d'abreuver du fiel de ses reproches et de ses trahisons sa propre mère la religion? Les détracteurs sont de la race de Cham, qui, au lieu de cacher, a découvert dans son père ce qui devait être sous-trait aux regards des hommes. Ils mettent à nu et exagèrent les défauts de leurs supérieurs et de leur Ordre; c'est pourquoi ils encourront la malé-diction de Dieu. Comme des pourceaux, ils se complaisent dans la fange et les immondices, dans les défauts qu'ils cherchent avec empressement à découvrir dans leurs frères, et que peut-être même ils affirment faussement avoir trouvés ou avoir vus; ils s'en saturent et s'en repaissent à la manière des animaux immondes, plus immondes que ces animaux eux-mêmes dans leur conscience. Semblables à des chiens en proie à la rage, ils se plaignent de la discipline régulière, des correc-tions infligées dans la vie religieuse, de l'Ordre même et de ses supérieurs; ils aboient contre eux, ils les mordent autant qu'il est en leur pouvoir.

Tel est en effet le langage des détracteurs. « Ma vie n'est point parfaite, je n'ai ni science ni talent spécial; et ainsi je ne puis être en faveur ni au-près de Dieu, ni auprès des hommes. Je sais donc ce que je ferai : j'imprimerai une tache sur le front des élus, et je tâcherai ainsi d'attirer sur moi les bonnes grâces de ceux qui sont au-dessous de moi. Au reste, mon supérieur est homme; il agit quelquefois de la même manière que moi; il coupe le cèdre, afin que la branche seule paraisse sur le chemin. » Allons, courage, misérable, nourris-toi de corps humains, et, puisque tu ne peux vivre autrement, ronge les entrailles de tes frères.

De tels hommes s'appliquent à passer pour gens de bien et non à le devenir; ils s'élèvent contre le vice, et ils ne s'en dépouillent pas; ils louent seulement ceux sur l'autorité desquels ils désirent s'appuyer, et ils s'abstiennent de tout éloge quand ils s'imaginent que celui qui en est l'objet ne doit pas en être instruit. Ils vendent au prix de louanges pernicieuses la pâleur d'un visage à jeun; ils veulent être regardés comme des hommes adonnés à la vie spirituelle, afin de pouvoir exercer leur jugement sur tout, et de n'être jugés de personne. Ils se complaisent dans la renommée et non dans les œuvres de la sainteté, dans le nom et non dans la vertu de l'Ange.

XVIIIe CONFÉRENCE

Que les frères ne doivent point être appelés maîtres.

Ne désirez pas, mes frères, être appelés maîtres; vous savez qu'un tel nom convient à Jésus-Christ seul, par qui tout a été fait. Volontiers je voudrais savoir faire toutes choses, mais je ne voudrais pas être maître, ni être décoré du nom de maître, pour ne point sembler agir contre la parole du Seigneur; qui l'a défendu dans son Évangile. Il vaut mieux être humble avec sa pauvre petite science que de savoir, si la chose était possible, faire toutes les merveilles et tous les prodiges, et oser ce que les humbles enseignements de notre glorieux Maître nous défendent.

Ce nom de maître convient uniquement à Jésus-Christ Notre-Seigneur, dont les œuvres sont parfaites, et qui a ordonné que nul ne fût appelé maître sur la terre, ni présumât s'attribuer un tel nom, parce qu'il n'y a qu'un seul et véritable maître sans défaut, le Christ béni, qui est dans les cieux, Dieu et homme, la vie et l'auteur du monde, digne de louange et glorieux dans tous les siècles des siècles. Ainsi soit-il.

XIXᵉ CONFÉRENCE

Quels biens reviennent à l'Ordre de sa soumission à l'Église.

La mère de toutes les Églises, mes frères, est l'Église romaine, et elle est en même temps la maîtresse de toutes les religions. J'irai et je recommanderai mes frères à la sainte Église, afin que les méchants soient frappés par la verge de sa puissance, et qu'en tous lieux les enfants de Dieu jouissent d'une liberté entière pour l'accroissement de leur salut éternel. Que les enfants reconnaissent donc par là les doux bienfaits de leur mère, et qu'en tout temps ils s'attachent avec une dévotion spéciale à suivre ses traces vénérables. Sous sa protection aucune rencontre mauvaise n'aura lieu dans notre ordre , et aucun fils de Bélial ne passera impunément par la vigne du Seigneur. La sainte Église sera jalouse elle-même de sauvegarder la gloire de notre pauvreté , et elle ne laissera pas l'éclat de notre humilité s'obscurcir par le nuage de l'orgueil. Elle conservera intacts au milieu de nous les liens de la charité et de la paix', en frappant de ses censures les plus rigoureuses les dissidents. Sous ses yeux fleurira parmi nous sans interruption la pratique sacrée de la pureté évangélique, et elle ne souffrira pas que, même un instant, puisse s'évanouir la bonne odeur de notre vie.

XXe CONFÉRENCE

Des tribulations de la religion et des observateurs fidèles
de la règle.

Mes frères, le temps viendra où , à cause des exemples pervers des mauvais frères , cette religion aimée de Dieu sera diffamée à tel point, que nous rougirons de paraitre en public. Ceux qui alors viendront pour recevoir l'habit de l'Ordre seront conduits uniquement par le souffle de l'Esprit - Saint ; ils demeureront étrangers à toute tache de la chair et du sang, ils seront vraiment bénis du Seigneur. Bien qu'en eux les œuvres soient pleines de mérite, cependant parce que la charité, qui fait agir les saints avec ferveur, se sera refroidie, ces religieux seront soumis à des tentations immenses, et ceux qui en ce temps seront demeurés fidèles dans l'épreuve, seront meilleurs que leurs devanciers.

Malheur à ceux qui mettent leurs complaisances uniquement dans l'extérieur et les dehors de la vie religieuse, et, se confiant en leur sagesse et en leur science, auront été trouvés oisifs, ou autrement ne se seront pas exercés aux œuvres de vertu, n'auront pas suivi les sentiers de la croix et de la pénitence, ni observé l'Évangile dans toute sa pureté, comme ils sont tenus de le faire simplement et sans détour par leur profession! Ils ne résisteront pas avec courage aux tentations que Dieu permettra pour éprouver ses élus. Quant à ceux qui auront été soumis à l'épreuve et en seront sortis victorieux, ils recevront la couronne de vie, à laquelle les prépare en ce monde la malice des méchants et des réprouvés.

XXIᵉ CONFÉRENCE

De la manière de vivre saintement au milieu des fidèles.

Au nom du Seigneur, allez deux à deux dans vos voyages, avec humilité et honnêteté, et surtout gardez un silence strict depuis le matin jusqu'après Tierce, en priant Dieu en vos cœurs.

Qu'on n'entende parmi vous aucune parole oisive ou inutile. Quand même vous seriez en route, que vos entretiens soient humbles et modestes comme si vous étiez dans un ermitage ou votre cellule; car, en quelque lieu que nous soyons ou que nous voyagions, nous avons toujours notre cellule avec nous. Notre frère le corps est notre cellule, et l'âme en est l'ermite. Elle fait sa demeure en cette cellule pour y prier le Seigneur et méditer sur lui. Si donc l'âme ne se maintient pas en repos dans sa propre cellule, la cellule faite par la main des hommes n'est pas d'un grand avantage aux religieux.

Que votre vie parmi les peuples soit telle que, quiconque vous entendra ou vous verra loue dévotement notre glorieux Père et Dieu qui est dans les cieux. Annoncez la paix à tous en disant : « Que le Seigneur vous donne la paix. » Mais comme vous annoncez de bouche la paix, de même et encore plus ayez cette paix en vos cœurs.

Que nul par vous ne soit provoqué à la colère ou au scandale ; que tous, au contraire, par votre mansuétude soient portés à la paix, à la bénignité et à la concorde. Nous avons été appelés pour guérir les blessures, lier les membres fracturés, et ramener dans la voie ceux qui s'en éloignent ; beaucoup vous semblent être des membres du diable, qui seront encore des disciples de Jésus-Christ.

XXIIᵉ CONFÉRENCE

Comment il faut aller chez les infidèles.

Mes petits enfants, Dieu m'a chargé de vous envoyer en la terre des Sarrasins pour y prêcher et confesser sa foi, et y attaquer la loi de Mahomet. Pour moi, j'irai de mon côté dans quelque contrée des infidèles, et j'enverrai d'autres frères dans le monde entier. Préparez-vous donc, mes enfants, à accomplir la volonté du Seigneur. Mais, ô mes fils bien-aimés, afin de mieux exécuter cet ordre de Dieu pour le salut de vos âmes, ayez soin de conserver entre vous la paix, la concorde et le nœud indissoluble de la charité. Fuyez l'envie, qui est le principe de notre perdition. Soyez patients dans la tribulation, humbles dans la prospérité, et vous demeurerez ainsi victorieux en tout combat. Soyez les imitateurs de Jésus-Christ dans la pauvreté, l'obéissance et la chasteté; car Notre-Seigneur Jésus-Christ est né pauvre, a vécu pauvre, a enseigné la pauvreté et est mort dans les bras de la pauvreté. — Pour montrer combien il aimait la chasteteté, il a voulu naître d'une Vierge; il a choisi des vierges pour ses premiers soldats, les innocents; il a conseillé la virginité, il l'a gardée, et il est sorti de cette vie entouré de vierges. — Il a également gardé l'obéissance depuis son entrée en la vie jusqu'à la mort de la croix. Que votre espérance soit uniquement en Dieu; lui-même vous conduira et vous aidera.

Portez avec vous la règle et votre bréviaire, afin de réciter le plus parfaitement possible l'office divin. Obéissez tous à frère Vital, votre aîné (1).

Mes enfants, votre bonne volonté me remplit de joie, il est vrai; cependant mon cœur éprouve une amertume de tendresse en vous voyant vous éloigner et vous séparer de moi; mais il faut préférer l'ordre de Dieu à notre volonté. Je vous prie d'avoir sans cesse devant les yeux la passion du Seigneur; elle vous fortifiera et vous animera à souffrir avec plus de courage pour lui.

XXIIIe CONFÉRENCE

De la méditation assidue de la Passion de Jésus-Christ.

Ayez toujours devant les yeux, mes frères bien-aimés, la voie humble et pauvre de la sainte croix, par laquelle nous a conduits Jésus-Christ, notre Sauveur. Considérez que si sa divine Majesté a dû

---

(1) Cette conférence s'adresse aux cinq religieux envoyés par François au Maroc, et dont frère Vital était le supérieur. Ils furent martyrisés l'année suivante, 1220. Nous donnons le récit de leur martyre à la fin de ce volume, ainsi que cette même conférence, accompagnée de quelques variantes.

souffrir, et entrer ainsi dans sa gloire, il nous faudra à bien plus forte raison, nous autres pécheurs énormes, marcher par la voie de la croix et de la passion. Si chaque chrétien est obligé à porter sa croix, assurément nous y sommes tenus à plus juste titre, nous qui faisons profession de suivre l'étendard de la croix; le Seigneur veut non-seulement nous la voir porter, mais nous voir engager par notre exemple et notre enseignement les autres à la porter, nous voir les entraîner sur nos pas, et suivre avec eux Jésus-Christ notre chef. Nous le devons surtout, parce que la bonne volonté et le désir d'imiter la Passion de notre Sauveur sont un don spécial que l'Esprit-Saint accorde et met en l'âme éprise du véritable amour de Dieu.

En effet, l'âme qui s'attache uniquement à ses propres affections et ne cherche qu'elle-même, n'aime pas, ou plutôt a en horreur cette doctrine de l'Esprit-Saint; elle ne regarde pas comme nécessaire à la perfection de participer à la passion de Jésus-Christ. Bien plus, elle se promet un plus grand avancement en marchant par d'autres voies, qui en vérité ne sont pas des voies, mais plutôt des précipices cachés, et, se dérobant au fiel de la tribulation par des pensées diverses, humaines et de son choix, elle suit ses propres sentiments avec un cœur obstiné et aveugle, tout en prétendant pouvoir mieux servir Dieu

avec une pareille liberté de conduite. Elle demeure
indifférente aux délices sans nombre dont jouit
intérieurement l'âme absorbée tout entière en la
contemplation et la compassion de son Seigneur,
car on ne peut goûter parfaitement ces délices
sans souffrir quelque tribulation pour Jésus-Christ.

Mais pour l'âme purifiée et dépouillée de ses
propres affections, elle se laisse humblement conduire par l'Esprit-Saint, elle agit selon son bon
vouloir, elle le suit comme le maître le plus apte
à enseigner cette doctrine singulière écrite par le
Seigneur dans les livres de son humilité, de sa
patience et de sa passion, qui sont les voies sûres
pour arriver à la perfection chrétienne. Cette âme,
dis-je, qui a obtenu de Dieu d'être purifiée, désire
avec véhémence être transformée en ses douleurs.
Toutes les autres voies et les autres consolations
sont à ses yeux des aliments mortels destinés à
périr; cette voie seule est pour elle un remède
salutaire dont le goût est acerbe, mais le résultat
délicieux; car ce qui est amer à la bouche est
souvent plein de douceur dans ses effets.

Préférant donc la santé à son goût, elle éprouve
combien admirable est la suavité d'une vie cou-
rageuse qui dédaigne des consolations momen-
tanées et mortelles; elle ressent à n'en point
douter que son amour ne saurait jouir nulle part
d'un repos plus parfait que dans une tendre compassion pour Jésus-Christ; elle comprend que

plus elle se transforme en Jésus crucifié, plus elle se transforme en même temps en son Dieu suprême et glorieux. Car l'humanité ne se sépare pas de la divinité, et le Christ lui-même a prié son Père en disant : «Je veux que là où je suis, là soient aussi les miens. » (*Joan.*, XVII.)

Ainsi l'âme contemple l'un et l'autre état de son Seigneur, de façon à ne jamais être séparée de lui. En effet, si elle le fuit dans sa passion, elle ne pourra lui être unie dans la gloire, selon cette parole de l'apôtre saint Paul : « Si nous souffrons avec lui, nous serons glorifiés avec lui. » (*Rom.*, VIII.) Elle contemple le Christ mortel et immortel, et de ces deux états, l'un appartient à ceux qui accomplissent leur course, l'autre à ceux qui ont reçu la récompense. Comme donc le manteau d'honneur n'est donné qu'à ceux qui ont couru, de même le ciel n'est donné qu'à ceux qui portent la croix; car le serviteur n'est pas au-dessus de son Seigneur, ni le disciple au-dessus du maître. Aussi voyons-nous Dieu communiquer sa grâce à ceux qui le suivent de cette manière, et la retirer à ces présomptueux qui prétendent s'unir à lui par des chimères, mais ne sortent jamais d'eux-mêmes, et s'en vont enfin misérablement dans l'abîme.

XXIVᵉ CONFÉRENCE

Pourquoi, après avoir déposé la charge de général de l'Ordre,
il tolère les défauts des frères.

Plusieurs d'entre vous, mes frères, s'étonnent et me demandent pourquoi je ne corrige pas les défauts qui existent dans l'Ordre. Que le Seigneur leur pardonne; ils me sont opposés et contraires, ils veulent me mêler à des choses maintenant étrangères à mon office. Tant que j'ai eu la charge de supérieur parmi les frères, et qu'eux-mêmes ont persévéré dans leur vocation et leur profession, avec ma petite sollicitude j'ai suffi à leurs besoins par mes exemples et mes enseignements, bien que depuis ma conversion j'aie toujours été en proie à la maladie. Mais lorsque j'eus considéré que le Seigneur avait multiplié le nombre des frères, et qu'eux-mêmes, entraînés par la tiédeur et la faiblesse de leur esprit, commençaient à s'éloigner de la voie droite et sûre par laquelle ils avaient coutume de marcher, pour suivre une voie plus large conduisant à la mort; qu'ils ne reconnaissaient ni leur vocation, ni le genre de vie auquel ils s'étaient liés, ni le bon exemple qu'ils devaient donner; qu'ils ne voulaient point abandonner le sentier périlleux et mortel dans lequel ils étaient entrés malgré mes prédications, mes avertissements et les exemples que je leur offrais sans interruption, j'abandonnai le commandement et la conduite de l'Orde au Seigneur et à des ministres.

Ainsi, bien qu'au temps où je renonçai à ma charge, je m'excusasse, en présence des frères, dans le chapitre général, de continuer à prendre soin d'eux à cause de mes infirmités, cependant, si alors ils eussent voulu marcher selon ma volonté, je n'eusse jamais consenti, pour leur consolation et leur avantage, à leur donner un autre ministre que moi jusqu'à ma mort. Car si un sujet bon et fidèle s'applique à connaître et à suivre la volonté de son supérieur, le supérieur n'a pas besoin d'une grande sollicitude pour le conduire. Bien plus, je trouverais tant de joie à voir mes frères bien marcher à cause du profit que nous en retirerions eux et moi, que, quand même je serais étendu malade sur mon lit, il ne me serait point pénible de pourvoir à leurs besoins, parce que l'office d'un supérieur est seulement spirituel ; il consiste à exercer son empire contre les vices, à les corriger spirituellement et à les faire disparaître. Mais, comme il m'est devenu impossible de réussir en ce point par mes prédications, mes avis et mes exemples, je ne veux point prendre le rôle d'un bourreau en sévissant et en flagellant, comme le font les puissances du siècle.

Cependant j'ai encore la confiance dans le Sei-

gneur que nos ennemis invisibles, qui sont les
ministres du souverain Maître en ce monde et en
l'autre pour punir les transgresseurs des commandements divins, tireront vengeance de ces
frères; qu'ils les feront corriger par les hommes
du siècle d'une façon pénible et humiliante, et
qu'alors ils reviendront à leur profession et à leur
vocation.

En attendant, jusqu'au jour de ma mort, je ne
cesserai, par mes exemples et mes œuvres, d'enseigner à mes frères à marcher par la voie que
Dieu m'a fait connaître, voie que je leur ai déjà
enseignée et montrée par ma conduite et mes
paroles. Ainsi ils ne sauraient prétexter aucune
excuse en présence du Seigneur, et moi de mon
côté je n'aurai plus désormais à rendre compte
d'eux à ce même Seigneur.

XXIVe CONFÉRENCE

Des qualités que doit avoir un ministre général.

Je ne vois, ô mes enfants, parmi vous aucun
chef capable de commander une armée si considérable et composée de tant d'éléments divers, aucun
pasteur propre à conduire un troupeau si grand et
répandu en tant de lieux; mais je vais vous faire le
portrait de l'homme en qui vous reconnaitrez

quelles qualités doit avoir le chef et le pasteur de cette famille.

Cet homme doit être d'une vie très-grave et d'une grande discrétion ; il doit avoir une bonne renommée et être étranger à toute affection particulière, de peur qu'en aimant trop une portion, il ne cause le scandale de tous.

Cet homme doit aimer la sainte oraison, mais de façon à consacrer certaines heures à son âme et d'autres au troupeau confié à ses soins. Le matin d'abord, il doit commencer sa journée par le très-saint sacrifice de la messe, et pendant longtemps recommander avec ferveur et le plus affectueusement possible à la protection divine sa propre personne et son troupeau. Après l'oraison, qu'il se dispose à être tiraillé successivement par tous, à répondre à tous, à pourvoir aux besoins de tous avec charité, patience et mansuétude.

Il ne doit point faire acception de personne, ni avoir moins de soin des simples et des illettrés que des savants et des sages. Si le don de la science lui a été accordé, qu'il se montre encore plus, dans toutes ses actions, un modèle de piété et de simplicité, de patience et d'humilité. Qu'il nourrisse les vertus en lui-même et dans les autres ; qu'il s'y exerce par une pratique continuelle, et qu'il porte les autres à les pratiquer plus par ses exemples que par ses discours.

Qu'il ait en horreur l'argent, la pierre d'achoppement principale de notre profession et de la perfection ; et que, chef et modèle destiné à servir d'exemple aux autres, on ne le voie jamais garder la moindre somme. Qu'il se contente pour lui de son habit et d'un petit livre (1), et pour les autres d'une écritoire et d'un sceau. Qu'il n'aime pas à ramasser des livres et ne s'adonne pas trop à la lecture, de peur que le temps accordé à l'étude ne soit enlevé aux devoirs de sa charge.

Qu'il console avec tendresse les affligés ; il est la 'dernière ressource de ceux qui sont dans la tribulation, et, si chez lui on ne trouvait pas les moyens propres à ramener à la santé, la maladie du désespoir pourrait exercer ses ravages chez les faibles.

Qu'il s'humilie lui-même afin d'amener les insolents à des sentiments de mansuétude, et qu'il relâche quelque chose de son droit pour gagner les âmes à Jésus-Christ. Qu'il ouvre largement les entrailles de sa charité aux transfuges qui reviennent à l'Ordre comme à des brebis qui ont péri, et que jamais il ne refuse de leur faire miséricorde, sachant combien violentes sont les tentations qui ont pu pousser une âme à une telle chute, tentations capables de le précipiter peut-être lui-même dans un abîme plus profond si le Seigneur permettait qu'il en fît l'épreuve.

Je voudrais voir tous les frères honorer cet

(1) Sans doute un petit registre pour noter les choses qu'il aura remarquées dans son Ordre.

homme avec zèle et respect comme le vicaire de Jésus-Christ, et lui venir en aide en toutes choses avec une bienveillance sans bornes, selon ses besoins et la convenance de notre état. Cependant il ne doit point sourire aux honneurs, ni trouver plus de joie dans les louanges que dans les injures ; et ainsi les honneurs ne doivent opérer dans sa conduite aucun changement, si ce n'est en mieux.

Si quelquefois il avait besoin d'une nourriture plus abondante et meilleure, qu'il la prenne publiquement et non en cachette, afin d'ôter aux autres la honte de pourvoir à leurs besoins dans leurs maladies et leurs infirmités.

A lui surtout il appartient d'étudier le secret des consciences et de faire sortir la vérité du sein des ténèbres. Qu'il considère au premier abord toute accusation comme suspecte, jusqu'à ce qu'un examen diligent commence à mettre au jour la vérité. Qu'il ne prête pas l'oreille aux longs entretiens ; qu'il se défie, surtout dans les accusations, des grands parleurs, et n'ajoute pas aisément foi à leurs discours.

Enfin, il doit être tel que le désir de conserver les honneurs ne le porte à blesser ou à relâcher en rien l'austère sévérité de la justice et de l'équité, de façon cependant à ne point tuer l'âme de ses frères par une rigueur excessive, à ne point donner naissance au relâchement par une mansuétude hors de saison, à ne point causer la ruine de la discipline par une indulgence indiscrète; mais à se faire craindre de tous et aimer de ceux qui le craignent.

Qu'il juge et sente toujours que la charge de supérieur est plutôt pour lui un fardeau qu'un honneur.

Je voudrais encore qu'il eût des compagnons réunissant toute qualité, rigides contre le plaisir, forts dans les angoisses, compatissants pour les coupables, portant une affection égale à tous les frères, ne voulant rien autre chose pour prix de leurs fatigues que le strict nécessaire pour les besoins du corps, ne désirant rien que la gloire de Dieu, le progrès de l'Ordre, leur propre avancement spirituel, et le salut parfait de tous les frères; ayant pour tous une affabilité convenable, recevant avec une sainte joie tous ceux qui ont affaire à eux, et offrant à tous en leurs personnes comme autant de modèles parfaits et d'exemples véritables de l'observance évangélique selon la règle dont nous avons fait profession.

Tel doit être le ministre général, tels doivent être les hommes associés à son gouvernement.

XXVI⁰ CONFÉRENCE

Des qualités des ministres provinciaux.

Mes frères, je voudrais voir les ministres provinciaux affables envers leurs inférieurs et doués d'une telle bienveillance, que les transgresseurs ne craignissent pas de se confier à leur tendresse. Je les voudrais modérés dans le commandement, indulgents pour les offenses, aimant mieux supporter les coupables que de leur faire sentir leur colère, ennemis du vice, et médecins empresés à guérir ceux qui sont vicieux. Enfin je les voudrais tels que leur vie fût pour les autres un miroir de régularité.

Cependant je désirerais les voir entourés de tout respect, de vénération et d'amour comme des hommes qui portent le poids de la sollicitude et du travail. — Je regarderais comme dignes d'une suprême récompense auprès de Dieu ceux qui gouverneraient de cette manière et selon ces principes les âmes confiées à leurs soins.

XXVII° CONFÉRENCE

De quelle manière il faut vivre dans le monastère de Sainte-Marie-des-Anges, et que les frères ne doivent en aucune façon abandonner cette demeure.

Mes frères bien-aimés, je veux que ce lieu soit toujours placé immédiatement sous la puissance du ministre et serviteur général, et que celui-ci apporte en conséquence le plus grand soin et la plus grande sollicitude à le pourvoir d'une bonne et sainte famille. Que les clercs soient choisis entre les frères les meilleurs, les plus saints, les plus convenables, parmi ceux qui savent le mieux dire l'office et sont accomplis dans tous les points de la vie religieuse, de sorte que non-seulement les séculiers, mais même les autres frères les voient et les écoutent avec bonheur et dévotion. Qu'on choisisse aussi, entre les frères laïcs, pour les servir, des hommes saints, discrets, humbles et parfaits.

Je veux de plus qu'aucune personne, aucun frère n'entre dans ce lieu, si ce n'est le ministre général et les frères employés au service des autres. Que les religieux de ce lieu ne s'entretiennent avec aucune personne, si ce n'est avec les frères qui les servent et avec le ministre, quand il les visitera.

Je veux également que les frères laïcs employés à leurs service soient tenus de ne jamais leur adresser des paroles oiseuses, de ne point leur parler des nouvelles du siècle ou d'autres choses inutiles à leurs âmes.

Je veux tout spécialement que nul n'entre en ce lieu, afin que ses habitants conservent mieux leur pureté et leur sainteté ; que dans ce même lieu l'on ne fasse et l'on ne dise absolument rien d'inutile, mais qu'il soit conservé pur et saint pour les hymnes et les louanges du Seigneur. Lorsque quelqu'un de ces frères aura passé au Seigneur, je veux qu'un autre saint frère soit envoyé par le ministre général pour le remplacer.

Si un jour les autres frères s'éloignent de la

pureté, de la beauté et de la sainteté de notre vie, je veux que ce lieu béni soit et demeure à jamais le miroir et le bon exemple de toute la religion; qu'il soit, devant le trône de Dieu et la bienheureuse Vierge, un flambeau toujours ardent et brillant, qui rende le Seigneur propice aux défauts et aux fautes de tous les frères, qui conserve en tout temps et protège cette religion et ses pauvres petits rejetons.

Ayez soin, mes enfants, de ne jamais abandonner ce lieu. Si vous en êtes chassés d'un côté, rentrez-y par un autre; car ce lieu est saint, il est la demeure de Jésus-Christ et de la Vierge Marie sa Mère. En ce lieu, alors que nous étions en petit nombre, le Seigneur, le Très-Haut, nous a multipliés. En ce lieu il a illuminé les âmes de ses pauvres de la lumière de sa sagesse. En ce lieu il a embrasé nos volontés du feu de son amour. En ce lieu quiconque priera avec un cœur dévot obtiendra ce qu'il aura demandé, et quiconque commettra le péché sera puni plus sévèrement.

C'est pourquoi, ô mes enfants, regardez ce lieu comme digne de tout respect et de tout honneur, comme la demeure véritable de Dieu, comme un lieu singulièrement aimé de lui et de sa Mère, et là, de tout votre cœur, bénissez par des chants d'allégresse et de louange Dieu le Père, et son Fils Jésus-Christ Notre-Seigneur, dans l'unité du Saint-Esprit. Ainsi soit-il.

OFFICE

DE LA PASSION DU SEIGNEUR

❖

Cet office, composé par saint François, nous est un témoignage de plus de son ardent amour pour la croix du Sauveur. Il l'avait extrait des passages les plus touchants des Psaumes et autres livres des divines Écritures pour son usage particulier; mais il se répandit bientôt dans les diverses contrées du monde catholique, et au xvie siècle nous voyons l'empereur d'Allemagne, Maximilien II, le réciter chaque jour. Nous le reproduisons tel que nous le trouvons dans les Œuvres du saint Patriarche.

——

Office de la Passion du Seigneur, et manière de le réciter depuis l'heure de Complies du jeudi saint, où Jésus-Christ Notre-Seigneur fut trahi, jusqu'aux Complies du samedi saint et tous les jours des féries de l'année.

On commence par l'Oraison dominicale, mais paraphrasée, comme nous l'avons vu plus haut, par le saint (pag. 74); ensuite on y ajoute la prière : « Saint, Saint, Saint, » etc., avec l'Oraison (p. 78), et l'on en fait autant à chacune des heures, puis on dit l'Antienne et les Psaumes dans l'ordre suivant.

§ I

A COMPLIES

Antienne. Sainte Vierge Marie, vous n'avez point d'égale entre les femmes dans le monde ; vous êtes la fille et la servante du Roi très-haut, du Père céleste, la Mère très-sainte de Jésus-Christ Notre-Seigneur, l'épouse du Saint-Esprit. Priez pour nous, en vous joignant à saint Michel Archange, à toutes les Vertus des cieux et à tous les Saints, à votre très-saint et bien-aimé Fils Notre-Seigneur et notre Maître. Ainsi soit-il.

Gloire au Père, au Fils, et au Saint-Esprit, etc.

PSAUME.

O mon Dieu, je vous ai fait connaître ma vie ; vous avez placé mes larmes en votre présence.

Tous mes ennemis ont conspiré pour me nuire ; ils se sont assemblés pour cela en conseil.

Ils m'ont rendu le mal pour le bien, et la haine pour mon amour.

Alors qu'ils devaient me témoigner leur tendresse, ils lançaient contre moi leurs médisances, et moi je me répandais pour eux en prières.

Mon saint Père, Roi du ciel et de la terre, ne vous éloignez pas de moi, parce que la tribulation est proche, et il n'est personne qui me vienne en aide.

Mes ennemis seront mis en fuite; en quelque jour que je vous invoque, je reconnaîtrai que vous êtes mon Dieu.

Mes amis et mes proches se sont élevés et dressés contre moi; ceux qui étaient près de moi se sont tenus à l'écart.

Vous avez éloigné de moi ceux qui me connaissaient; je suis devenu pour eux un objet d'horreur; j'ai été livré à mes ennemis et dans l'impuissance d'échapper à leur fureur.

Père saint, n'éloignez pas de moi votre secours; mon Dieu, abaissez vos regards pour me venir en aide.

Appliquez-vous à me secourir, Seigneur, Dieu de mon salut.

Gloire au Père, au Fils, et au Saint-Esprit, etc.

On répète l'Antienne.

A MATINES

Antienne. Sainte Vierge Marie, etc.

PSAUME.

Seigneur, qui êtes le Dieu de mon salut, durant le jour et durant la nuit j'ai crié en votre présence.

Que ma prière aille jusqu'à vous; inclinez votre oreille à ma supplication.

Soyez attentif aux besoins de mon âme et délivrez-la, à cause des ennemis dont je suis environné.

Car c'est vous qui m'avez tiré du sein de ma mère; vous êtes mon espérance depuis le jour où elle m'allaitait, j'ai été jeté en vos bras dès mon entrée en la vie.

Vous avez été mon Dieu dès le sein de ma mère, ne vous retirez donc pas de moi.

Vous savez les opprobres dont ils m'accablent, et ma confusion et ma honte.

En votre présence sont ceux qui me persécutent; mon cœur n'a plus attendu que l'opprobre et la misère.

J'ai cherché qui s'attristerait avec moi, et nul ne l'a fait; qui me consolerait, et je n'ai trouvé personne.

O Dieu, les hommes d'iniquité se sont élevés contre moi, et l'assemblée des méchants a cherché mon âme; et ils ne se sont point souvenus de votre présence.

J'ai été rangé au nombre de ceux qui descendent dans la tombe; je suis devenu comme un homme privé de tout secours, et qui n'a de liberté qu'entre les morts.

Vous êtes mon très-saint Père et mon Dieu.

Hâtez-vous de me venir en aide, vous, Seigneur, le Dieu de mon salut. — Gloire au Père, etc.

Antienne. Sainte Vierge Marie, etc. — Gloire au Père, etc.

A PRIME

Antienne. Sainte Vierge Marie, etc.

PSAUME.

Ayez pitié de moi, ô mon Dieu, ayez pitié de moi, parce que mon âme a mis en vous sa confiance.

J'espèrerai à l'ombre de vos ailes, jusqu'à ce que l'iniquité soit passée.

J'élèverai mes cris vers mon très-saint Père, le Très-Haut, vers le Dieu qui m'a comblé de ses bienfaits.

Il a envoyé du haut du ciel, et il m'a délivré; il a plongé dans l'opprobre ceux qui me foulaient à leurs pieds.

Il a envoyé, pour me secourir, sa miséricorde et sa vérité : il a arraché mon âme des mains de mes ennemis les plus puissants, de ceux qui me haïssaient, parce qu'ils étaient devenus forts contre moi.

En effet, ils ont tendu un piége à mes pieds, et ils ont tenu mon âme dans l'oppression.

Ils ont creusé une fosse devant mes pas, et ils y sont tombés eux-mêmes.

Mon cœur est prêt, ô mon Dieu, mon cœur est prêt; je ferai entendre mes chants, et je dirai un psaume à votre louange.

Levez-vous, ô ma gloire, levez-vous, ô mon luth et ma guitare ; je me lèverai dès le matin.

Seigneur, je vous louerai au milieu des peuples, et je chanterai votre gloire au milieu des nations,

Parce que votre miséricorde a été exaltée jusqu'aux cieux, et votre vérité jusqu'aux nuées.

Soyez élevé au-dessus des cieux , ô Seigneur, et que votre gloire éclate sur toute la terre.

Gloire au Père , etc.

Antienne. Sainte Marie, etc.

A TIERCE

Antienne. Sainte Marie, etc.

PSAUME.

Ayez pitié de moi, ô mon Dieu, parce que l'homme m'a foulé à ses pieds ; durant tout le jour , il m'a attaqué et plongé dans la tribulation.

Mes ennemis m'ont foulé aux pieds durant tout le jour ; ils combattent en grand nombre contre moi.

Tous mes ennemis ont pensé le mal contre moi ; ils ont formé contre moi un projet d'iniquité.

Ceux qui avaient l'œil sur mon âme se sont réunis en conseil.

Ils sortaient et allaient se concerter avec d'autres.

Tous ceux qui m'ont vu m'ont tourné en dérision; leurs lèvres ont fait entendre des paroles contre moi, et ils ont agité leur tête en signe de moquerie.

Pour moi, je suis semblable à un ver de terre et non à un homme; je suis l'opprobre des hommes et le rebut du peuple.

Je suis devenu un sujet d'opprobre pour mes ennemis, et surtout pour ceux qui étaient près de moi; je suis devenu un objet de frayeur pour ceux dont j'étais connu.

Père saint, n'éloignez pas de moi votre secours; tenez vos regards abaissés vers moi pour ma défense.

Hâtez-vous de me venir en aide, vous, le Dieu de mon salut.

Gloire au Père, etc.

Antienne. Sainte Vierge Marie, etc.

A SEXTE

Antienne. Sainte Vierge Marie, etc.

PSAUME.

J'ai élevé ma voix en criant vers le Seigneur; j'ai élevé ma voix pour conjurer le Seigneur.

Je répands ma prière en sa présence, et j'exprime devant lui ma tribulation;

Lorsque je sens mon esprit défaillir; ô mon Dieu, vous connaissez mes sentiers.

Des hommes superbes m'ont tendu un piége dans la voie où je marchais.

Je considérais à ma droite, et j'arrêtais mes regards, et il n'y avait personne qui me reconnût.

Tout moyen de fuir s'est éloigné de moi, et il n'est personne qui s'intéresse à ma vie.

Parce que pour votre gloire j'ai enduré l'opprobre, la confusion a couvert mon visage.

Je suis devenu un étranger pour mes frères, et un homme inconnu pour les enfants de m'a mère.

Père saint, le zèle de votre maison ma dévoré, et les outrages de ceux qui vous insultaient sont retombés sur moi.

Mes ennemis ont été dans la joie contre moi; ils se sont réunis, ils m'ont accablé de leurs coups, et j'en ai ignoré la cause.

Mes ennemis, qui me poursuivent de leurs persécutions injustes, se sont fortifiés contre moi, et j'ai payé ce que je n'avais point ravi.

Des témoins iniques se sont levés; ils m'ont demandé des choses que j'ignorais.

Ils m'ont rendu le mal pour le bien; ils ont médit de moi, parce que je suivais le droit sentier.

Pour vous, vous êtes mon Père très-saint; vous êtes mon Roi et mon Dieu.

Hâtez-vous de me venir en aide, ô Seigneur le Dieu de mon salut.

Gloire au Père, etc.

Antienne. Sainte Vierge Marie, etc.

A NONE

Antienne. Sainte Vierge Marie, etc.

PSAUME.

O vous tous qui passez par le chemin, considérez et voyez s'il est une douleur semblable à ma douleur.

Des chiens nombreux et pleins de rage m'ont environné, l'assemblée des méchants m'a assiégé.

Ils m'ont considéré, et ils ont arrêté sur moi leurs regards; ils se sont partagé mes vêtements, et ils ont tiré ma robe au sort.

Ils ont percé mes mains et mes pieds; ils ont compté tous mes ossements.

Ils ont ouvert leur bouche pour me dévorer, comme un lion ravissant et rugissant.

Je me suis écoulé comme l'eau, et tous mes ossements se sont déplacés.

Mon cœur est devenu au milieu de mes entrailles semblable à la cire qui se fond.

Ma force s'est desséchée comme une terre au contact du feu, et ma langue s'est attachée à mon palais.

Ils m'ont donné du fiel pour nourriture, et dans ma soif ils m'ont abreuvé de vinaigre.

Ils m'ont conduit jusqu'à la poussière du tombeau, et ils ont ajouté aux douleurs de mes blessures.

Mais je me suis endormi, et je suis ressuscité, parce que mon Père très-saint m'a pris sous sa protection et m'a glorifié.

Père saint, vous m'avez conduit par la main selon votre volonté, et vous m'avez comblé de gloire en me recevant dans vos bras.

Car qu'y a-t-il pour moi dans le ciel? et que désiré-je sur la terre en dehors de vous, ô mon Dieu?

Considérez, considérez que je suis le Dieu véritable, dit le Seigneur; je serai exalté parmi les nations, je serai exalté par toute la terre.

Béni soit le Seigneur, le Dieu d'Israël, qui a racheté les âmes de ses serviteurs au prix de son sang très-saint; ceux qui espèrent en lui ne périront pas.

Nous savons qu'il vient, qu'il vient pour juger la justice.

Gloire au Père, etc.

Antienne. Sainte Vierge Marie, etc.

A VÊPRES

Antienne. Sainte Vierge Marie, etc.

PSAUME.

O nations! battez toutes des mains, chantez la gloire de Dieu en des cris d'allégresse.

Parce que le Seigneur est élevé et terrible; il est le grand Roi de tout l'univers.

Il est le Père très-saint qui est dans le ciel, notre Roi avant tous les siècles.

Il a envoyé son Fils du haut du ciel, et il a opéré le salut au milieu de la terre.

. Que les cieux soient dans la joie, et que la terre tressaille d'allégresse ; que la mer soit ébranlée et sa plénitude aussi ; les campagnes se réjouiront, et tout ce qu'elles renferment.

Chantez au Seigneur un cantique nouveau ; que la terre entière chante en l'honneur de Dieu ;

Parce que le Seigneur est grand, et digne de louanges au delà de toute pensée ; il est plus redoutable que tous les dieux.

Offrez au Seigneur, ô nations de l'univers, offrez au Seigneur la gloire et l'honneur ; offrez au Seigneur la gloire due à son nom.

Préparez vos corps, et portez sa croix, et suivez jusqu'à la fin de votre vie ses préceptes très-saints.

Que toute la terre soit ébranlée en sa présence ; dites parmi les nations que le Seigneur a régné.

Gloire au Père, etc.   •

Antienne. Sainte Vierge Marie, etc.

Toutes les fois qu'on termine l'office, on dit les paroles suivantes :

Bénissons le Seigneur, le Dieu vivant et véritable ; louons-le ; rendons-lui en tout temps gloire, honneur, bénédiction ; rapportons-lui tous nos biens. Ainsi soit-il, ainsi soit-il. Qu'il soit fait ainsi, qu'il soit fait ainsi.

§ II

Depuis le samedi saint jusqu'à l'octave de la Pentecôte inclusivement, on dit l'office comme il suit :

Notre Père, et *Saint*, *Saint*, comme plus haut.

A COMPLIES

Antienne. Sainte Vierge Marie, etc.

PSAUME.

Venez à mon aide, ô mon Dieu ; Seigneur, hâtez-vous de me secourir.

Qu'ils soient confondus et couverts de confusion, ceux qui en veulent à ma vie.

Qu'ils soient mis en fuite et plongés dans la honte, ceux qui veulent m'accabler de maux.

Qu'ils soient repoussés aussitôt et qu'ils rougissent, ceux qui dirigent contre moi des paroles de raillerie.

Mais que tous ceux qui vous cherchent soient dans l'allégresse et qu'ils se réjouissent en vous; qu'ils s'écrient sans cesse, ceux qui aiment votre salut : Que le Seigneur soit exalté pour ses grandeurs.

Pour moi, je suis pauvre et indigent. O Dieu, venez-moi en aide.

Vous êtes mon secours et mon libérateur; ô Seigneur, ne tardez pas davantage.

Gloire au Père, etc.

Antienne. Sainte Vierge Marie, etc.

A MATINES DU JOUR DE LA RÉSURRECTION

Antienne. Sainte Vierge Marie, etc.

PSAUME.

Chantez au Seigneur un cantique nouveau, parce qu'il a opéré des merveilles.

Sa droite a sacrifié son fils, son saint bras l'a immolé.

Le Seigneur a fait connaître son salut; il a révélé sa justice en présence des nations.

Le Seigneur a commandé à sa miséricorde de paraître durant le jour; et pendant la nuit des cantiques se feront entendre en son honneur.

C'est là le jour que le Seigneur a fait; tressaillons d'allégresse et réjouissons-nous en ce jour.

Béni soit celui qui vient au nom du Seigneur; c'est notre Dieu, notre Seigneur, il a fait briller sa lumière à nos yeux.

Que les cieux se réjouissent et que la terre tressaille d'allégresse; que la mer soit ébranlée et sa plénitude aussi; les campagnes se réjouiront et toutes les choses qu'elles renferment.

O vous, nations de la terre, offrez au Seigneur, offrez au Seigneur la gloire et l'honneur, offrez au Seigneur la gloire due à son nom.

Gloire au Père, etc.

Antienne. Sainte Vierge Marie, etc.

A PRIME

Antienne et psaume comme plus haut, p. 158.

A TIERCE, SEXTE ET NONE

Antienne. Sainte Vierge Marie, etc.
Psaume comme aux Matines de Pâques.

A VÊPRES

Antienne et psaume comme aux Vêpres de l'office ordinaire, p. 163.

LE JOUR DE L'ASCENSION

On ajoute aux Psaumes des Matines de la Résurrection, ainsi qu'à Tierce, Sexte et None, les versets suivants :

O royaumes de la terre, chantez les louanges de Dieu, chantez des cantiques au Seigneur, chantez en l'honneur de Dieu, qui est monté au-dessus de tous les cieux vers l'Orient.

Sachez qu'il va imprimer à sa voix la force et la puissance. Rendez donc gloire à Dieu à cause d'Israël; sa magnificence et sa force s'élèvent jusqu'aux nues.

Dieu est admirable dans ses saints; le Dieu d'Israël donnera lui-même à son peuple la vertu et la force. Que Dieu soit béni.

Gloire au Père, etc.

Antienne. Sainte Vierge Marie, etc.

Aux Vêpres de l'Ascension et tous les jours jusqu'à l'Avent, on ajoute au psaume ordinaire des Vêpres, page 163, les versets suivants :

Il est monté aux cieux, et il est assis à la droite de son très-saint Père.

O Dieu, vous êtes élevé au-dessus des cieux, et votre gloire s'étend sur toute la terre.

Et nous savons qu'il vient, qu'il viendra juger la justice.

Gloire au Père, etc.

Antienne. Sainte vierge Marie, etc.

§ III

Manière de réciter l'office à toutes les fêtes principales et aux jours de dimanches, depuis l'Octave de la Pentecôte jusqu'à l'Avent, et depuis l'Octave de l'Épiphanie jusqu'aux Complies du jeudi saint.

A COMPLIES ET A MATINES

Comme au jour de la Résurrection, p. 165-166.

A Prime, l'office ordinaire, p. 168.

A TIERCE

Antienne. Sainte Vierge Marie, etc.

PSAUME.

O vous tous, habitants de la terre, témoignez à Dieu votre joie par de saints transports; chantez des cantiques en son honneur; rendez-lui par vos louanges la gloire qui lui est due.

Dites à Dieu : Que vos ouvrages sont terribles, ô Seigneur! la grandeur de votre puissance convaincra vos ennemis de mensonge.

Que toute la terre vous adore et chante en votre honneur; qu'elle chante un cantique à votre nom.

Venez et écoutez, vous tous qui avez la crainte de Dieu, et je vous raconterai quelles merveilles il a faites pour mon âme.

J'ai ouvert la bouche et crié vers lui, et ma langue a exalté ses grandeurs.

Et il a de son saint temple exaucé ma prière, et mon cri a été admis en sa présence.

O nations, bénissez notre Dieu, et faites entendre vos voix en proclamant ses louanges.

Tous les peuples de la terre seront bénis en lui, toutes les nations célèbreront sa grandeur.

Son nom majestueux sera béni éternellement;

la terre entière sera remplie de sa majesté ; qu'il en soit ainsi, qu'il en soit ainsi.

A SEXTE

Antienne. Sainte Vierge Marie, etc.

PSAUME.

Que le Seigneur vous exauce au jour de la tribulation ; que le nom du Dieu de Jacob vous protége.

Qu'il vous envoie du secours de son saint temple, et qu'il vous protége du milieu de Sion.

Qu'il vous accorde selon votre cœur, et qu'il affermisse tous vos desseins.

Que tous se réjouissent dans votre salut ; que tous se glorifient dans le nom du Seigneur notre Dieu.

Que le Seigneur vous accorde toutes vos demandes ; maintenant j'ai connu que le Seigneur a envoyé Jésus-Christ son Fils ; il jugera les peuples dans la justice.

Le Seigneur s'est fait le refuge du pauvre ; il s'est fait son secours dans ses besoins et dans la tribulation ; qu'ils espèrent donc en vous ceux qui ont connu votre nom.

Que béni soit le Seigneur mon Dieu, parce qu'il s'est fait mon soutien et mon refuge au jour de ma tribulation.

O mon aide, je chanterai en votre honneur, car, ô mon Dieu, vous êtes ma miséricorde.

Gloire au Père, etc.

Antienne. Sainte Vierge Marie, etc.

A NONE

Antienne. Sainte Vierge Marie, etc.

PSAUME.

Seigneur, j'ai mis en vous mon espérance, que je ne sois point confondu à jamais. Délivrez-moi dans votre justice et sauvez-moi.

Soyez pour moi un Dieu protecteur et un rempart inexpugnable, afin de me sauver.

Car vous êtes ma patience, Seigneur ; Seigneur, vous êtes mon espérance dès ma plus tendre jeunesse.

Je me suis appuyé sur vous dès mon entrée en la vie ; vous êtes ma protection dès le sein de ma mère ; vous serez à jamais l'objet de mes chants.

Que ma bouche se remplisse donc de vos louanges, afin que je chante votre gloire, que je chante votre grandeur durant tout le jour.

Exaucez-moi, Seigneur, parce que votre miséricorde est pleine de bénignité ; abaissez sur moi vos regards selon la multitude de vos miséricordes ;

Et ne détournez pas votre face de dessus votre

enfant; je suis dans la tribulation, exaucez-moi sans retard.

Béni soit le Seigneur mon Dieu, parce qu'il s'est fait mon soutien, parce qu'il s'est fait mon refuge au jour de ma tribulation.

O mon aide, je chanterai en votre honneur, parce que, ô mon Dieu, vous m'avez protégé; vous êtes ma miséricorde, ô mon Dieu.

Gloire au Père, etc.

Antienne. Sainte Vierge Marie, etc.

A VÊPRES

Comme plus haut, p. 163.

§ IV

Manière de réciter l'office depuis le premier dimanche de l'Avent jusqu'à la Vigile de la Nativité du Seigneur.

A COMPLIES

Antienne. Sainte Vierge Marie.

PSAUME.

Combien de temps, Seigneur, me laisserez-vous dans l'oubli? Combien de temps encore détournerez-vous de moi votre face?

Combien de temps mon âme se consumera-t-elle à former des projets, et la douleur remplira-t-elle mon cœur chaque jour?

Combien de temps mon ennemi s'élèvera-t-il au-dessus de moi? Abaissez vos regards, Seigneur mon Dieu, et exaucez-moi.

Illuminez mes yeux, de peur que je ne m'endorme enfin au milieu de la mort, de peur que mon ennemi ne dise : J'ai prévalu contre lui.

Ceux qui me persécutent tressailliront d'allégresse si je suis ébranlé; pour moi, j'ai mis mon espérance dans votre miséricorde.

Mon cœur se réjouira en votre salut; je chanterai au Seigneur, qui m'a comblé de ses biens; je chanterai un cantique au nom du Seigneur, au nom du Très-Haut.

Gloire au Père, etc.

Antienne. Sainte Vierge Marie, etc.

A MATINES

Antienne. Sainte Vierge Marie.

PSAUME

O Seigneur, Père très-saint, Roi du ciel et de la terre, je vous louerai, parce que vous m'avez consolé.

O Dieu, vous êtes mon Sauveur; j'agirai avec confiance et je ne craindrai pas.

Le Seigneur est ma force et l'objet de ma louange; il s'est fait mon salut.

Votre droite, Seigneur, a été glorifiée en sa

force; votre droite, Seigneur, a frappé mon ennemi; vous avez renversé mes adversaires dans l'abondance de votre gloire.

Que les pauvres voient, et qu'ils se réjouissent; cherchez le Seigneur, et votre âme vivra.

Que les cieux et la terre le louent; la mer et tous les êtres vivants enfermés dans son sein.

Car le Seigneur sauvera Sion, et les cités de Juda seront édifiées.

Là encore des hommes fixeront leur demeure, ils feront de cette terre leur héritage.

La race des serviteurs de Dieu la possèdera, et ceux qui aiment son nom en deviendront les habitants.

Gloire au Père, etc.

Antienne. Sainte Vierge Marie, etc.

A Prime, comme plus haut, page 151. — A Tierce, à Sexte, à None, comme à l'office précédent, page 169 et suiv. — A Vêpres, comme à l'office de la férie, page 165; seulement on omet le dernier verset : *Que toute la terre,* etc.

§ V

Depuis le jour de la Nativité du Seigneur jusqu'à l'Octave de l'Épiphanie, l'office se récite de la même manière, excepté qu'à toutes les Heures, en commençant par les Vêpres du jour, on dit le psaume suivant.

PSAUME.

Chantez des cantiques de joie à Dieu notre secours ; faites entendre des cris d'allégresse à la gloire du Seigneur, le Dieu vivant et véritable.

Car le Seigneur est élevé, il est terrible ; il est le grand Roi de toute la terre.

Le Père très-saint a envoyé du ciel Celui qui est notre Roi avant tous les siècles, il a envoyé son Fils du haut du ciel, et celui-ci est né de la bienheureuse Vierge Marie.

Lui-même, s'écrie Dieu, m'invoquera en disant : « Vous êtes mon Père » ; et moi je l'établirai mon premier-né, je l'élèverai au-dessus des rois de la terre.

En ce jour le Seigneur a envoyé sa miséricorde ; en cette nuit il s'est fait l'objet de nos cantiques.

C'est là le jour que le Seigneur a fait ; livrons-nous à la joie en ce jour et tressaillons d'allégresse.

Car son enfant très-saint et bien - aimé nous a

été donné, pour nous il est né, pour parcourir notre voie, et il a été mis dans la crèche parce que pour lui il n'y avait pas de place dans l'hôtellerie.

Gloire au plus haut des cieux au Seigneur notre Dieu, et paix sur la terre aux hommes de bonne volonté.

Que les cieux se réjouissent, et que la terre tressaille d'allégresse ; que la mer soit ébranlée, et sa plénitude aussi ; les campagnes seront dans la joie, et toutes les créatures dont elles sont remplies.

Chantez au Seigneur un cantique nouveau ; que la terre entière chante au Seigneur.

Car le Seigneur est grand, il est au-dessus de toute louange ; il est plus redoutable que tous les dieux.

O nations, offrez au Seigneur, offrez au Seigneur la gloire et l'honneur, offrez à son nom la gloire.

Préparez vos corps et portez sa croix sainte, et suivez ses préceptes jusqu'à la fin de votre vie.

Gloire au Père, etc.

Antienne. Sainte Vierge Marie, etc.

CANTIQUES

DE SAINT FRANÇOIS

CANTIQUE DE NOTRE FRÈRE LE SOLEIL

Très-haut, tout-puissant, bon Seigneur, à vous appartiennent les louanges, l'honneur et toute bénédiction. A vous seul tout se rapporte, et nul homme n'est digne de vous nommer.

Loué soit Dieu mon Seigneur pour toutes ses créatures, et spécialement pour notre frère glorieux le soleil; c'est lui qui produit le jour, et nous illumine de ses rayons; il est beau, il resplendit avec un éclat merveilleux; Seigneur, il est vraiment votre image.

Loué soit mon Seigneur pour notre sœur la lune et pour les étoiles; vous-même les avez formées dans le ciel avec leur éclat et leur beauté.

Loué soit mon Seigneur pour notre frère le vent, pour l'air, les nuages, la sérénité, et toutes les saisons au moyen desquelles vous sustentez toute créature.

Loué soit mon Seigneur pour notre sœur l'eau, qui est bien utile, humble, précieuse et pure.

Loué soit mon Seigneur pour notre frère le feu, dont vous vous servez pour éclairer la nuit. Il est beau, il est délicieux, il est puissant et fort.

Loué soit mon Seigneur pour notre mère la terre; elle nous donne les aliments, elle soutient nos pas, elle produit des fruits divers, des fleurs aux couleurs variées et des herbes.

———

Saint François ajouta le verset qui suit aux précédents, lorsqu'il fit chanter ce cantique en présence de l'évêque et des magistrats d'Assise pour rétablir entre eux la concorde; ce qui réussit d'une façon merveilleuse.

« Loué soit mon Seigneur pour ceux qui pardonnent pour votre amour, et endurent avec patience les souffrances et la tribulation. Bienheureux ceux qui souffriront en paix, parce qu'ils seront couronnés par vous, ô Très-Haut. »

———

Le saint composa ce qui suit quand il fut assuré, par révélation, du temps de sa mort.

« Loué soit mon Seigneur pour notre sœur la mort corporelle, à laquelle nul homme vivant ne peut échapper. Malheur à celui qui meurt dans le péché mortel! bienheureux ceux qui alors se trouveront conformes à vos volontés saintes : la seconde mort ne pourra leur nuire en aucune manière.

« Louez et bénissez mon Seigneur, rendez-lui grâces et servez-le avec une grande humilité. »

DEUXIÈME CANTIQUE

AVERTISSEMENT

Ce cantique semble plutôt l'œuvre d'un ange que d'un homme. Les expressions, les pensées, le ton même, tout au premier coup d'œil peut sembler étrange ; mais c'est l'œuvre d'un homme séraphique, d'un homme qui a expérimenté des choses que le regard humain est impuissant à contempler, l'intelligence humaine incapable de comprendre. « L'amour de Jésus-Christ, dit saint Bernard, est un breuvage qui enivre. » Or qui fut jamais épris de cet amour comme François d'Assise? C'est ici le lieu de citer quelques-uns des passages de saint Bonaventure sur ce sujet.

« Qui pourra dire comme il convient combien ardente était la charité de François, l'ami de l'Époux ? Semblable à un charbon embrasé, il paraissait pénétré tout entier du feu du divin amour. Au seul nom d'amour du Seigneur il était saisi, ému et enflammé, comme si un instrument mélodieux eût frappé de ses accords la fibre de son cœur.

« Désireux de saisir en tout l'occasion de s'embraser de ce céleste amour, il se réjouissait en toutes les œuvres de la main du Seigneur. Dans ce qui était beau, il contemplait la beauté suprême, il poursuivait son bien-aimé partout où il avait imprimé une trace de sa présence, et chaque créature était pour lui comme un degré pour arriver à la possession de Celui qui est souverainement désirable.

« Jésus crucifié demeurait en tout temps sur son cœur comme un bouquet de myrrhe, et l'incendie violent de son amour lui faisait souhaiter avec ardeur d'être entièrement transformé en lui....

« Il était entraîné vers Jésus-Christ par une telle ardeur d'amour, et son bien-aimé se montrait également si plein d'amour envers lui, qu'il semblait jouir sans interruption de sa présence.

« Il communiait souvent, et avec tant de dévotion, qu'on le voyait devenir semblable à un homme ivre, après avoir reçu l'Agneau immaculé, et souvent tomber en extase. »

Tel était l'état habituel du bienheureux serviteur de Dieu, jusqu'au jour où, par une faveur ineffable de la bonté céleste, il reçut les stigmates de
la Passion du Sauveur. Mais depuis qu'il fut admis
d'une façon si intime à tous les secrets de la croix,
qui pourra comprendre tout ce qui se passa dans
son cœur? Voici quelques mots seulement de saint
Bonaventure propres à nous en donner une faible
idée : « L'incendie d'amour dont il était dévoré
pour le doux Jésus avait pris un nouvel accroissement; il se répandait en étincelles brûlantes et en
flammes embrasées; les eaux les plus violentes
n'eussent point suffi pour éteindre une charité si
puissante. »

Écoutons maintenant le langage de cet homme,
et jugeons si en vérité l'amour de Jésus n'est pas
« un breuvage qui enivre. »

—

DEUXIÈME CANTIQUE

Dans le feu l'amour m'a mis, l'amour m'a mis
dans le feu.

1

Mon nouvel époux m'a mis dans un feu d'amour,
lorsque, petit agneau tout brûlant d'amour, il
m'unit à lui par une union indissoluble; puis il

6

me plaça dans une prison, et là il me frappa d'un fer aigu, il transperça mon cœur tout entier.

Dans le feu l'amour m'a mis, l'amour m'a mis dans le feu.

II

Il m'a transpercé le cœur, et mon corps est tombé gisant sur la terre. C'est une flèche d'amour que son arc a lancée contre moi, il m'a embrasé en me frappant, ma paix s'est changée en guerre. Je me meurs de douceur.

Dans le feu l'amour m'a mis, l'amour m'a mis dans le feu.

III

Je me meurs de douceur, n'en soyez point étonnés : les coups qui me sont portés viennent d'une lance trempée dans l'amour. Le fer en est long et large ; sachez qu'il a cent brasses d'étendue, et il m'a traversé tout entier.

Dans le feu l'amour m'a mis, l'amour m'a mis dans le feu.

IV

Ensuite il me lança des traits si nombreux, que j'en fus tout accablé ; alors je pris un bouclier, mais il ne servit en rien à me défendre, tant il multiplia ses coups; j'en fus brisé tout entier, tant il les dirigea violemment contre moi.

Dans le feu l'amour m'a mis, l'amour m'a mis dans le feu.

V

Il les dirigea si violemment, que je perdis l'espoir de les soutenir et d'échapper à la mort. Je lui criai de toutes mes forces : « Tu dépasses la juste limite en tes attaques. » Et ses coups redoublaient outre mesure, des coups que je n'avais point soupçonnés.

Dans le feu l'amour m'a mis, l'amour m'a mis dans le feu.

VI

Les traits qu'il me lançait étaient de lourdes pierres; chacune d'elle comptait mille livres de pesanteur. Si souvent il les lançait, que j'eusse été impuissant à en dire le nombre, et nulle ne manquait son but.

Dans le feu l'amour m'a mis, l'amour m'a mis dans le feu.

VII

Non, aucune ne manquait son but, tant il

savait bien les lancer. J'étais étendu à terre sans espoir d'être secouru; j'étais broyé tout entier, privé de sentiment; je ressemblais à l'homme tombé sous les coups de la mort.

Dans le feu l'amour m'a mis, l'amour m'a mis dans le feu.

VIII

Et pourtant je n'ai point succombé, la joie m'a rendu ma vigueur; si plein de force je me suis remis et suis revenu en mon corps, que j'ai pu suivre ceux qui me guidaient vers la cité céleste.

Dans le feu l'amour m'a mis, l'amour m'a mis dans le feu.

IX

A peine revenu à moi, sans retard je saisis mes armes, et au Christ je fis la guerre. Je chevauchai sur ses terres, afin de me rencontrer avec lui. Bien vite je l'eus atteint, et je me vengeai de ses coups.

Dans le feu l'amour m'a mis, l'amour m'a mis dans le feu.

X

Puis quand je me fus vengé, avec lui je fis alliance, car bien vrai était l'amour dont le Christ dans son ardeur avait brûlé le premier. Aujourd'hui je suis devenu fort, pour toujours le Christ a affermi mon cœur, il l'a consolé, il m'a plongé dans l'amour.

Dans le feu l'amour m'a mis, l'amour m'a mis dans le feu.

—

TROISIÈME CANTIQUE

AVERTISSEMENT

Il faut dire de ce cantique ce que nous disions du précédent; il nous faut rappeler encore la parole de saint Bernard : « L'amour de Jésus-Christ est un breuvage qui enivre. » Jamais l'amour n'a fait entendre un langage si plein d'ivresse, nulle part il n'a dépassé comme ici toute mesure. On pourrait se demander si même l'esprit d'un séraphin serait capable de s'enflammer davantage, si la langue humaine peut pousser plus loin ses hardiesses.

CANTIQUE

I

Amour de charité, pourquoi m'as-tu frappé ainsi? Mon cœur tout entier s'est fendu, il est consumé par l'amour, il brûle, il est en feu, il ne saurait trouver une place pour se reposer; il ne peut fuir, il est enchaîné; il se fond comme la cire en présence du feu; vivant il meurt, il languit épuisé; il voudrait pouvoir fuir un instant, et il se trouve placé au sein d'une fournaise.

Hélas! où suis-je entraîné? Ah! languir de la sorte, vivre ainsi, c'est mourir, tant s'accroît l'ardeur dont je suis dévoré.

II

Avant d'en avoir fait l'épreuve, au Christ je demandais l'amour, pensant n'y goûter que délices. Je croyais habiter loin de toute peine dans une paix abondante en douceur, et puis m'asseoir dans les hauteurs célestes. Mais j'éprouve un tourment que je n'avais point imaginé, mon cœur se fend d'amour; non, je ne puis retracer l'image de ce que j'endure, je me meurs dans un abîme de douceur, mon cœur ne réside plus en moi.

III

Le cœur, l'intelligence, la volonté, le goût, le sens, j'ai tout perdu; toute beauté n'est à mes yeux qu'une fange immonde; délices et richesses, tout n'est pour moi que perte. Un arbre d'amour, chargé de fruits ravissants, est planté dans mon cœur, lui seul me nourrit; c'est lui qui en moi opéra un tel changement, en jetant sans retard à la porte ma volonté, mon sens et ma force.

IV

Pour acquérir l'amour, j'ai tout donné; j'ai livré sans réserve et le monde et moi-même. Si tout ce qui a été créé eût été en ma puissance, je l'eusse sacrifié pour l'amour, sans condition aucune, et me voilà trompé par l'amour. J'ai tout donné, et je ne sais où je suis entraîné; l'amour m'a défiguré, j'ai été accusé de folie. Mais pourquoi me suis-je vendu? Je n'ai plus sur moi-même aucun droit.

V

La foule pensait me rappeler, ceux qui furent mes amis pensaient me retirer de tels sentiers; mais l'homme une fois livré ne saurait se livrer encore; il ne saurait se rendre esclave, celui qui n'a plus en son pouvoir sa propre personne. La pierre pourra s'amollir avant que l'amour qui me tient en sa puissance puisse m'être ravi; toute ma volonté s'est enflammée d'amour, elle s'est unie à l'amour, elle s'est transformée en l'amour.

VI

Ni le feu ni le fer ne pourront nous séparer ;
chose si bien unie ne se divise point. Ni les tourments ni la mort n'atteindront jamais à la hauteur
où mon âme est ravie ; au-dessous d'elle elle voit
toutes choses passer, elle se tient plus élevée, do-
minant tout de sa hauteur. O mon âme, comment
es-tu arrivée à posséder un tel bien? Au Christ
tu en es redevable : embrasse-le donc dans un
transport d'amour.

VII

Non, je ne saurais plus désormais contempler
aucune créature ; mon âme n'a plus de cris que
pour son Créateur ; le ciel et la terre sont pour
moi sans douceur ; en présence du Christ mon
amour, tout n'est pour moi qu'une fange impure ;
la splendeur du soleil me paraît elle-même obscure
quand je vois cette face resplendissante. Le ché-
rubin ne semble plus lumineux à l'esprit qui voit
son Seigneur ; pour lui le séraphin n'est plus un
objet d'amour.

VIII

Que nul donc ne me reprenne, si l'amour me

fait errer çà et là comme un insensé; il n'est point de cœur épris d'un tel amour qui puisse s'en défendre, point de cœur qui puisse s'y soustraire. Quel cœur, pensez-vous, pourrait ne pas se fendre? quel cœur pourrait supporter une fournaise aussi embrasée? Ah! s'il m'était donné de trouver une âme capable de me comprendre, une âme qui pût pénétrer mon cœur, elle aurait pitié de moi.

I X

Le ciel et la terre me crient et me crient sans cesse, toute créature me crie que je dois aimer. Chacune d'elle me dit : « De tout ton cœur aime, aime l'amour qui n'a pas dédaigné de t'étreindre lui-même; l'amour soupire après toi; toutes il nous a créées pour t'attirer à lui. » Oui, je vois abonder sans mesure la douceur et l'amabilité de cette lumière attrayante, qui se répand en tous lieux.

X

Je voudrais aimer plus, si plus était en mon pouvoir; mais que puis-je faire encore? Mon cœur déjà n'est plus à moi; quels que soient mes désirs, je ne puis donner plus que moi-même, chacun le comprendra. J'ai donné mon cœur sans

réserve pour posséder Celui qui m'aime, celui qui
opère en moi un changement si merveilleux. O
beauté ancienne et nouvelle, lumière sans mesure
dont la splendeur est si délicieuce! depuis que je
t'ai trouvée, j'ai donné mon cœur sans réserve.

XI

A la vue d'une telle beauté, j'ai été ravi hors de
moi-même, je ne sais plus où j'ai été conduit;
mon cœur s'est fondu comme la cire, il a pris
l'empreinte du Christ. Non jamais échange semblable ne s'est rencontré; pour revêtir Jésus-
Christ, mon cœur tout entier s'est dépouillé, il
s'est transformé; son cri est l'amour, il le sent;
mon âme s'est annihilée, tant elle est plongée dans
les délices.

XII

Mon âme est enchainée par sa douceur, tout
entière elle se jette en avant pour l'embrasser;
plus elle contemple sa beauté, plus elle s'élance
hors d'elle-même; dans le Christ elle a placé
elle-même et tous ses biens, de soi elle ne garde
plus aucun souvenir; elle ne s'inquiète plus de se
procurer aucune autre chose; elle ne saurait rien
perdre d'estimable, elle n'a d'elle-même aucun
sentiment.

XIII

Mon âme transformée en Jésus-Christ est devenue presque le Christ, unie à Dieu elle est presque divine; un tel honneur l'emporte sur tout honneur, tout ce que possède le Christ est à elle, elle est reine. Puis-je maintenant demeurer triste encore et demander un remède à mes fautes? Non, en moi il n'y a plus de sentine où je découvre le péché; le vieil homme a été mis à mort et toute fange purifiée.

XIV

Dans le Christ une créature nouvelle a pris naissance, elle est dépouillée du vieil homme, un homme nouveau a été formé, mais mon amour s'accroît d'une telle ardeur, que mon cœur me semble transpercé d'un glaive; ce feu m'enlève mon âme et mes pensées; le Christ si beau m'entraîne tout entier, je m'embrase en le voyant, et je pousse un cri d'amour : « Amour, que tant je désire, ah! fais-moi mourir d'amour! »

XV

Pour toi, ô amour, je me consume en languissant; pour t'étreindre je vais poussant des cris; si tu t'éloignes, en vivant je meurs, je soupire, je pleure, jusqu'à ce que je t'aie retrouvé; puis, quand tu reviens, mon cœur se dilate, pour qu'en toi tout entier il puisse se transformer. Donc plus de retard; ô amour, souviens-toi de moi; puisque tu me tiens enchaîné, maintenant consume mon cœur.

XVI

Doux amour, regarde ma peine; je ne saurais supporter une telle ardeur. L'amour s'est emparé de moi, je ne sais plus où je suis, je demeure étranger à mes actions, à mes paroles, à mes pensées; je m'en vais par les chemins comme un homme égaré; souvent je tombe épuisé à force de languir, je ne sais comment soutenir pareil tourment, la douleur qu'il m'inspire a ravi mon cœur.

XVII

Mon cœur ainsi ravi, je ne sais plus que faire, ni souvent ce que je fais; quiconque me regarde m'invite à expérimenter si l'amour inactif saurait te plaire, ô Christ; mais, s'il ne te plaît pas, de quoi puis-je être capable? Mon âme est épuisée d'une telle abondance; l'amour qui m'embrase ainsi m'enlève toute action, tout vouloir, toute initiative : je perds tout sentiment.

XVIII

Autrefois je savais parler, et maintenant je suis devenu muet ; je voyais, et aujourd'hui je suis aveugle : non, jamais abîme semblable ne s'offrit à mes yeux ; je me tais, et je parle ; je fuis, et je suis enchaîné ; je m'élève vers les hauteurs, et je descends à la fois ; je tiens, et c'est moi qui suis tenu ; je suis dedans et dehors en même temps ; je poursuis et je suis poursuivi. Amour sans mesure, pourquoi me rendre insensé, pourquoi me faire mourir dans une fournaise si embrasée ?

XIX

JÉSUS-CHRIST

O toi qui m'aimes, mets l'ordre en ton amour ; il n'y a point de vertu sans ordre. Puisque tu désires tant me trouver, renouvelle ton âme par la vertu. Appelle-moi pour m'aimer, j'y consens ; mais que ta charité soit réglée. L'arbre se fait connaître à l'ordre de ses fruits, l'ordre préside à tout, à tout il donne sa valeur.

X X

Toutes les créatures sorties de mes mains sont faites avec nombre et mesure, toutes elles sont ordonnées pour leur fin. Par l'ordre ainsi tout conserve sa valeur, et bien plus encore la charité est soumise à l'ordre par sa nature. Si donc par ton ardeur, ô âme, tu es devenue insensée; si tu as abandonné tout ordre, aucun frein ne règle ta ferveur.

X X I

L'AME OÙ FRANÇOIS

O Christ! tu m'as volé mon cœur, et tu commandes à mon âme d'aimer l'ordre! Comment, depuis que je suis changé en toi, peut-il être resté en moi quelque chose de bien ordonné? Comme le feu plongé dans le feu et l'air pénétré par les rayons brillants du soleil perdent leur forme et prennent une autre figure, ainsi change l'âme pure revêtue de ton amour.

X X I I

Et une fois qu'elle a perdu sa vertu propre, elle devient impuissante à agir selon elle-même; telle

elle est formée, telle est sa vertu, telles sont les œuvres et les fruits qu'il est en son pouvoir de produire. Si donc mon âme est transformée en la vérité, si elle est transformée en toi seul, ô Christ qu'il est si doux d'aimer, à toi seul et non à moi il faut imputer les actes auxquels je me livre. Si en agissant ainsi je ne saurais te plaire, alors, ô amour, tu ne saurais te plaire à toi-même.

XXIII

O Sagesse suprême, si je suis insensé, c'est là ton œuvre à toi, je le sais à n'en pouvoir douter. Ainsi tu m'as rendu depuis le jour où je fus blessé! Quand je fis un pacte avec l'amour et que, me dépouillant de moi, je fus de toi-même vêtu, je me trouvai entraîné, je ne sais comment, à une vie nouvelle, n'ayant plus rien de moi; et maintenant l'amour m'a rendu fort, les portes se sont brisées, et j'habite avec toi, ô amour.

XXIV

Tu m'as conduit dans une telle fournaise, et tu voudrais que je pusse me contenir, alors que tu t'es donné sans réserve, alors que tu m'as enlevé toute mesure! Petit, tu suffisais à remplir mon cœur; aujourd'hui que tu es devenu grand, non, je ne saurais te contenir. O amour, s'il y a folie, la folie vient de toi, elle n'est point mon œuvre; toi-même, ô amour, as tracé cette voie.

XXV

Tu n'as pas su te défendre de l'amour, il t'a conduit du ciel sur la terre; ô amour, tu es descendu à un degré d'abaissement tel, qu'on t'a vu aller par le monde comme un homme du dernier rang; tu n'as voulu ni demeure ni bien, et cette pauvreté avait pour but de nous enrichir; en la vie et à la mort, tu as montré par des signes infaillibles l'amour sans mesure dont ton cœur était embrasé.

XXVI

Tu allais par le monde comme un homme ivre, l'amour te conduisait comme un homme enchaîné à ses lois, en toutes choses toujours tu montrais l'amour comme si toi-même tu te fusses oublié. Dans le temple tu criais : « Qu'il vienne boire celui qui est altéré, celui qui a soif d'amour, et à lui il sera accordé un amour sans bornes qui le rassasiera avec délices. »

XXVII

La sagesse n'a point su te contenir ni t'empêcher de répandre sans cesse l'amour. Tu naquis de l'amour et non de la chair, ô amour incarné, afin de sauver l'homme. Pour nous embraser, tu as couru à la croix ; oui, tu te condamnas au silence, ô amour ; tu ne voulus point te défendre devant Pitate, afin d'accomplir notre rachat sur la croix de l'amour.

XXVIII

Là je vois la sagesse qui se cache, et l'amour seul se laisse voir, la puissance ne se montre plus, la force elle-même est dédaignée. Oui, il est grand l'amour qui se répand alors, là ne peut se trouver que l'amour, le regard et la volonté, tout est enchaîné par l'amour sur la croix, l'homme est étreint dans une amour immense.

XXIX

Si donc, ô Jésus, je suis épris d'amour, si je suis enivré d'une telle douceur ; si je m'en vais comme un insensé, si j'ai perdu tout sentiment et toute force, qui pourra me reprendre ? Quand l'amour t'a lié de la sorte, quand il ta privé ainsi de toute grandeur, quelle force pourra donc m'empêcher de devenir insensé pour t'embrasser, ô mon amour?

XXX

Et cet amour qui me rend insensé semble t'avoir à toi-même ravi ta sagesse ; cet amour qui me fait languir t'a à cause de moi enlevé toute puissance. Non, je ne veux plus, non je ne puis désormais souffrir autre chose; je suis le captif de l'amour, je ne saurais résister ; la sentence pour moi est lancée, il faut que je meure d'amour. Que tout secours s'éloigne de moi, je veux mourir d'amour.

XXXI

Amour, amour, qui m'as blessé de la sorte, non, je ne puis que crier : Amour !

Amour, amour qui m'as ravi si fortement, mon cœur en tout temps se répand en amour, pour toi je veux défaillir d'amour.

Amour, toi seul je veux connaître.

Amour, au nom de ta bonté, fais-moi mourir d'amour.

Amour, amour, ô Jésus, je touche au port; amour, amour, ô Jésus, viens à mon secours.

Amour, amour, ô Jésus, qui m'as ainsi enflammé; amour, amour, ô Jésus, je succombe sous les coups de l'amour.

O amour, fais que je demeure toujours embrasé, qu'avec toi je sois transformé dans la vérité et la charité suprême.

Amour! amour! amour! toute chose me crie: Amour!

Amour, telle est ta profondeur, que plus on s'attache à toi, plus on te désire.

Amour, amour, tu es le cercle qui environne de toute part mon cœur, qui le retient pour qu'il t'aime à jamais; tu es ma nourriture, tu es mon vêtement, tu es pour moi toute douceur, que je crie donc en tout temps: Amour! amour! amour!

Tout ce que tu fis pour moi, ô amour, je ne saurais le reconnaître. O amour, amour, tant je t'aime, que je pense bien mourir de tes atteintes; amour, amour, amour, tant sur moi tu exerces d'empire!

Amour, amour, fais-moi passer en toi.

Amour, qui seul me fais languir avec tant de douceur; amour, mon désir unique, qu'il me serait doux de mourir!

Amour, objet de mes affections, plonge-moi tout entier dans l'amour.

Amour, amour, mon cœur se brise; amour, amour, tant il se sent frappé!

O amour, ô Jésus, entraîne-moi vers ta beauté. Amour, amour, que par toi je sois ravi.

Amour, amour, que je vive, ne me dédaigne pas.

Amour, amour, avec toi mon âme est unie; amour, tu es sa vie; désormais elle ne peut s'éloigner, toi-même as causé sa langueur, tu l'as fait fondre tout entière d'amour.

Amour, amour, amour, je veux mourir tout brûlant de Jésus, je veux mourir en t'étreignant contre mon cœur.

Amour, Jésus, mon doux époux, amour, amour, je t'en prie, donne-moi la mort.

Amour, amour, Jésus si compatissant, en toi-même tu m'as transformé. Pense donc que je m'en vais me mourant d'amour; je ne sais plus où je suis; Jésus mon espérance, allons donc! que maintenant je m'endorme dans l'amour!

MAXIMES OU SENTENCES
DE SAINT FRANÇOIS

I

Peu de temps après sa conversion, l'homme de Dieu traversant une forêt, des voleurs se précipitèrent sur lui d'un lieu où ils se tenaient cachés et lui demandèrent qui il était : « Je suis, répondit-il d'une voix assurée et prophétique, je suis le héraut du Seigneur. »

II

Le frère de François se moquait de sa nudité et de sa pauvreté; un jour qu'il faisait un froid rigoureux, il pria un des compagnons du saint de lui demander qu'il lui vendît un peu de sa sueur : « Non, non, dit-il; je la vendrai à plus haut prix au Seigneur. »

III

Peu de temps après sa conversion, il était à pous-

ser des gémissements et à pleurer à grands cris
près de l'église Sainte-Marie-des-Anges. Interrogé par un homme pieux pourquoi il pleurait avec
une douleur si vive et d'une façon si ostensible, il
répondit : « Je pleure la Passion de Jésus-Christ,
que je ne devrais pas rougir de pleurer à travers le
monde entier. »

IV

Interrogé un jour comment avec un vêtement si
mince il pouvait se garantir des rigueurs de l'hiver, il répondit : « Si nous avions soin de nous pénétrer intérieurement des saintes ardeurs de la
patrie céleste, nous supporterions sans peine le
froid extérieur. »

V

L'évêque d'Assise, poussé par les plaintes du
père de François, engageait celui-ci à lui rendre
l'argent qu'il lui avait enlevé en secret, et qu'il
avait jeté par une fenêtre dans l'église de Saint-
Damien, soit comme un objet digne de son mépris,
soit pour le cacher, afin de réparer cette église
presque en ruine. Il répondit avec courage et un
détachement parfait des choses terrestres : « Seigneur, non-seulement je rendrai volontiers l'argent provenant du bien de mon père, mais je lui
livrerai encore les vêtements qu'il m'a donnés. »

V·I

Il se dépouilla de tous ses vêtements devant son père, et, en présence du même évêque, il renonça à tous ses droits sur l'héritage paternel, puis dit à son père : « Jusqu'à ce jour je vous ai appelé mon père sur la terre, maintenant je puis en toute assurance et toute liberté dire : *Notre Père, qui êtes dans les cieux;* car j'ai rendu Dieu dépositaire de tout mon trésor, et j'ai placé en lui toute ma confiance et mon espérance. »

VII

Lorsque l'homme de Dieu était occupé à travailler de toutes ses forces et avec de grandes fatigues à réparer l'église Saint-Damien, l'ermite de ce lieu donnait le plus grand soin à sa table et aux aliments dont il devait le nourrir. Notre bienheureux Père, le nouvel athlète de Dieu, en fit la remarque au bout de quelques jours, et s'adressa à lui-même ces reproches : « O homme étranger au monde, trouveras-tu dans tous les lieux où tu iras un prêtre qui aura comme celui-ci tant d'attentions pour toi? Non. Ce n'est point là la vie de pauvre que tu prétendais choisir. Va donc toi-même, comme il convient à un pauvre, de porte en porte, une écuelle à la main, pour y recevoir

les aliments que les fidèles voudront bien te donner. C'est ainsi qu'il faut vivre de plein gré pour
l'amour de Celui qui est né pauvre, a vécu en ce
monde dans une pauvreté extrême, est demeuré
nu et pauvre sur la croix, et a été enseveli dans un
sépulcre qui n'était pas à lui. »

VIII

Après sa conversion, le saint homme rencontrait sans cesse sur son chemin son père, qui le
chargeait de malédictions; alors il adopta pour
père un homme pauvre et du dernier rang; il le
prit pour son compagnon, et le pria toutes les fois
que son père le maudirait, de vouloir bien le bénir
et faire sur lui le signe de la croix. Un jour donc,
qu'il était maudit par son père et béni par le
pauvre, il dit au premier : « Je crois, mon père,
que Dieu peut me donner et m'a donné un autre
père qui pour vos malédictions me comble de bénédictions. »

IX

Bernard de Quintavalle, d'un rang distingué parmi les principaux habitants d'Assise, et le premier
entre les compagnons de l'homme bienheureux
qui, touché de sa sainteté merveilleuse, s'atta-

cha à lui et abandonna le monde, Bernard, dis-je, lui dit : « Mon Père, si un homme avait durant plusieurs années reçu du Seigneur des biens considérables ou médiocres, et qu'ensuite il ne voulût plus s'en servir, quel serait à votre avis le meilleur usage à faire de ces biens ? — Il devrait, répondit-il, les rendre au Seigneur, de qui il les a reçus. » Par ces paroles, il lui donnait à entendre que, sur le point de renoncer au monde, il devait distribuer aux pauvres les biens qu'il avait reçus de Dieu.

X

Notre saint Père admirait singulièrement la sainteté et la simplicité du bienheureux Junipère, un de ses disciples, et, faisant allusion à son nom, il disait un jour à ceux qui l'entouraient : « Plût à Dieu, mes frères, que nous eussions une grande forêt d'un tel genévrier (1)! En vérité je vous le dis, celui-là est un bon frère Mineur, qui est arrivé à la simplicité du frère Junipère. »

X I

Interrogé pourquoi il réprimait les appétits sensuels avec une rigueur telle, que c'est à peine s'il accordait à la nature ce qui était nécessaire à la

(1) *Juniperus*, genévrier.

sustenter : « Il est difficile, répondit-il, de satisfaire aux besoins du corps sans se laisser entraîner
à obéir à l'exigence des sens. »

XII

Aux premiers temps de sa conversion, il se
plongeait souvent, durant l'hiver, dans des fosses
pleines d'une eau glacée, afin de soumettre entièrement l'ennemi qu'il portait avec lui, et de préserver des feux de la volupté le vêtement délicat
de sa chasteté. Il dit à ses compagnons, comme pour
leur expliquer la cause d'une telle conduite : « Il
est sans comparaison plus tolérable à un homme
spirituel d'endurer un grand froid en sa chair, que
de ressentir, même faiblement, en son âme les ardeurs de la concupiscence. »

XIII

Un jour, après un discours trompeur et une suggestion perfide du démon, pressentant une grave
tentation de la chair, il se dépouilla de ses vêtements, saisit une corde et en frappa rudement son
corps en lui disant : « Allons, frère âne, voilà en
quel état tu mérites de rester, voilà le traitement
qui te convient. Le vêtement que tu portes est utile
à la religion, il est un signe de sainteté, et il n'est

pas permis de l'usurper à celui qui aime les plaisirs des sens. Va donc maintenant en cet état où bon te semblera. »

XIV

Il disait à ceux qui l'invitaient à manger : « Je ne veux point renoncer à ma dignité de roi, à mon héritage, à ma profession et à celle de mes frères, qui consiste à aller demander l'aumône de porte en porte. »

XV

Il chassa un jour de l'assemblée des frères un religieux oisif, errant çà et là et vivant du travail des autres, et lui dit : « Va-t'en donc dans une voie conforme à tes goûts, frère mouche, puisque tu veux manger le travail de tes frères et vivre en fainéant dans les œuvres de Dieu, semblable à la guêpe, abeille oisive et stérile, qui n'opère ni ne travaille, mais dévore ce que les bonnes abeilles ont ramassé au prix de grandes fatigues. »

XVI

Ayant trouvé un frère accoutumé à se répandre en vaines conversations, il le reprit sévèrement en lui disant : « Un silence modeste est le rempart d'un cœur pur, il tient un rang distingué entre les grandes vertus; car la mort et la vie sont en la puissance de la langue, non en tant qu'elle est l'instrument du goût, mais de la parole. »

XVII

Entendant un jour un frère dénigrer la réputation d'un autre, il dit à son vicaire : « Allez vite, et examinez soigneusement cette affaire. Si le frère accusé est innocent, faites à son accusateur une correction si sévère qu'elle soit de nature à impressionner les autres frères. De graves dangers menacent la religion, si l'on ne s'oppose soigneusement aux détracteurs; la bonne odeur d'un grand nombre se changera bien vite en une odeur de mort, si l'on ne ferme les bouches empoisonnées. Apportez, je l'exige, un soin suprême pour que cette maladie pestilentielle n'étende pas plus loin ses ravages. Le frère qui aura ravi à son frère la gloire de sa renommée doit être dépouillée de son habit, et il ne pourra lever ses yeux vers Dieu avant d'avoir rendu ce qu'il a volé. »

XVIII

Il reprit un de ses religieux qui marchait la tête baissée et avec un air triste, en lui disant :

« Quand même vous vous repentiriez de vos péchés, mon frère, pourquoi montrer extérieurement votre douleur? Que cette tristesse soit seulement entre vous et Dieu; priez-le de vous pardonner par sa miséricorde et de rendre à votre âme la joie de son salut dont elle a été privée par le péché. Mais devant moi et devant les autres, montrez-vous toujours joyeux, car il ne convient pas à un serviteur de Dieu de faire paraître de la tristesse au dehors et d'avoir un visage empreint de trouble. »

XIX

Par ordre de ce saint homme, le bienheureux Léon, son compagnon inséparable, l'accabla, bien contre son gré, de beaucoup d'injures, lui donnant le nom de voleur, blasphémateur, adultère, homicide et autres noms de la même espèce. En l'entendant parler ainsi, notre bienheureux Père supporta tout avec la plus grande patience, et il gémit sur lui-même à cause de tous ces crimes. Son compagnon lui ayant demandé dans la suite pourquoi il l'avait forcé à dire tant et de si dures mensonges contre un homme innocent, à qui rien de semblable ne pouvait convenir, il répondit : « Vous n'avez menti en rien, car je suis le plus grand des pécheurs; j'étais tout cela et je serais devenu pire, si la miséricorde divine ne m'eût par sa grâce préservé de ces maux. Si elle avait accordé au dernier des voleurs la même grâce qu'à moi, celui-ci en aurait fait un bien meilleur usage et serait devenu plus saint que moi. »

XX

Étant en voyage pour la province de France avec le bienheureux frère Massé, ils trouvèrent dans un lieu solitaire une fontaine très-limpide sur le bord de laquelle était une grande et large pierre en forme de table. Ils placèrent dessus les morceaux de pain qu'ils avaient recueillis en mendiant de porte en porte dans un village, et notre bienheureux Père, plein de joie et d'allégresse au milieu d'une telle pauvreté, dit : « Nous ne sommes pas dignes d'un si grand trésor. » Comme il répétait les mêmes paroles à diverses reprises, son compagnon lui dit : « Comment peut-on parler d'un grand trésor là où la pauvreté se fait sentir si rigoureuse? Où sont les serviteurs et les servantes? où sont les verres, les coupes, les vins précieux, les mets recherchés à placer sur cette table de pierre?

— Mais je regarde ce que nous avons comme un trésor, reprit le Père; j'estime comme bien précieuse cette table où rien n'a été préparé par l'industrie des hommes, où rien n'a été disposé par le génie du monde, où tout ce que nous trouvons a été fourni par la Providence divine. »

XXI

L'évêque d'Assise lui disait qu'il lui semblait trop dur et trop rigoureux que la religion des frères Mineurs n'eût et ne consentît à avoir aucune possession. Il lui répondit : « Pour moi, il me semble au contraire pénible et rigoureux de posséder ; car pour défendre et conserver ses possessions, il faut une grande sollicitude ; pour arrêter les discussions et les procès auxquels elles donnent lieu, il est souvent nécessaire de recourir aux armes. »

XXII

Un homme lui ayant demandé l'habit de l'Ordre, il lui ordonna de distribuer ses biens aux pauvres. Celui-ci les partagea à ses proches et à ses parents, et revint vers notre Père bienheureux, à qui il raconta ce qu'il avait fait ; mais François le repoussa en disant : « Allez, frère mouche, vous n'êtes pas encore sorti de votre famille ni de la maison de votre père. Il n'est pas digne de se joindre aux pauvres de Jésus-Christ, celui qui a frustré les pauvres. Vous avez commencé par la chair et donné à votre édifice spirituel un fondement ruineux ; retournez d'où vous êtes venu. »

XXIII

Lorsqu'il se disposait à s'en aller en France pour y prêcher, interrogé par Ugolin, cardinal d'Ostie, lequel fut dans la suite élevé au souverain pontificat, pourquoi il ne demeurait pas auprès de lui à la cour romaine, ce que le cardinal désirait extrêmement : « Monseigneur, lui répondit le saint, je me couvrirais de honte et de confusion, si, après avoir envoyé mes frères et mes enfants juqu'aux extrémités du monde, je demeurais ici; il faut que j'aie ma part des tribulations qu'ils sont appelés à souffrir pour la cause de Dieu. »

XXIV

Il enseigna à ses frères certaines formules de salutations courtes et saintes comme celle-ci : *Que le Seigneur vous donne la paix!* Plusieurs d'entre eux s'en inquiétant et craignant, il leur dit : « Laissez les hommes penser de ces paroles saintes ce qu'ils voudront, ils ne comprennent pas les choses de Dieu; mais pour vous, gardez-vous d'en rougir; car encore un peu de temps, et des guerriers et des princes vous témoigneront un grand respect à cause d'un tel salut. »

XXV

Le souverain pontife Honorius III engageait notre bienheureux Père à recevoir des biens et à accepter des legs ; il lui prédisait de graves peines à souffrir s'il voulait vivre seulement d'aumônes. Il lui répondit : « J'ai la confiance que le Seigneur Jésus, qui nous a promis et doit nous donner dans le ciel la vie éternelle et une gloire sans fin, ne voudra pas nous retirer sur cette terre le peu dont nous avons besoin pour nourrir et vêtir notre corps. »

XXVI

L'homme de Dieu eut bien souvent à soutenir dans l'oraison de rudes attaques de la part des démons ; mais, muni d'armes célestes, plus il était attaqué violemment par ses ennemis, plus il sentait son courage s'accroître et sa ferveur dans la prière redoubler. Il disait avec confiance à Jésus-Christ : *Protégez-moi à l'ombre de vos ailes, contre les efforts des impies qui m'ont affligé.* » Puis, s'a·dressant aux démons : « Esprits pervers et trompeurs, leur criait-il, usez de tout votre pouvoir contre moi. Vous n'avez de puissance qu'autant qu'il plaira à la main du Seigneur de vous en ac-

corder, et moi je suis prêt à souffrir avec joie tout
ce qu'il aura résolu de m'envoyer. »

XXVII

Un jour, après avoir terminé ses prières dans l'é-
glise Saint-Pierre de Bonario, il voulut se reposer un
peu, sans pouvoir y parvenir ; son esprit commença
à être saisi de crainte et sa chair à ressentir des suggestions impures. Ressentant quelque trouble à la
vue de cette guerre dangereuse, il sortit de l'é-
glise et cria à haute voix : « De la part du Dieu
tout-puissant, je vous invite, ô démons, à exercer
contre mon corps tout ce que Jésus-Christ vous a
permis et accordé, vous me vengerez ainsi d'un
ennemi cruel, d'un adversaire si méchant que je
ne connais pas son pareil. »

XXVIII

Il pensait qu'il ne devait en aucune façon répandre au dehors les secrets de la sagesse divine
que Dieu lui découvrait dans sa miséricorde, si la
charité de Jésus-Christ ou l'utilité du prochain ne
l'y obligeait ; « car, disait-il, pour l'avantage médiocre d'une vaine gloire ou d'un honneur frivole,
on perd un trésor inestimable, et celui qui l'a
donné ne se montre plus aussi facile à l'accorder
de nouveau. »

XXIX

Il avait fabriqué un petit vase de bois, pour ne point laisser sans occupation les moments les plus légers de son temps. Un jour, qu'il récitait les heures canoniales, ce vase lui revint en la pensée et lui causa quelque distraction. Alors, poussé par l'ardeur de sa piété, il jeta le vase au feu en disant : « Je sacrifierai au Seigneur celui dont la pensée a été un obstacle à mon sacrifice. »

XXX

Un religieux venant de la cellule où notre Père bienheureux avait coutume d'habiter, il lui demanda d'où il venait. Celui-ci lui ayant répondu : « De votre cellule, mon Père. » Il lui dit aussitôt : « Vous appelez *mienne* une cellule que je n'ai point considérée comme telle ; car je ne dois habiter qu'une cellule étrangère, moi qui ai promis de ne rien avoir en propre. »

XXXI

Son médecin lui conseillait de mettre un terme à ses larmes, s'il ne voulait devenir totalement aveugle : « Mon frère le médecin, lui répondit-il, nous ne devons pas repousser, même légèrement, les rayons de la lumière éternelle par amour pour une lumière qui nous est commune avec les mouches; car l'esprit n'a pas reçu à cause de la chair, mais la chair à cause de l'esprit, le bienfait de la lumière. »

XXXII

Interrogé par un frère, qui désirait savoir quel livre serait le plus avantageux à son avancement spirituel, il répondit : « Exercez-vous à lire le livre de la Croix; ne vous adonnez pas à la science mondaine et curieuse; bienheureux celúi qui se sera abstenu d'une telle science à cause de Dieu. »

XXXIII

Certains frères l'avertissaient et le priaient d'obtenir des priviléges du souverain Pontife, afin de donner à sa religion plus de garantie et plus d'autorité; il leur dit : « Mon privilége et celui de mes frères est de n'avoir aucun privilége sur la terre, mais d'obéir à tous, et de nous regarder comme les derniers de tous. »

XXXIV

Il lui arriva une fois, accablé par la maladie, de

se relâcher un peu des rigueurs de son abstinence, et de manger de la viande. Se blâmant ensuite d'une telle chose, il dit : « Il n'est pas juste que le peuple me considère comme un homme pénitent, lorsque dans le secret je m'occupe à nourrir soigneusement mon corps. » Lorsqu'il eut donc commencé à reprendre ses forces, il s'avança vers la place publique avec une ferveur plus admirable qu'imitable, dépouillé de ses principaux vêtements, la corde au cou, et il dit au peuple assemblé en foule : « J'ai mangé de la viande en secret; ne m'appelez donc plus désormais, mes frères, un homme spirituel, mais méprisez-moi comme un homme charnel et un glouton. »

XXXV

Plusieurs le déclaraient bienheureux et l'appelaient saint; il leur dit : « Je puis encore tomber en toutes sortes de désordres; gardez-vous de me louer tant que vous ne me verrez pas à l'abri de tout danger. Celui dont la fin est incertaine n'a aucun droit à recevoir des louanges. A l'heure où il plairait à Dieu de m'enlever le trésor de sa grâce, que resterait-il autre chose en moi qu'un corps et une âme communs aux fidèles et aux infidèles? »

XXXVI

Sa chair innocente, qui, après une pénitence si

longue et si dure, était parfaitement soumise à l'esprit, n'avait plus besoin d'être châtiée à cause de ses offenses; cependant il la soumettait chaque jour à de nouvelles peines et à de nouveaux fardeaux. Quelques-uns l'en reprenaient, il leur dit : « C'est à cause des autres que je continue à tenir des voies pénibles, car j'ai été établi pour servir d'exemple à plusieurs. Quand je parlerais le langage des anges et des hommes, si je n'ai pas la charité en mon cœur et si je ne donne pas à mes frères des exemples de vertu, je suis de peu d'utilité pour les autres et d'aucune pour moi-même. »

XXXVII

L'homme de Dieu, passant proche de Bari, dans la Pouille, son compagnon se heurta contre une grosse bourse qui paraissait remplie d'argent, et du genre de celles qu'on appelle *sac* dans le langage accoutumé de cette province. Le bienheureux Père conseilla de la mépriser et de la laisser là. Mais son compagnon la ramassa contre son avis, et aussitôt un énorme serpent s'en échappa et s'évanouit avec elle. Le frère, ayant éprouvé par lui-même la ruse du démon, que notre bienheureux Père avait vue de prime abord, cet homme de Dieu lui dit : « L'argent, pour les serviteurs de

Dieu, n'est rien autre chose, ô mon frère, que le démon et un serpent dangereux. »

XXXVIII

Il lui arriva de rencontrer sur le chemin un pauvre dont la nudité le frappa d'étonnement. Le cœur brisé d'amertume, il dit en pleurant à son compagnon : « La misère de cet homme nous couvre d'une grande confusion ; nous avons choisi la pauvreté comme un grand trésor, et voilà qu'elle brille avec plus d'éclat en cet homme qu'en nous. »

XXXIX

Il lui arriva une fois, en revenant de Sienne, de rencontrer un pauvre presque nu ; se tournant vers son compagnon, il lui dit : « Il nous faut, mon frère, rendre à ce pauvre le manteau que je porte par-dessus mon habit, car il lui appartient. Nous l'avons reçu à titre de prêt, jusqu'à ce que nous trouvions un plus pauvre à qui le donner. » Comme le frère, qui connaissait le besoin de son saint Père, s'y opposait, il lui dit : « Je regarde comme un vol, dont le donateur suprême me demandera compte, de ne pas donner ce que je porte à celui qui est plus pauvre que moi. »

XL

Il exhortait souvent ses frères à éviter les courses sans objet, à ne pas demander l'aumône avec trop de sollicitude, et à avoir en horreur tout ce qui est superflu. « Mes frères, leur disait-il, demandez seulement les choses nécessaires à votre nourriture et votre vêtement. Pour moi j'avoue, et j'en rends grâces à Dieu, que je n'ai jamais été un ravisseur d'aumônes ; j'ai toujours reçu au-dessous de mes besoins, pour ne point frauder les autres pauvres de leur portion, et j'ai toujours regardé comme un vol de faire le contraire. »

XLI

Il pria un jour le frère Pierre de Catane, alors primicier des religieux, de donner quelque chose à une vieille femme, mère de deux frères, et qui lui demandait l'aumône. Celui-ci lui ayant répondu qu'il n'y avait plus rien à la maison qu'on pût donner, mais qu'à l'église il y avait un Nouveau Testament dont les frères se servaient pour réciter les leçons de l'office de la nuit : « Eh bien, dit-il, donnez-le à notre mère (il appelait ainsi les mères de ses religieux), afin qu'elle le vende pour subvenir à ses besoins, car je crois fermement que nous serons plus agréables à Dieu et à la Vierge bienheureuse en donnant ce livre à un pauvre qu'en le réservant pour nos lectures. »

XLII

Dans les premiers temps de sa conversion, alors qu'il n'avait pas encore déposé l'habit séculier, il s'accusait de s'être montré libéral à l'excès envers les hommes dans un but de gloire mondaine, et il se proposait fermement à l'avenir de consacrer aux besoins des pauvres tout ce qui lui resterait. « Il est juste, disait-il, que l'homme à qui aucune dépense n'a coûté, et qui s'est montré si empressé à obliger ses amis afin d'acquérir la gloire frivole du monde et sa faveur passagère, il est juste que cet homme fasse preuve de la même libéralité envers les pauvres à cause de Dieu, qui est, lui, un rémunérateur si libéral. »

XLIII

A l'arrivée d'un ministre provincial, les frères du couvent de Riéti avaient préparé la table mieux que de coutume, et le jour de la Nativité de Jésus-Christ ils avaient servi avec un peu plus d'abondance; il les en reprit sévèrement, et leur dit : « Quoi! au jour où Jésus-Christ naît pauvre, vous vous éloignez de la pauvreté! Souvenez-vous qu'en ce jour la Vierge bienheureuse a eu à peine un morceau de pain à manger, et que le Maître du monde a trouvé pour berceau une crèche servant à des animaux. Imitez la pauvreté de la Mère, et souvenez-vous des soupirs de l'Enfant. »

XLIV

Après la mort du bienheureux Pierre de Catane, les populations accouraient en foule de toutes parts, à cause de sa sainteté et de ses fréquents miracles, à son tombeau, placé dans l'église Sainte-Marie-des-Anges, ce qui incommodait les frères et troublait le silence de la communauté. Le bienheureux Père s'approcha du tombeau, et, se tenant contre, il dit : « Frère Pierre, après m'avoir témoigné une obéissance si prompte pendant votre vie, vous ne refuserez pas de vous soumettre humblement à moi après votre mort. La paix religieuse de vos frères est troublée à cause de vous par ce va-et-vient de personnes si nombreuses et de tout rang, qui rendent à votre corps l'hommage dont il est digne. Je vous enjoins donc au nom de la sainte obéissance de ne plus faire de miracles à l'avenir, de peur que ce qui a pour but l'honneur de Dieu et des saints ne tourne au détriment trop manifeste de cette maison religieuse. » Chose admirable! le défunt ne fit aucun miracle dans la suite, et le concours du peuple à son tombeau cessa entièrement.

XLV

Le bienheureux frère Égidius, le troisième compagnon de notre saint Père, lui demandait un jour s'il y avait au monde quelque chose de si terrible qu'un homme ne pût en soutenir la vue seulement le temps voulu pour réciter l'Oraison dominicale. Il répondit : « L'aspect du démon est si intolérable, qu'on ne saurait imaginer rien de plus terrible ni de plus repoussant au monde, et nul homme ne saurait le soutenir même un seul instant, s'il n'était assisté du secours de Dieu. »

XLVI

François était tombé malade à Nocera de la grave maladie dont il mourut ; les habitants d'Assise, ne voulant pas que d'autres qu'eux-mêmes reçussent son dernier soupir, lui avaient envoyé les hommes les plus considérables et les plus distingués de leur ville afin de l'y ramener. A leur retour, ils s'arrêtèrent pendant quelque temps dans le village de Sarziano, où ils ne trouvèrent rien à acheter pour leur repas. Comme ils s'en plaignaient à l'homme de Dieu, il les reprit en leur disant : « Vous n'avez rien trouvé à manger, parce que

vous avez mis plus de confiance en vos mouches
(c'est ainsi qu'il appelait leurs pièces d'argent)
que dans le Seigneur. Mais allez de nouveau par
les maisons que vous avez déjà parcourues, et demandez humblement l'aumône en offrant pour
tout paiement l'amour de Dieu. » Ils se soumirent
avec humilité à l'ordre du saint Père, et il arriva que
la pauvreté opulente de François pourvut à leurs
besoins, que tout leur argent n'avait pu soulager.

XLVII

Peu de jours avant sa mort, il demanda au médecin ce qu'il pensait de sa maladie. Comme il
hésitait à répondre, le bienheureux Père lui dit
avec un esprit joyeux et exempt de toute crainte :
« Par la miséricorde de Dieu, votre réponse sera
toujours bonne ; exposez sans détour ce que vous
pensez. Ne craignez point, par la grâce de Dieu je
ne suis point assez lâche pour redouter la mort.
Avec l'aide de l'Esprit-Saint, je suis uni de telle
sorte à mon Seigneur, que je ne m'attristerai pas
de mourir, et n'éprouverai pas davantage de joie
en apprenant la prolongation de mes jours ; ma
joie sera égale dans la vie et dans la mort. »

XLVIII

Comme dans cette dernière maladie l'aiguillon

de ses nombreuses douleurs se faisait sentir avec une violence inaccoutumée, un frère, homme pieux et d'une grande simplicité, lui dit, touché de compassion : « Priez Dieu d'agir plus doucement à votre égard ; il semble appesantir sur vous sa main outre mesure. » Le saint homme, en entendant cette parole, poussa un profond soupir et s'écria : « Si depuis longtemps je ne connaissais la droiture de votre simplicité, j'aurais dès ce moment votre présence en horreur, vous qui osez blâmer la conduite de Dieu à mon égard ; je mérite bien d'autres tourments, et j'en souffrirai volontiers un plus grand nombre, si c'est le bon plaisir de Dieu.

XLIX

Au milieu des longues souffrances dont il était accablé, interrogé par quelqu'un pourquoi il ne se faisait pas faire de temps à autre quelque lecture pour adoucir ses douleurs et relever un peu son esprit languissant, il répondit : « Rien ne me réjouit comme le souvenir de la vie et de la Passion de Jésus-Christ ; tous les jours j'en fais constamment l'objet de mes méditations, et, quand je vivrais jusqu'à la fin du monde, je n'aurais pas besoin d'une autre lecture. »

L

Dans un bourg, on rendait au saint homme beaucoup d'honneurs ; il dit à son compagnon : « Allons-
nous-en d'ici ; nous n'avons rien à gagner là où
l'on nous honore ; notre gain se trouve aux
lieux où l'on nous blâme et l'on nous méprise. »

LI

Un de ses frères lui dit qu'une personne possédée du démon avait déclaré malgré elle, que
des troupes nombreuses de démons avaient conspiré contre lui, afin de le faire déchoir de sa vertu
et du degré où il s'était placé, parce qu'ils le reconnaissaient pour leur ennemi le plus avéré. Il répondit sans crainte : « C'est bien, je me sens plus
fort maintenant. »

LII

Lorsqu'il prêchait en Égypte, le sultan lui dit
d'engager une discussion sur la foi avec ses prêtres. Il lui répondit qu'il ne pouvait disputer de la
foi avec les seules lumières de la raison naturelle,
parce que la foi est au-dessus de la raison ; ni en
ayant recours à l'Écriture, parce que ses prêtres
n'en admettaient pas l'autorité. « Faites allumer

un grand feu, ajouta-t-il, et je me livrerai aux
flammes ardentes en témoignage de ma foi; si
elles ne me font aucun mal, alors vous reconnaîtrez la vérité de cette foi. »

LIII

Il était en proie à une grande faiblesse d'estomac, et son gardien lui conseillait de laisser
coudre sous sa pauvre tunique une peau de renard. Il répondit qu'il y consentait, mais à la
condition qu'on en coudrait une autre de la même
grandeur par-dessus, afin de faire connaître à tous
celle qui serait cachée. Il voulait que tous sussent
le petit adoucissement qu'il se permettait, et que
sous son habit grossier était cachée une peau
capable de le soulager.

LIV

Un jeune frère sans expérience lui avait demandé la permission de garder près de lui un
Psautier; après l'avoir refusé plusieurs fois, il le
congédia enfin en lui disant : « Mon fils, quand
vous aurez obtenu le Psautier, vous désirerez
aussi un Bréviaire et d'autres livres pour apprendre ; puis, quand vous aurez appris, vous voudrez
vous asseoir dans une chaire comme un grand théologien et un prélat, et alors vous commanderez à

votre frère de vous apporter le Bréviaire. » Après avoir parlé ainsi, l'âme tout enflammée, il se couvrit plusieurs fois la tête de cendres en disant : « A moi le Bréviaire ! à moi le Bréviaire ! »

LV

Un jour il fut battu par les démons et eut à supporter de leur part divers mauvais traitements ; sans se laisser abattre en aucune manière, il s'écria avec une ferveur extrême : « O Seigneur, je vous rends grâces de votre immense amour et de la charité que vous me témoignez aujourd'hui d'une façon si évidente ; vous châtiez mes fautes en cette vie, afin de me pardonner dans l'autre. Quant à moi, je suis prêt de grand cœur à soutenir avec joie toutes les tribulations et les peines qu'il plaira à votre divine majesté de m'infliger à cause de mes péchés. »

LVI

Interrogé comment il supportait les douleurs si graves dont il avait à souffrir dans ses yeux et tout son corps, avec un esprit si joyeux et si plein de courage, il répondit : « La gloire que j'attends est telle, que toute peine, toute maladie, toute humiliation, toute persécution, toute mortification devient pour moi une cause de joie. »

COLLOQUES FAMILIERS

DU BIENHEUREUX FRANÇOIS [1]

I

Une fois notre bienheureux Père, étant venu à Imola, alla trouver l'évêque de la ville, et lui demanda humblement de vouloir bien lui permettre de réunir le peuple pour lui annoncer la parole de Dieu. L'évêque lui répondit durement : « Je suis bon, mon frère, pour prêcher moi-même mon peuple. » Alors cet homme vraiment humble inclina la tête et sortit. Mais bientôt après il revint. L'évêque, tout mécontent, lui ayant demandé ce qu'il voulait encore, François répondit avec une humilité parfaite de cœur et de parole : « Seigneur, quand un père chasse son enfant par une porte, celui-ci tâche de rentrer par une autre. » Vaincu par une humilité si profonde, l'évêque l'embrassa avec joie, et lui dit : « A l'avenir vous

---

[1] J'ai distingué sous ce titre les sentences suivantes de celles qui précèdent, parce qu'elles dépassent la brièveté ordinaire des maximes, et que le saint les avait prononcées presque toutes dans ses entretiens familiers avec ses amis. (NOTE DE L'ÉDITEUR.)

pouvez, vous et vos frères, prêcher dans tout mon évêché, je vous en donne la permission générale ; c'est votre sainte humilité qui vous la mérite. »

II

Une fois, la misère était si grande à Sainte-Marie-de-la-Portioncule, qu'il était devenu impossible de pourvoir aux besoins des hôtes qui survenaient. Le vicaire du saint alla le trouver, lui représenta la détresse où se trouvaient les frères, et le pria de permettre qu'on réservât quelque chose du bien des novices qui entraient dans l'Ordre, afin de pouvoir y recourir en temps opportun. Le saint, instruit des desseins du Ciel, lui répondit : « Loin de nous, mon frère bien-aimé, d'agir contre la règle, et de nous rendre coupables en considération d'un homme, quel qu'il soit. J'aime mieux dépouiller l'autel de la Vierge, lorsque le besoin le demandera, que de jamais entreprendre la moindre chose contraire au vœu de pauvreté et à l'obéissance de l'Évangile. La Vierge bienheureuse aura plus agréable de nous voir enlever les ornements de son autel pour observer parfaitement les conseils évangéliques, que de le voir orné au détriment des promesses faites à son fils. »

III

Le même vicaire du saint, Pierre de Catane, avait fait élever une petite maison dans des conditions plus commodes pour célébrer l'office divin et procurer aux frères étrangers, qui arrivaient chaque jour en grand nombre, plus de calme et de repos. Le bienheureux Père lui dit, comme s'il eût été un peu fâché contre lui : « Mon frère, ce lieu doit servir de modèle et d'exemple à tout l'Ordre. J'aimerais donc mieux que les habitants de cette petite demeure supportassent des tribulations et quelques incommodités pour l'amour de Dieu, afin que ceux qui viennent ici en remportent le bon exemple de la pauvreté, que de vous voir élever plusieurs corps de bâtiments. Je crains que nos hôtes, retournant à leur monastère, ne se mettent à bâtir de grandes maisons en disant : « Au couvent de la bienheureuse Marie-de-la-Por- « tioncule, qui est le premier et le chef de tout « l'Ordre, il y a des constructions plus nom- « breuses ; nous ne manquons en rien à la pau- « vreté, si à son exemple nous faisons dans nos « couvents ce que nous avons vu en ce lieu. »

IV

A Terni, il fit au peuple, en présence de l'évêque, un discours qui sembla à ce prélat si plein d'éloquence, de doctrine et de sens profond, que, quand l'humble prédicateur fut descendu de chaire, il y monta à son tour, et dit au peuple : « Louez grandement le Seigneur, qui vous a, par la bouche de ce pauvre sans apparence, enseigné tant de bonnes choses, révélé ses mystères, fait connaître la récompense attachée aux vertus et les peines réservées aux péchés. Tenez- vous en garde contre le péché, car le Seigneur lui-même vous a montré aujourd'hui par son pauvre ce que vous devez faire et ce que vous devez éviter. »

Alors le bienheureux Père, se jetant aux pieds du prélat, lui dit : « En vérité, je vous le dis, seigneur évêque, jamais un homme ne m'a fait autant d'honneur que vous m'en faites aujourd'hui. Les uns me proclament saint, les autres bienheureux, quand j'accomplis les œuvres de Dieu; ils accordent à moi-même et non à Dieu l'honneur et la gloire; mais vous aujourd'hui vous m'avez honoré réellement par votre sagesse en rapportant à Dieu la louange et la gloire qui lui appartiennent; vous avez séparé ce qui était précieux de ce qui était vil, en atttribuant à Dieu la sagesse et la vertu, et à moi l'ignorance et le néant. »

V

Le cardinal Ugolin d'Ostie, cédant aux suggestions de certains frères qui désiraient une vie plus large, pria notre bienheureux Père d'acquiescer aux conseils de quelques religieux doctes et prudents de l'Ordre relativement à la mitigation de la règle, ou bien de choisir, pour lui et ses frères, une des règles antiques, soit de saint Augustin, soit de saint Basile, ou de saint Benoît. Ce zélateur de la perfection évangélique ne lui fit aucune réponse ; mais, ayant convoqué ses frères en chapitre, il leur dit avec une grande ferveur d'esprit, en présence du même cardinal : « Mes frères, mes frères, le Seigneur m'a appelé par la voie de la simplicité et de l'humilité, et il m'a montré cette voie pleine de vertus, tant pour moi que pour ceux qui veulent s'attacher à moi et marcher sur mes traces. Je ne veux donc pas que vous me proposiez à observer la règle de saint Benoît, de saint Basile où de tout autre ; je m'attache à celle que la divine miséricorde m'a fait connaître et donnée. Le Seigneur lui-même m'a dit qu'il voulait que je fusse son fou en ce monde, et qu'il n'entendait conduire ni les miens ni moi à la céleste patrie par une voie autre que cette voie, qui semble aux hommes une folie, et passe cependant aux yeux de Dieu pour la sagesse par excellence. Pour vous, je crains que votre sagesse et votre science ne se changent par la suite en ignorance et en confusion. » Ces paroles imprimèrent une si grande crainte au cardinal et aux frères, qu'ils se jetèrent à ses pieds, et le conjurèrent humblement de leur pardonner leur demande.

VI

Invité à dîner par le même cardinal Ugolin, il accepta; mais tandis qu'on préparait la table, il sortit en secret, et s'en alla de porte en porte mendier quelques petits morceaux de pain. Étant de retour et à la table du cardinal, il les présenta et les partagea entre les assistants et les personnes présentes comme s'il leur eût offert un mets excellent. Il en mangea lui-même plus volontiers que des viandes les mieux apprêtées. A toutes ces choses, le noble hôte, couvert d'une confusion à peine contenue, à cause des invités, garda le silence. Mais quand la table fut enlevée, prenant à part celui qu'il n'avait osé reprendre devant tout le monde, il ne craignit pas de lui dire en toute simplicité : « Pourquoi, je vous prie, vous êtes-vous permis pareille chose? Vous m'avez fait une grave injure, vous avez déshonoré la table à laquelle je vous ai invité en y présentant ces morceaux de pain ramassés çà et là. Certainement je rougis de vous avoir vu agir de la sorte. »

Notre bienheureux Père lui répondit : « Loin de là, Monseigneur; je vous ai singulièrement honoré en honorant un Seigneur plus grand que vous. Je dois être le modèle et l'exemple de mes frères, et cela d'autant plus qu'il y en a et il y en aura beaucoup, je le sais de science certaine, qui seront frères Mineurs de nom et d'œuvre; par l'amour de Dieu Notre-Seigneur et l'onction de l'Esprit-Saint, qui les instruira, ils s'humilieront en toutes choses avec une humilité parfaite, s'abaisseront et se feront les serviteurs de leurs frères. Mais il y en a et il y en aura d'autres qui, par honte ou par habitude mauvaise, auront de la peine à s'humilier et ne voudront pas s'abaisser à aller demander l'aumône ou à faire d'autres œuvres de ce genre. Il faut donc que j'enseigne ceux qui sont et seront dans la religion, afin qu'en ce monde et en l'autre ils soient inexcusables devant Dieu. Invité chez vous et chez d'autres grands personnages, je ne veux pas rougir d'aller demander l'aumône; bien plus je regarde cet usage comme un usage noble, je le juge un usage royal, qui tourne à l'honneur de Celui qui, étant le Seigneur de toutes choses, a voulu devenir notre esclave à tous, s'est montré, alors qu'il ne manquait de rien dans sa majesté glorieuse, un objet d'opprobre dans notre humanité et s'est soumis à une pauvreté complète. Je veux donc que mes frères présents et à venir sachent bien que je regarde comme une grande consolation du corps et de l'âme d'être assis à la table des pauvres, et que j'éprouve une plus grande joie en voyant placés devant moi sur une table les pauvres petits morceaux recueillis en demandant l'aumône de porte en porte pour l'amour de Dieu, que d'être invité à prendre part, à votre table ou à celle des autres, à des mets recherchés; je veux qu'ils sachent que je m'assois à cette dernière table avec peine. Le pain de l'aumône est un pain saint et béni, la louange et l'amour du Tout-Puissant le sanctifient. Lorsqu'un frère demande l'aumône, il commence par dire : « Loué et béni soit le Seigneur notre Dieu; » puis il ajoute : « Faites-nous l'aumône pour l'amour du Seigneur notre Dieu. » La louange sanctifie ce pain, et l'amour du Seigneur le bénit. »

A ces paroles, fondant en larmes de dévotion, le cardinal lui dit : « Mon fils, mon fils, faites ce qui vous semble bon; le Seigneur est avec vous, et vous êtes avec lui. »

VII

Le même cardinal demandait à notre bienheureux Père s'il aurait pour agréable que ses frères fussent élevés aux dignités ecclésiastiques; selon lui, l'Église universelle retirerait de grands avantages si elle confiait ses charges les plus distinguées à des hommes remarquables par une si grande sainteté et ornés de l'éclat de toutes les vertus. « Seigneur, dit l'homme de Dieu, mes frères ont reçu le nom de Mineurs, afin qu'ils n'aspirent jamais à devenir grands. Si vous voulez

qu'ils produisent des fruits, maintenez-les et con-
servez-les dans l'état de leur vocation, et ne les
faites jamais monter aux dignités de l'Église. »

VIII

Un de ses compagnons lui demanda pourquoi il
ne se traitait pas plus doucement, et pourquoi il
accablait de tant de rigueurs et d'abstinences son
pauvre corps, déjà presque éteint par la sévérité
de ses pénitences; puis il le pria de lui permettre
de lui préparer des aliments meilleurs. Cet homme
vraiment pénitent, ce modèle des supérieurs lui
dit: « J'avoue, mon frère, que plusieurs choses sont
nécessaires à mon corps, et que je ne lui fournis
pas toutes celles dont il a besoin; seulement je me
souviens que j'ai été placé par le Seigneur pour
être le modèle et l'exemple d'un grand nombre.
Je ne veux donc pas user d'aliments plus recherchés et plus abondants, mais me contenter d'une
quantité médiocre et de la moindre espèce. Pour
tous les besoins de la vie, je n'aime et ne veux que
ce qui sent la sainte pauvreté; quant aux choses
délicates et recherchées, je les ai en profonde horreur. »

IX

Le souverain pontife Honorius III, qui, la huitième année de son pontificat, confirma par une

bulle la règle des frères Mineurs, trouvait quelques préceptes de cet institut trop durs et trop
lourds à la faiblesse humaine. Il exhorta donc notre
bienheureux Père à adoucir certaines choses, à en
changer quelques autres, et à en retrancher entièrement plusieurs. Le saint législateur lui dit :
« Ce n'est point moi, Père bienheureux, qui ai
placé ces préceptes ou ces choses dans la règle,
mais Jésus-Christ, qui connaît mieux que nous
tout ce qui est utile et nécessaire au salut des
âmes et des frères, au bon état et à la conserva-
tion de cet Ordre; il voit comme présent et à découvert tout ce qui doit arriver dans son Église et
cette religion. Je ne dois donc ni ne puis changer
ou effacer aucune des paroles de Jésus-Christ. »

X

L'homme de Dieu, notre bienheureux Père, et
saint Dominique, patriarche et fondateur illustre
des frères Prêcheurs, se rencontrèrent à Rome.
Ayant traité entre eux et arrêté certaines choses
utiles au salut des âmes, et plusieurs autres rela-
tives au bien et à la paix de l'Église catholique,
ce grand homme, la gloire des frères Prêcheurs,
dit à son compagnon et ami François : « Mon frère
bien-aimé, à cause de l'union intime qui règne
entre nous deux, à cause de mon amour profond
pour vos enfants, afin de rendre indissoluble le

lien de la paix et de la fraternité entre les vôtres et les miens, je voudrais voir les uns et les autres combattre sous l'étendard d'une même religion ; de la sorte, ceux que l'amour inébranlable de leurs pères a unis, ne seraient pas exposés à se séparer par la différence de leur institut et de leur genre de vie. »

François lui répondit avec une humilité souveraine : « Mon frère bien-aimé, ce qui a été fait est l'œuvre de la volonté divine ; par elle il a été arrêté que nous établirions des religions différentes, afin que par la différence de l'une et de l'autre, par la variété de leurs préceptes, par la rigueur des uns et la douceur des autres, il nous fût plus facile de subvenir aux divers besoins de la faiblesse humaine. Ceux à qui un ordre déplaira pourront aimer l'autre ; ceux à qui l'un semblera trop sévère trouveront l'autre plus doux ; ainsi Dieu ne perdra pas des âmes à cause de l'enceinte trop étroite d'une seule religion, il les gagnera au contraire en leur offrant la retraite d'une autre. »

XI

Le bienheureux frère Pacifique, accompagnant l'homme de Dieu en un voyage, priait avec lui, dans l'église Saint-Pierre de Bonario, avec une vive ferveur. Il fut ravi en extase, et, entre plusieurs siéges qu'il vit dans le ciel, il en remarqua un plus élevé, orné de pierres précieuses et environné d'une gloire plus éclatante. Après avoir admiré en lui-même la splendeur de ce trône magnifique, il se mit à penser avec anxiété à qui pouvait être destinée une place semblable. Alors il fut étonné d'entendre une voix lui dire : « Ce trône est la demeure d'un des anges qui sont tombés, et maintenant il est réservé à l'humble François. » Enfin le frère, revenu à lui-même, sortit de l'église à la suite du saint, selon sa coutume.

Dans le chemin, comme ils s'entretenaient de Dieu, le frère, qui se souvenait de sa vision, fut curieux de savoir quel sentiment le saint avait de lui-même. Le serviteur de Jésus-Christ lui répondit : « Je crois être le plus grand des pécheurs. » Et comme le frère soutenait qu'il ne pouvait parler ni juger de la sorte en conscience, il ajouta : « Si Jésus-Christ avait témoigné autant de miséricorde qu'à moi au plus scélérat des hommes, il se serait sans aucun doute rendu plus agréable à ses yeux que je ne l'ai fait. »

XII

Le bienheureux frère Massé, un des disciples du bienheureux Père, à la vue des honneurs dont toutes les populations et les grands environnaient cet homme de Dieu, éprouvait quelque peine en lui-même à admettre qu'il n'en ressentît un peu d'orgueil, et il voulut faire l'épreuve de son humilité. Un jour donc que le saint, sortant d'une forêt où il avait passé plusieurs jours en prière, se trouvait suivi d'une grande multitude, Massé, comme rempli d'étonnement, lui cria à haute voix à trois reprises : « D'où vous vient tout cela, mon Père? » Il lui répondit : « Mais que voulez-vous dire?

— Je demande, reprit le frère, pourquoi tout le monde semble vous vénérer, marcher sur vos pas, vous imiter et vous suivre? Pourquoi tous désirent vous entendre, tous désirent vous voir, tous se hâtent de vous obéir? Vous n'avez en votre corps ni beauté ni apparence, votre habileté et votre science sont assez médiocres, vous n'avez qu'une bien faible noblesse. D'où vient donc que tout le monde vient à vous et s'attache à votre suite? »

Le très-humble serviteur de Dieu, en l'entendant parler ainsi, éleva pendant quelque temps ses yeux au ciel et son esprit vers Dieu; puis, revenant à lui comme d'une extase, il se mit les deux genoux en terre, et élevant de nouveau les yeux au ciel, il rendit grâces au distributeur très-libéral de tout bien, et enfin avec une grande ferveur d'esprit il dit à son disciple : « Voulez-vous savoir d'où tout cela me vient? Voulez-vous, dis-je, savoir d'où tout cela me vient et le savoir d'une manière indubitable? Eh bien! sachez donc

7*

que tout me vient de ces yeux très-saints du Dieu
tout-puissant qui contemplent jusque dans leur
profondeur les bons et les méchants. Ces saints
regards de Dieu n'ont vu sur la terre aucun pécheur plus grand que moi, aucun homme plus
insensé entre tous les hommes, aucune créature
plus vile entre toutes les créatures, et alors ce
Dieu m'a pris lui-même comme un instrument ;
il m'a choisi entre tous pour commencer et accomplir une œuvre admirable en ce monde ; car
le Seigneur fait toujours choix de ce qu'il y a
d'insensé selon le monde pour confondre les sages ;
de ce qu'il y a de vil, de méprisable et de faible,
pour détruire ce qui est fort, pour confondre les
nobles et les grands, afin que la sublimité de la
vertu vienne de Dieu et non de la créature ; afin que
celui qui se glorifie, se glorifie dans le Seigneur,
et qu'à Dieu seul soit la gloire dans tous les
siècles. »

En entendant le maître parler ainsi, le disciple
se jeta à ses pieds, et il connut d'une manière
certaine l'humilité de son esprit par l'humilité de
son langage.

XIII

Lorsque le bienheureux Père eut renoncé à l'office de supérieur général, un frère homme pieux
et simple, attristé de se voir privé, lui et ses

frères, des soins d'un père si illustre, et dépourvu de sa protection, lui parla ainsi d'une voix profondément empreinte de douleur : « O bon Père, si toutefois il nous est permis de vous donner encore le nom de père, vous qui renoncez à avoir soin de vos enfants, vous pouvez juger vous-même de quelle tristesse et de quelle amertume nous sommes accablés, mes frères et moi. Pourquoi donc ceux que vous avez engendrés à Dieu avec un amour si plein de sollicitude, les confiez-vous à nourrir à un autre comme des étrangers? Reprenez de nouveau, je vous en prie, le soin de vos enfants, et perfectionnez en eux l'apprentissage de la vie religieuse, de peur que par le relâchement des autres ne s'attiédisse ce qui était si plein de ferveur sous votre direction vigilante. »

Le bienheureux Père lui répondit : « Mon fils, j'aime mes frères autant que je le puis; je les aimerais de jour en jour davantage comme mes propres enfants, si eux-mêmes s'attachaient à suivre les traces de leur Père et non celles des autres. Jamais je ne pourrai les considérer comme des étrangers, tant qu'il leur plaira de me regarder comme leur Père. Mais parmi les hommes placés à leur tête, plusieurs, en leur proposant les exemples des anciens, leur donnent des conseils différents des miens, les conduisent et les entraînent en d'autres voies, font peu de cas de mes

preceptes et méprisent mes avis les plus salu-
taires. Le résultat et le temps montreront si ce
qu'ils font aujourd'hui est bon ou mauvais. Cependant malheur à ces supérieurs qui me sont
contraires ! je sais clairement qu'ils s'opposent
à la volonté de Dieu, quoique j'use quelquefois
malgré moi de condescendance à leur égard. Ma douleur est grande et mon affliction profonde, mon
frère, quand je vois certains supérieurs s'efforcer,
de leur propre autorité et en vertu d'une science
toute mondaine, de renverser ce que j'ai obtenu
de la miséricorde du Seigneur, au prix de longues
prières et de longues méditations ; quand je les
vois recommander des choses que je juge dignes
de mépris, et dédaigner comme choses vaines et
bonnes à mettre de côté, ce que j'ai ordonné de
garder fidèlement. »

XIV

Après l'assemblée générale d'Assise, où plus de
cinq mille frères s'assemblèrent de toutes les
provinces, il envoya plusieurs de ses religieux
deux à deux dans tout le pays pour y prêcher la
parole de Dieu. Quelques-uns s'en revinrent tout
tristes, se plaignant d'avoir été refusés de plusieurs évêques, et de n'avoir pu prêcher dans
leurs diocèses. « Mon Père, disaient-ils, nous
sommes allés dans les contrées que vous nous avez

assignées, nous avons obéi à vos ordres, mais nous n'avons point satisfait à vos vœux ; ni été d'aucun profit aux peuples selon votre désir. Plusieurs évêques nous ont rejetés de leurs diocèses, et (comme il arrive souvent à des pauvres) ils nous ont chargés d'injures considérables, comme si nous eussions été des étrangers et des hommes suspects. Obtenez donc du souverain Pontife pour nous la permission et le privilége de prêcher en tous lieux malgré l'opposition des évêques. »

Le bienheureux Père, les reprenant avec tendresse, leur répondit : « O mes frères, vous ignorez la volonté de Dieu, et vous voulez follement me ravir la victoire sur le monde. Jésus-Christ Notre-Seigneur veut que je triomphe de ce monde par un abaissement profond et par l'humilité, que j'attire à lui les âmes par l'exemple de cette humilité, au prix d'un grand travail. Mes frères, vous convertirez tous les hommes par votre parole, si vous vous humiliez en toutes vos actions. Ceux qui vous persécutent sans pitié seront convertis à Jésus-Christ par votre patience, et ils s'estimeront heureux de baiser la trace de vos pieds. Sous prétexte du salut des autres, je ne dois pas désirer la liberté jusqu'à mettre de côté l'humilité profonde qui convient à mon état ; car par elle je crois dans la vertu, et le peuple s'y affermit. Il nous faut donc d'abord par la sainte humilité et le respect convertir les hommes préposés à la direction des peuples, afin qu'une fois convertis, ils voient et aiment notre vie comme une vie digne de louange, et reconnaissent que nous les respectons. Quand vous en serez arrivés là, ils vous prieront eux-mêmes de prêcher à leur peuple, et ils ordonneront à tous d'assister à vos discours. L'humilité fera plus pour vous que le privilège. Si les chefs des églises vous voient humbles et éloignés de toute avarice; si vous exhortez le peuple à rendre aux églises ce qu'il lui doit, ils vous prieront eux-mêmes de pourvoir au salut de ce peuple, d'entendre les confessions de tous, bien que je désire peu vous voir accepter pareille charge; car ceux qui se convertissent et pleurent leurs péchés trouveront aisément des prêtres pour en recevoir la confession. Voilà de quelle manière vous vaincrez facilement les évêques et les prélats. »

XV

Plusieurs de ses compagnons, ayant appris que des docteurs de Paris et beaucoup d'autres en Allemagne, en Italie et en France, étaient entrés dans l'Ordre, lui demandaient s'il aurait pour agréable que les frères s'adonnassent à l'étude de l'Écriture Sainte; il répondit : « Je le veux bien, si à l'exemple de Jésus-Christ, que nous voyons beaucoup plus appliqué à la prière qu'à la lecture, ils ne prennent pas prétexte de l'étude pour négliger l'exercice de l'oraison. Qu'ils n'étudient pas seulement pour savoir bien parler, mais afin de mettre en pratique ce qu'ils auront appris et de le proposer ensuite aux autres. Je veux que mes frères soient les disciples de l'Évangile, et qu'ils s'avancent dans la connaissance de la vérité, de façon à arriver à une simplicité parfaite, sans toutefois séparer cette simplicité de la volonté de la prudence du serpent, car notre Maître par excellence a uni ces deux vertus dans ses enseignements sacrés. »

XVI

Notre bienheureux Père ayant séjourné à Sienne à cause de l'infirmité de ses yeux, un personnage distingué de cette ville, nommé Bonaventure, donna un champ aux frères pour y élever un couvent. Mais il consulta le saint homme sur la manière de l'établir, et il lui dit : « Mon Père, que pensez-vous de cet emplacement? de quelle manière voulez-vous qu'on y bâtisse un couvent où vos frères demeureront? car j'ai la confiance que par leurs prières et leurs bonnes œuvres, s'ils veulent m'admettre à y communiquer, je verrai s'accroître les biens de mon âme. »

Le bienheureux Père lui répondit : « Trèshonoré frère, nous vous rendons grâces infiniment pour ce petit champ, que je juge assez commode à

servir d'emplacement à une maison, et je vais
vous exposer en peu de mots la manière de la con-
struire. Les frères doivent d'abord examiner quelle
étendue suffit à leurs besoins, en considérant
comme point de départ la sainte pauvreté qu'il
leur a plu de vouer au Seigneur, et en prenant
soin de n'altérer en rien le bon exemple dont ils
sont redevables au prochain. Après avoir bien
pesé la chose, ils doivent aller trouver l'évêque du
lieu et lui dire : « Seigneur, un noble personnage
nous a donné, pour l'amour de Dieu et le salut de
son âme, un lieu propre à élever un monastère,
nous avons d'abord recours à vous, qui êtes le
père et le seigneur de toutes les âmes du troupeau
confié à vos soins, le patron et le père très-pieux
de tous nos frères qui demeurent maintenant en ce
lieu ou y demeureront dans la suite, afin qu'avec
la bénédiction de Dieu et la vôtre nous puissions
élever ce pauvre petit couvent. »

« En effet, le Seigneur nous a appelés au secours de sa foi, des prélats et des clercs de la sainte
Église. Nous sommes donc tenus de les aimer, de
les honorer et de les vénérer autant que nous le
pouvons. Les frères Mineurs ont reçu un tel nom
parce qu'ils doivent l'emporter en humilité sur les
autres hommes du siècle par leurs exemples et
leurs œuvres, comme ils sont au-dessous d'eux par
leur nom. Au commencement de ma conversion,
le Seigneur a mis sa parole dans la bouche de l'é-

vêque d'Assise pour me bien conseiller et me fortifier sagement dans le service de Jésus–Christ. Pour ce motif, et plusieurs autres meilleurs encore tirés de la personne des prélats, je veux aimer et vénérer non-seulement les évêques, mais les prêtres les plus pauvres, et les respecter comme mes seigneurs.

« Quand mes frères auront reçu la bénédiction et la permission de l'évêque, ils iront et feront creuser un grand fossé autour de la terre choisie pour l'emplacement de leur petite demeure, et, au lieu d'un mur, ils l'environneront et la protégeront d'une bonne haie, en signe de la sainte pauvreté et de l'humilité. Les constructions seront pauvres, de boue et de bois ; il y aura quelques cellules dans lesquelles les frères pourront prier et travailler de temps à autre pour éviter l'oisiveté et mener une vie plus convenable. Leur église sera peu considérable, car ils ne doivent pas, sous prétexte de prêcher ou tout autre motif, avoir des églises splendides, vastes et élevées ; ils feront preuve d'une plus grande humilité et donneront un meilleur exemple en prêchant dans les églises des autres. Si quelquefois les prélats, les clercs religieux ou séculiers viennent chez eux, la pauvreté de leurs maisons et l'étroitesse de leurs cellules seront une prédication ; elles édifieront plus les âmes de leurs visiteurs que des discours bien préparés. »

XVII

Frère Léon, compagnon et confesseur du bienheureux Père, voyant plusieurs monastères s'élever avec des proportions et un luxe peu convenables à la stricte pauvreté des frères Mineurs, voulut connaître la volonté du saint, et surtout savoir ce qu'il pensait sur ce point en particulier. Il s'en entretint avec lui en présence d'autres frères, et le saint lui dit à lui et aux autres : « Écoutez, mes frères : aujourd'hui plusieurs d'entre les nôtres élèvent de côté et d'autre de vastes monastères; après nous d'autres frères viendront qui construiront de belles maisons, dans lesquelles les grands du siècle pourraient habiter sans déroger à leur rang, puis ils se feront pour eux-mêmes des tuniques de la meilleure qualité. Mais pour moi, ce sera assez si dans ce temps-là mes frères se tiennent en garde contre le péché mortel. »

XVIII

Un jeune homme de la ville de Lucques, d'une famille illustre, mais d'une légèreté et d'une inconstance d'esprit remarquables, plus prompt à répandre des larmes qu'à s'enflammer d'une dévotion sincère, s'en vint, poussé par des motifs

humains et nullement conduit par l'esprit de Dieu,
trouver nos frères, et leur déclara qu'il voulait à
tout prix prendre place parmi eux. Ils le menèrent
au saint, et il le pria de nouveau humblement, en
versant beaucoup de larmes et en feignant beaucoup de ferveur, de vouloir bien l'admettre en
sa société. Celui-ci, reconnaissant sa feinte extérieure et la tiédeur de son âme, lui dit d'un air
ému et d'un ton sévère : « Homme charnel et
misérable, pourquoi mentez-vous à l'Esprit-Saint,
et cherchez-vous à me tromper? Vos larmes sont
les larmes de la chair, et votre esprit n'est pas
avec Dieu. Allez et retournez au milieu des hommes charnels; vous n'êtes pas digne d'habiter
avec les hommes qui vivent selon l'esprit, car
il n'y a en vous aucun goût des choses spirituelles. »

XIX

Le bienheureux avait prédit à un prêtre,
docteur en théologie, que les frères s'éloigne-
raient peu à peu de la stricte observance de la
règle; celui-ci lui demanda la permission d'aller
dans les lieux les plus sûrs et les plus religieux
de l'Ordre, si pareil relâchement arrivait durant
sa vie. Il lui répondit avec bienveillance : « Ce que
vous me demandez à moi, sachez que Jésus-Christ
lui-même vous l'a accordé. » Puis plaçant sa

main sur sa tête, il ajouta : « Vous êtes prêtre
pour toujours selon l'ordre de Melchisedech. »

XX

Pour accroître davantage les mérites du bienheureux frère Riger, un des disciples du saint,
le Seigneur permit qu'il fût souvent en proie à des
tentations terribles et de toute espèce, de sorte
que plus d'une fois il fut en danger de tomber
dans le désespoir. Or, un jour qu'il était attaqué
plus longuement et plus fortement, il se dit en lui-
même : « Je me lèverai, et j'irai trouver mon Père ;
s'il me reçoit avec douceur et bonté, j'aurai l'espérance que Dieu me sera propice ; s'il agit autrement, je comprendrai qu'il m'a abandonné sans
réserve. » Avec cette pensée il part de la Marche
d'Ancône pour Assise, où le saint était dans le
palais de l'évêque, arrêté par la grave maladie
dont il mourut. Ce tendre Père connut par une
révélation du Ciel dans quelle agitation d'esprit se
trouvait ce religieux, ses paroles, la cause de son
voyage, et il envoya à sa rencontre les frères
Massé et Léon en leur recommandant de bien le
recevoir. « Allez, leur dit-il, au-devant du frère
Riger, qui vient ici pour me voir ; embrassez-le
de ma part, saluez-le avec de douces paroles, et
dites-lui que je l'aime du plus profond de mon

cœur entre tous les frères qui sont répandus dans tout le monde. »

A peine ces vrais enfants de l'obéissance eurent-ils fait ce qui leur était commandé, que l'esprit chancelant du religieux fut affermi dans la foi, et cet homme se sentit pénétré tout entier d'une joie ineffable. Il remercia donc Dieu de l'avoir conduit heureusement au lieu où son père gisait infirme et languissant. Lorsqu'il fut proche, le saint, plus embrasé par l'ardeur de la charité que soutenu par les forces de son corps, s'élança à sa rencontre, lui sauta au cou, et lui dit avec un vif sentiment d'affection paternelle : « Mon fils bien-aimé, je vous aime intimement du fond de mon cœur entre tous les frères qui sont dans le monde. » Puis, imprimant sur son front le signe de la croix et collant ses lèvres à cet endroit, il ajouta : « Mon cher fils, cette tentation vous a été donnée pour votre plus grand profit. Si vous ne voulez plus d'un bien de cette sorte, vous n'aurez désormais ni tentation, ni affliction. » Chose admirable ! la tentation présente s'évanouit aussitôt, et dans la suite il ne fut soumis à aucune peine semblable.

XXI

Un jour un des compagnons du saint lui demandait quelles choses les frères Mineurs devaient

supporter et souffrir, et il le disait lui-même
arrivé au suprême degré de la vertu de patience.
Il lui répondit : « Je ne croirais jamais être un
frère Mineur, si je n'étais en l'état que je vais
vous faire connaître. Me voici le supérieur de
mes frères, je vais au chapitre, je m'adresse à mes
frères assemblés, je leur annonce la parole de
Dieu, je les avertis de certains défauts, et à la
fin ils s'élèvent contre moi et me disent : « Vous
ne sauriez nous convenir davantage ; vous n'êtes
point propre aux fonctions de général ou de supérieur ; car comment un homme sans instruction,
et sans parole, un homme idiot et simple, pour-
rait-il bien nous commander, bien nous diriger ? »
Alors on me chasse honteusement ; je suis méprisé
et vilipendé de tous. Eh bien ! si je ne puis entendre tout cela sans changer de couleur, avec
une joie parfaite de mon âme et un désir toujours
égal de me sanctifier, comme j'écouterais des
choses agréables et propres à m'honorer, je ne
suis point un vrai frère Mineur. En effet, si je suis
dans la joie et l'allégresse lorsqu'on m'honore à
cause de l'avancement, de la vertu et de la ferveur
de mes enfants, quoiqu'il puisse y avoir alors
danger pour mon âme, je dois bien plus me
réjouir et être dans l'allégresse du profit et du
bien que je retire lorsqu'on me blâme, car là il
y a pour moi un gain assuré. Dans les postes
élevés se trouve le danger de la chute, à côté des

louanges le précipice , et à côté de l'humiliation le profit de l'âme. »

XXII

Lorsqu'il eut renoncé à la charge de supérieur général, il alla trouver le frère Pierre de Catane, élevé à sa place ; il le pria avec humilité et lui dit : « Mon Père et très-cher frère, je vous reconnais pour mon Père et mon seigneur ; je confie à vos soins la garde de mon âme , et je vous promets humblement tout respect et toute obéissance comme à mon vrai ministre. Je vous prie et vous conjure, par le Dieu vivant et véritable, de vouloir bien confier à un de mes compagnons la charge de me commander et de prendre soin de moi ; je lui obéirai inviolablement en tout comme à vous-même ; car, à cause du grand profit et du mérite de l'obéissance, je désire avoir toujours avec moi mon supérieur et être sans cesse en sa présence. »

Ayant obtenu ce qu'il demandait, il demeura fidèle jusqu'à la mort à sa promesse ; à la maison , en voyage, à l'église, en public, il ne faisait rien sans la permission du frère qui l'accompagnait et en dehors du joug de l'obéissance.

XXIII

Au saint couvent du Mont-Alverne, au fond

de *la chapelle du cardinal*, ainsi appelée du tombeau du très-illustre cardinal Galeotti de Ubertini, se trouve une pierre carrée défendue par une grille en fer. Notre bienheureux Père a pris souvent dessus son repas, et plus souvent il s'y est agenouillé pour prier; aussi est-elle en grand honneur et l'objet d'une grande vénération. Elle a été protégée par cette grille pour empêcher les pieux pèlerins séculiers ou ecclésiastiques de de la faire disparaître peu à peu par l'extraction de quelques parcelles, malgré la défense des religieux. Un jour, à l'heure du repas, le bienheureux frère Léon voulait la couvrir d'une nappe selon l'usage, afin de s'en servir comme d'une table. Le saint l'en empêcha en lui disant : « Gardez-vous, mon bien cher frère, d'agir ainsi; mais ayez soin de laver cette table d'abord avec de l'eau, puis avec du vin, ensuite avec de l'huile, et enfin avec du baume, parce que Jésus-Christ a daigné s'asseoir dessus et m'y révéler ce que je vais vous dire. Lavez cette table quatre fois, et bénissez-la, parce que sur elle Jésus-Christ m'a promis quatre choses relativement à notre Ordre. La première est que cet Ordre subsistera jusqu'à la fin du monde; la seconde, c'est que ceux qui aimeraient du fond du cœur cet Ordre et nos frères, quelque pécheurs qu'ils fussent, obtiendraient pendant leur vie ou à leur mort l'esprit de componction et miséricorde. La troisième, que les ennemis et persécuteurs de cet Ordre, s'ils ne font pénitence, ne jouiront point longtemps de la vie. La quatrième, que les membres de cet Ordre dont la vie est mauvaise, qui oublient leur profession, et languissent longtemps et avec obstination dans le péché mortel, ne sauraient demeurer avec nous; ou bien ils se confesseront de leurs fautes et s'en corrigeront, ou bien ils se feront connaître, et on les renverra. Le Seigneur a ajouté d'autres choses encore que je vous découvrirai à l'heure de ma mort. »

Quand il eut parlé ainsi, il s'approcha, et, versant de l'huile sur la pierre, il dit: « C'est là l'autel de Dieu. »

Or, la vérité de ce qu'on vient de rapporter s'appuie non-seulement sur le témoignage irréfragable de nos pères les plus pieux et les plus anciens, sur le témoignage de livres nombreux, mais la pierre porte en elle-même la preuve inaltérable du respect qui lui est dû et de la vénération dont elle fut l'objet; tout montre qu'elle a été l'autel de Dieu. En effet, aussitôt après la mort de cet homme bienheureux, les religieux du couvent transportèrent avec un profond respect et de grands honneurs cet autel mystique du Dieu vivant et glorieux du flanc de l'Alverne où il était situé, et où le Seigneur avait manifesté ses merveilles à son saint; ils le placèrent dans l'église derrière l'autel; puis, par les soins de ce même frère Léon, on grava dessus ces paroles indélébiles : « Table du bienheureux François, sur laquelle il a eu des apparitions merveilleuses, et qu'il a sanctifiée en versant de l'huile dessus, et en disant : « C'est là l'autel de Dieu. » — O vrai Jacob! Il était digne de tant de bienfaits, et il n'en a oublié aucun. Son humilité les a tous mérités, et sa reconnaissance n'a jamais été en défaut.

XXIV

Ayant été prié par le seigneur Léon, cardinal de Sainte-Croix, de demeurer quelques jours chez lui à Rome, il y consentit humblement par amour et respect pour le cardinal. Mais la première nuit, quand, après avoir prié, il voulut se reposer, les démons survinrent, se jetèrent avec fureur sur le soldat de Jésus-Christ, le frappèrent longuement et cruellement, puis se retirèrent en le laissant à demi mort. Alors ayant appelé son compagnon, l'homme de Dieu lui raconta ce qui venait d'arriver, et ajouta : « Les démons n'ont de puissance qu'autant qu'il plaît à la divine Providence de leur en accorder. Je crois donc que s'ils se sont jetés sur moi avec tant de cruauté, c'est parce que mon séjour dans le palais des grands est d'un mauvais exemple. Mes frères, qui résident en de pauvres maisons, apprenant que je demeure avec les cardinaux, pourraient me soupçonner de me laisser aller à l'amour des choses de ce monde, d'être sensible aux honneurs et de rechercher les délices. C'est pourquoi celui qui est placé pour être l'exemple des autres, doit, scIon moi, fuir les palais et habiter humblement avec les petits en des demeures convenables à sa profession ; c'est en partageant leurs peines qu'il les rendra forts à soutenir le manque de toutes choses. »

Le lendemain, ils se levèrent donc de grand matin, et, après s'être excusés humblement, ils prirent congé du cardinal.

XXV

Il arriva un jour qu'un des frères répondit durement à un pauvre qui lui demandait l'aumône avec importunité. François, dont la charité envers les pauvres était si tendre, l'ayant entendu, lui ordonna de se dépouiller de ses principaux vêtements, d'aller dans cet état se prosterner aux pieds du pauvre, de se reconnaître coupable, de lui demander pardon, et en même temps le suffrage de ses prières. Quand il eut fait tout cela humblement, le saint ajouta avec douceur : « Lorsque vous voyez un pauvre, ô mon frère, vous avez devant vous l'image de Jésus-Christ et de sa pauvre Mère. De même, quand vous voyez des infirmes, rappelez-vous les infirmités dont il a voulu se charger. »

XXVI

Deux jeunes gens l'ayant prié avec ardeur de les admettre dans l'Ordre, il voulut éprouver leur obéissance et leur facilité à faire abnégation de leur volonté propre. Il les conduisit dans le jardin en leur disant : « Venez avec moi, et plantez des choux pour la nourriture des religieux en la manière que vous me verrez faire. » Puis, prenant des plans, il les mettait la racine en l'air et enfonçait la feuille dans la terre. Un de ces jeunes gens, véritable enfant d'obéissance, suivait en tout cette manière de planter; l'autre, au contraire, quelque peu fier de son savoir-faire humain, le reprenait comme un homme qui ne connaissait rien à la culture d'un jardin, et il lui soutenait qu'il fallait planter les choux en un sens contraire. Le bienheureux Père lui dit : « Mon fils, suivez mon exemple, et faites comme je fais. » Celui-ci ne le voulant pas, parce qu'une semblable manière d'agir lui paraissait une folie, l'homme de Dieu ajouta : « Mon frère, je vois que vous êtes un grand maître; retournez d'où vous venez, des hommes de votre mérite ne sont pas faits pour un Ordre humble et simple; il nous faut des hommes simples et des insensés comme votre compagnon. Celui-ci demeurera avec nous; mais pour vous, il ne nous convient pas de vous recevoir, retournez d'où vous êtes venu. »

XXVII

Quelqu'un demandait au saint homme pourquoi il avait toujours l'air gai et joyeux, quoiqu'il fût de temps en temps agité par la tentation, la crainte du péché ou des tourments de l'enfer. Il répondit : « Quelquefois mes péchés me causent une grande amertume ; d'autres fois le démon cherche à me remplir d'une tristesse qui me porte à la tiédeur et au sommeil ; car ma joie le tourmente, et il est jaloux des bienfaits que j'ai reçus de Dieu. Je sais aussi et je vois que si les démons ne peuvent me nuire à moi-même, ils s'efforcent de le faire dans la personne de mes compagnons en éteignant en eux la sainte joie. Mais s'ils ne peuvent rien contre moi, ni contre eux, alors ils se retirent couverts d'une grande confusion. Quand la tentation de la mauvaise tristesse ou de la paresse s'empare de moi, je considère la joie de mon compagnon, et, en voyant son allégresse spirituelle et son bonheur, je secoue la tentation et la tristesse paresseuse, et je me sens tout rempli de joie au dedans et de gaieté au dehors. »

XXVIII

Il connut qu'un de ses frères, en proie à une tentation violente et pénible, était presque à la veille de tomber dans le désespoir, et redoutait de voir l'affection de son Père diminuer pour lui, s'il venait à découvrir l'agitation de son âme, sa tentation et l'état dans lequel le démon le jetait. Le tendre Père fit venir son enfant ainsi plongé dans l'affliction, et le consola avec une bonté toute paternelle. « O mon fils, lui dit-il, ne craignez pas et ne vous laissez point aller à la tristesse. Croyez-moi, je vous juge maintenant meilleur serviteur de Dieu que vous ne fûtes jamais; et plus vous vous sentez en butte à la tentation, plus aussi, sachez-le bien, vous m'êtes cher. Nul, ô mon fils, ne doit s'estimer un serviteur de Dieu tant qu'il n'a pas passé par la tentation et la tribulation. La tentation vaincue est comme l'anneau par lequel le Seigneur se fiance l'âme de son serviteur. Plusieurs se flattent de leurs mérites acquis pendant un grand nombre d'années, et se réjouissent de n'avoir supporté ni peines ni tentations. Mais comme la crainte seule les eût brisés avant le combat, ils doivent savoir que le Seigneur, en ne les éprouvant pas par la tentation, a eu égard à la faiblesse de leur esprit. Les grands combats n'ont lieu pour l'ordinaire que là où il y a une vertu parfaite; c'est le signe d'une grâce plus abondante, quand le Seigneur ne laisse rien d'impuni en son serviteur sur la terre. »

XXIX

Ses frères lui ayant demandé un jour de vouloir bien leur apprendre à prier, il leur dit : « Lorsque vous prierez, dites : *Notre Père, qui êtes dans les cieux,* etc. Seigneur Jésus, nous vous adorons dans toutes les églises consacrées à votre gloire dans le monde entier, et nous vous bénissons de ce que vous avez racheté le monde par votre croix sainte. »

XXX

Il apprit qu'un frère nommé Ange avait une grande crainte des esprits infernaux, à cause d'un combat horrible qu'il avait eu à soutenir avec eux. Mandé par le saint Père, il lui confessa que la chose était réelle ; et même il lui demanda de vouloir bien lui accorder un compagnon pour passer la nuit avec lui dans sa cellule, parce que, affirmait-il, les craintes de la nuit sont plus considérables et plus pénibles que celles du jour. Le bienheureux lui dit : « Allons donc, courage, homme timide, pourquoi craindre ainsi des ennemis faibles et débiles, dont vous savez très-bien les forces et la puissance subordonnées à la volonté de Dieu ? Pour que vous puissiez en faire l'expérience, je vous ordonne de monter seul, cette nuit, à la pointe la plus élevée de la montagne voisine, et de dire à haute voix : « Démons superbes, venez tous à moi maintenant, faites-moi tout ce que vous pourrez, et exercez sur moi toute votre fureur. » Le religieux l'ayant fait avec humilité, aucun démon ne s'approcha, et il n'eut plus aucune crainte dans la suite.

XXXI

Le bienheureux Rufin éprouva une tentation très-grave touchant la prédestination; et même jamais il n'en ressentit de plus horrible; le démon lui avait persuadé que tous ses travaux étaient vains et inutiles, en lui apparaissant une fois sous la forme de Jésus crucifié, et sous prétexte de le consoler. « Pourquoi, lui avait-il dit, pourquoi te torturer ainsi, pauvre petit homme, pour ne retirer aucun profit? Pourquoi tant de prières et tant de jeûnes? Le monde entier ne saurait changer ce que Dieu a une fois arrêté. Tu n'es point du nombre des prédestinés, mais des damnés. Je t'avertis par pitié, et je t'exhorte à ne plus souffrir d'aussi rudes peines. Souviens-toi que tu es damné avec le fils de Pierre Bernardon (1) et tous ceux qui se sont attachés à sa suite. »

Le bienheureux Rufin, effrayé d'un tel langage, fut saisi d'un chagrin extrême, tel que le prince

(1) Saint François.

des ténèbres a coutume de l'inspirer. Il perdit presque toute confiance en Dieu et en son bienheureux père François. Le saint, instruit de la chose, et voyant qu'un grave danger menaçait son disciple, envoya frère Massé vers lui à la montagne de Soubasio, où il demeurait en proie à de grandes hésitations et au doute. Lorsque Massé le visita au nom de son bienheureux Père, il répondit dans un accès de désespoir qu'il n'avait plus aucune affaire avec François, et que rien n'était commun entre eux.

« Hé! hé! frère Rufin, s'écria Massé, que dites-vous là? Qui vous a ainsi aveuglé jusqu'à vous détourner d'obéir à la vérité? Ignorez-vous que notre bienheureux Père est comme un ange du ciel? Combien d'âmes sont sauvées et le seront par ses exhortations? Je veux que vous veniez sans retard le trouver; il vous désire, il vous demande. »

Rufin céda aux prières réitérées du frère. Dès que le saint le vit s'approcher, il lui dit : « Hélas! frère Rufin, comment avez-vous été assez simple pour vous laisser tromper par le diable? Ne savez-vous pas comment il se change souvent en ange de lumière? Le diable endurcit le cœur des hommes; Dieu, au contraire, l'amollit, selon cette parole : *Je vous enlèverai votre cœur de pierre, et je vous donnerai un cœur de chair.* (Ézech., XXXVI) Les visions de Dieu produisent la joie, et celles du diable apportent la tristesse. Faites, je vous prie, l'expérience suivante dans ces sortes de visions : S'il vous apparaît de nouveau, accablez-le d'injures ou de reproches, et son orgueil ne lui permettra pas de les supporter, il s'évanouira aussitôt, il se fera connaître, et sa fourberie deviendra évidente. En attendant, réjouissez-vous dans le Seigneur et confiez-vous en son salut. »

A ces paroles enflammées, frère Rufin se prit à pleurer, puis il s'en alla plein de tristesse à sa montagne, et, s'étant enfermé dans sa cellule, il ne cessait de verser des larmes, jusqu'à ce que le démon lui apparut une seconde fois sous la forme du crucifix, et lui dit : « Ne vous ai-je pas défendu de vous entretenir avec François? » Mais il lui répondit : « Retire-toi, Satan. Va-t'en au malheur : ou plutôt attends; ouvre ta bouche menteuse, et je la remplirai de boue. » A ces mots, le diable, brisant les pierres de la montagne, qui roulèrent en morceaux avec un grand bruit, se retira avec précipitation et en faisant entendre un long grognement.

XXXII

Le saint reprit, en présence des frères, certains religieux qui se laissaient aller à l'oisiveté, et d'autres qui travaillaient mollement. « Les tièdes, leur dit-il, et ceux qui ne s'adonnent pas avec humilité et sincèrement au travail, seront rejetés bien vite de la bouche de Dieu. Je veux donc que tous mes frères travaillent et s'exercent humblement à des travaux utiles, afin que nous soyons moins à charge au peuple, afin aussi d'obvier aux maladies du cœur et de la langue, de ne pas nous laisser aller aux pensées mauvaises et aux médisances. Que ceux qui ne savent pas travailler, apprennent. Quant au profit ou au gain du travail, il ne doit pas demeurer à la volonté de celui qui en est l'auteur, mais à la volonté du supérieur ou du gardien. »

XXXIII

Quand il exhortait ses frères à être fidèles à leur règle et à leur profession, il avait coutume de leur dire à tous : « O mes bien-aimés frères, mes enfants à jamais bénis, écoutez-moi, écoutez la voix de votre Père. Nous vous avons fait de grandes promesses, de plus grandes nous ont été faites. Gardons les unes, soupirons après les autres. Le plaisir est court, et la peine éternelle. La souffrance est de peu de durée, et la gloire sans fin. Beaucoup sont appelés, peu sont élus ; tous recevront selon leurs mérites. »

XXXIV

En revenant à Assise des contrées d'outre-mer,

où il était allé pour annoncer la parole de Dieu et
convertir le sultan d'Égypte, il eut pour compagnon frère Léonard d'Assise, né de parents
illustres. Se trouvant las et accablé de fatigue, il
monta un peu sur un âne. Le frère qui le suivait,
bien fatigué aussi, ressentit en son cœur quelque
chose de l'homme, et se prit à dire en lui-même :
« Ses parents et les miens tenaient un rang bien
différent ; cependant aujourd'hui, c'est lui qui se
fait porter, et moi, je suis à pied sa monture. »

À peine eut-il eu cette pensée que le saint
descendit et lui dit : « Il ne me convient pas, mon
frère, de voyager ainsi, et de vous laisser aller à
pied ; car vous avez été dans le siècle plus noble
et plus puissant que moi. »

Le frère, étonné et plein de confusion de se voir
ainsi découvert, se jeta baigné de larmes aux pieds
de François, lui confessa la pensée tout humaine
qu'il avait eue, et lui en demanda pardon.

XXXV

Une fois, pendant que son vicaire tenait le
chapitre, François était renfermé dans sa cellule,
tout entier à la prière comme un solliciteur et un
médiateur entre Dieu et ses frères. Un d'entre
eux, sous un prétexte futile, ne se soumettant
point à la discipline de la maison, l'homme de
Dieu vit en esprit sa manière d'agir, et, appelant

un des religieux, il lui dit : « Mon frère, j'ai vu le démon en possession de ce religieux désobéissant ; il a placé une chaîne autour de son cou, et cet homme, qui a rejeté le frein de l'obéissance, conduit par un tel guide, suit en tout les caprices de sa volonté. J'ai prié Dieu pour lui, et le démon s'est éloigné aussitôt couvert de confusion. Allez donc, et dites à ce frère de se soumettre de nouveau et sans retard au joug de l'obéissance. »

Le frère, averti par l'envoyé du saint, rentra aussitôt en lui-même et se jeta avec humilité aux pieds du vicaire.

XXXVI

Deux frères étaient venus ensemble de la terre de Labour pour visiter leur saint Père, et le plus vieux avait donné quelque scandale au plus jeune. Le bienheureux interrogea ce dernier, et lui demanda comment son frère avait agi à son égard durant le voyage. Celui-ci ayant répondu qu'il n'avait pas eu à s'en plaindre, François ajouta : « Prenez garde, mon frère, de mentir sous pré- texte d'humilité. Je sais, je sais ce qui est arrivé ; mais attendez un peu, et vous verrez. » Le jeune religieux fut dans un profond étonnement en voyant comment il avait pu connaître le péché de son frère. Peu de jours après, celui qui avait scandalisé son compagnon, demeurant endurci et impénitent, renonça à la vie religieuse.

XXXVII

Quelquefois le bienheureux Père, exhortant ses frères à demander l'aumône, leur parlait en ces termes : « Allez sans crainte ; car les frères Mineurs ont été prêtés au monde en ces derniers temps afin que les élus trouvent en eux l'occasion de mériter les louanges du juge suprême et de s'entendre adresser cette parole d'ineffable suavité : *Toutes les fois que vous avez fait du bien au plus petit d'entre mes frères, vous me l'avez fait à moi-même.* Les hommes durs et sans pitié, au contraire, seront repris et rejetés, ils entendront cette dure parole : *Toutes les fois que vous n'avez pas fait du bien à l'un de ces plus petits* (1), *vous ne me l'avez pas fait à moi.* Il doit donc être agréable de mendier avec le titre de frère Mineur, puisque le Maître de la vérité évangélique l'a distingué de sa propre bouche d'une manière si expresse dans la récompense des justes. »

XXXVIII

Il avait coutume aussi de mendier aux jours des fêtes principales, quand il le pouvait, et il disait que dans les pauvres du Seigneur avait lieu l'accomplissement de cette parole du Prophète :

(1) *Minoribus*, mineurs.

L'homme a mangé le pain des anges. (Ps. LXXVII.)
« C'est là en effet, ajoutait-il, vraiment le pain
des anges que ce pain demandé pour l'amour de
Dieu, ce pain donné pour son amour par l'inspiration des anges, et recueilli de porte en porte
par la sainte pauvreté. »

XXXIX

Interrogé par un docteur en théologie du saint
ordre des frères Prêcheurs, comment il fallait
entendre ce passage d'Ézéchiel : *Si vous n'an-*
noncez pas à l'impie qu'il se convertisse de sa voie
perverse et qu'il vive, l'impie lui-même trouvera la
mort dans son iniquité, mais je réclamerai son sang
de votre main ; il dit : « Si nous voulons entendre
ces paroles dans leur sens le plus général, je pense
moi qu'il faut les interpréter ainsi : Le serviteur
de Dieu doit par sa vie et ses exemples répandre
une telle ardeur et un tel éclat, que la lumière
de ses bons exemples et les paroles de sa sainte
vie soient un blâme adressé à tous les pécheurs.
Ainsi la splendeur de ses actions et l'odeur de sa
bonne renommée rappelleront à tous les coupables
leur iniquité. S'il fait le contraire en scandalisant
le peuple ou ceux qui l'approchent, il n'échappera
pas au jugement de la vengeance divine. »

XL

Un frère était désobéissant; il ordonna de le dépouiller de tous ses vêtements, de le jeter dans une fosse profonde et de le couvrir de terre. Comme les frères faisaient selon l'ordre de l'homme de Dieu, et que la tête seule restait non ensevelie, le tendre Père s'approcha du religieux et lui dit : « Êtes-vous mort, mon frère? êtes-vous mort ? » Celui-ci, se repentant de sa désobéissance, répondit : « Oui, mon Père, je suis mort maintenant. — Eh bien, levez-vous, reprit-il, si vous êtes mort véritablement; obéissez à votre supérieur au moindre signe de sa volonté, comme vous le devez, et ne faites pas plus d'opposition au moindre de ses commandements qu'un mort n'en fait en toute chose. Je veux à ma suite des morts et non des vivants. »

XLI

Un jour il s'arrêta à prier dans une église en la société du frère Massé, afin d'obtenir pour lui-même et pour les siens l'amour de la sainte pauvreté, et il le demanda avec tant de ferveur, que le feu semblait jaillir de son visage. Excité donc par cette ardeur divine, il se tourna vers le frère Massé les bras ouverts et l'appela à lui à haute voix. Celui-ci, plein d'étonnement et d'admiration, se jeta dans les bras de son saint Père. Mais le feu intérieur dont François brûlait était si intense, que le souffle de sa bouche rejeta le frère à plusieurs coudées, et le saint fut élevé en l'air. Le frère raconta souvent ensuite que dans cette circonstance il fut pénétré d'une douceur telle, que jamais auparavant il n'avait rien goûté de semblable.

Alors François lui dit : « Allons à Rome prier les saints apôtres Pierre et Paul, afin qu'ils nous apprennent à garder comme il convient et d'une manière fructueuse ce glorieux trésor de la pauvreté ; car il est si inestimable et si divin, nous autres nous sommes si vils et si abjects, que nous ne méritons pas de le conserver en des vases aussi fragiles. C'est cette vertu du ciel dont l'influence sur nous nous a formés et appris à fouler aux pieds de plein gré tous les objets terrestres ; c'est elle qui éloigne tous les obstacles qui empêcheraient l'esprit de l'homme de s'unir en toute liberté et avec empressement au Seigneur son Dieu. »

QUELQUES PROPHÉTIES
DE SAINT FRANÇOIS

« Le bienheureux François, dit saint Bonaventure, avait à un tel degré le don de prophétie,
qu'il connaissait à l'avance les choses futures,
lisait les secrets des cœurs, et voyait les choses
accomplies ailleurs comme si elles se fussent passées
sous ses yeux. » Nous avons, ajoute l'éditeur de
ses œuvres, choisi seulement parmi ces prophéties
celles qui peuvent servir davantage à nous aider
dans le bien, et nous avons omis de rapporter ici
celles qui surpassent l'intelligence et sur lesquelles
il n'est pas permis à tout homme d'émettre un
jugement.

I

Lorsque le saint vivait encore dans le monde,
étant invité par ses amis à un splendide festin,
il se retira dans la partie la plus intime de la
maison, où, ravi en esprit, il demeura quelque

temps absorbé dans ses pensées. Ses amis l'interrogèrent sur ce qu'il avait rêvé dans cette profonde contemplation, et lui dirent : « Peut-être avez-vous arrêté de prendre une épouse ? — Oui, leur répondit-il, et une si belle que jamais vous n'en aurez vu de semblable. » Il entendait la religion que par l'inspiration divine il avait résolu de fonder.

II

Tandis qu'il était encore adonné aux pompes et aux vanités du monde, l'aiguillon de l'amour divin le disposait peu à peu à des choses plus considérables, et sa compassion pour les pauvres surtout croissait de jour en jour et l'emportait sur ses autres vertus. Un jour, après avoir donné pour l'amour de Dieu tout ce qu'il avait, il rencontra sur son chemin un soldat pauvre, à qui il fit tout de suite présent de vêtements neufs qu'il portait. La nuit suivante, au plus fort de son sommeil, il vit un grand et magnifique palais défendu par des armes marquées du signe de la croix, et il reçut la promesse que tout ce qu'il voyait serait un jour à lui et aux soldats enrôlés sous ses ordres. S'étant éveillé, il se livrait à une joie extrême et inaccoutumée, et il dit à ceux qui lui en demandaient la cause : « Je sais que je dois être un jour un grand prince. »

III

Au commencement de la conversion du saint, Pia, sa mère, prépara un jour la table pour le repas, et François plaça dessus plusieurs pains. Interrogé par sa mère pourquoi il plaçait tant de pains sur la table, puisque peu de personnes devaient prendre part à leur repas, il répondit : « Je les place pour les pauvres. — Mais où sont-ils ? dit la mère. — Ils sont, reprit le saint, cachés dans mon cœur. »

IV

Ayant été fait prisonnier avec plusieurs de ses concitoyens par les habitants de Pérouse, avec lesquels ceux d'Assise étaient en guerre, il fut comblé d'une consolation toute céleste durant sa captivité par les entretiens intérieurs qu'il eut avec Dieu ; il manifestait par des signes de joie extérieure l'allégresse singulière dont il était rempli. Ses compagnons de captivité lui dirent : « Comment se fait-il, lorsque nous sommes dans les larmes et accablés de douleur, que seul vous vous livriez à une joie si extraordinaire ? Si la légèreté de la jeunesse vous empêche de sentir votre captivité, au moins, par égard pour vos pareils, compatissez à notre misère. »

Il leur répondit : « La captivité de mon corps ne m'attriste en aucune façon, car mon âme est dans une liberté parfaite. Je compatis grandement à votre malheur, cependant il m'est permis de concevoir une joie plus grande encore de ma félicité. Vous avez sur mon compte des pensées peu avantageuses. Celui que vous voyez maintenant chargé de chaînes dans une prison, vous le verrez un jour comblé d'honneurs dans tout le monde. »

V

Lorsque, à la voix et au commandement du crucifix qui lui ordonnait de réparer son église, il se fut pris à restaurer la petite église de Saint-Damien, près d'Assise, laquelle tombait en ruine (il n'avait pas encore renoncé tout à fait au monde), il priait les passants et tous ceux qu'il rencontrait sur son chemin de lui faire l'aumône pour l'aider à reconstruire cette église; il leur disait, chantant en français : « Venez, et aidez-moi dans le travail de cette église, elle doit devenir un jour un monastère de dames dont le Père céleste rendra le nom et la vie illustres dans tout l'univers. »

VI

Lorsque le petit troupeau des frères Mineurs se fut accru jusqu'au nombre de huit religieux, le tendre pasteur les soutenait par ses pieux et prophétiques avertissements. « Ne craignez pas, petit troupeau, leur disait-il, parce qu'il a plu a votre Père de multiplier votre nombre. Moi-même j'ai vu de mes yeux les chemins remplis de ceux qui nous arrivent. Les Français viennent, les Espagnols se hâtent, les Allemands accourent, les Anglais s'empressent, la multitude des autres langues et des nations diverses presse sa marche; jamais vous n'aurez vu une assemblée plus nombreuse que la vôtre. »

VII

Le cardinal Ugolin lui demandait pourquoi il avait envoyé ses frères et ses enfants jusqu'aux extrémités de la terre, en les exposant à souffrir en ces divers lieux et dans leurs voyages toutes les incommodités de la faim, de la soif et du travail. Il lui répondit : « Seigneur, vous pensez que Dieu a envoyé les frères Mineurs seulement pour nos provinces; mais moi je vous dis en vérité que le Seigneur les a choisis et envoyés pour l'avancement et le salut des âmes du monde entier. Ils seront bien reçus non-seulement sur les terres des fidèles, mais encore sur les terres des infidèles et des païens, et ils y gagneront beaucoup d'âmes à Dieu. »

VIII

Allant prêcher à Celano, il passa par un village où un soldat l'invita avec humilité et dévotion à dîner. Il répondit à son invitation, et toute la famille du soldat fut dans la joie en voyant arriver pour hôtes des pauvres. Mais pendant qu'on préparait le repas, le saint homme, voulant, selon sa coutume, offrir à Dieu ses prières et ses louanges, se tenait à part dans un endroit particulier, les yeux et l'esprit élevés vers le ciel. Sa prière achevée, il appela avec bonté son hôte bienfaisant et lui dit : « Mon frère, cédant à vos instances, je suis entré dans votre maison pour y manger. A votre tour, hâtez-vous d'obéir à mes avis, car vous ne mangerez pas ici, mais ailleurs. Confessez tout de suite vos péchés avec les sentiments d'une vraie pénitence ; ne gardez rien que vous ne fassiez connaître dans une confession sincère. Parce que vous avez reçu ses pauvres avec tant de bienveillance , le Seigneur vous rendra aujourd'hui la pareille. »

Cet homme se soumit sans tarder aux avertissements du saint ; il confessa ses péchés au compagnon de François, mit ordre à sa maison et se prépara de son mieux à la mort. Ils se mirent à table, et tandis que les autres commençaient à manger, l'hôte rendit l'esprit selon la parole de l'homme de Dieu. Ainsi il lui arriva, grâce à son

hospitalité généreuse, qu'en recevant un prophète
il reçut, selon la parole de la Vérité, la récompense
du prophète, puisque par l'amour prophétique du
saint homme il échappa au malheur d'une mort
subite, ou autrement à la condamnation à l'enfer,
et entra dans les tabernacles éternels.

IX

Dans le temps où le saint était malade à Riéti,
un bénéficier nommé Gédéon, homme dissolu et
mondain, fut saisi d'une grave infirmité. Porté
sur son lit au serviteur de Dieu, il le conjurait
avec larmes, ainsi que les personnes présentes,
de vouloir bien faire sur lui le signe de la croix.
« Vous avez vécu jusqu'à ce jour selon les désirs
de la chair, ô Gédéon, vous dont le nom exprime
le courage, mais dont l'esprit est plein de faiblesse, lui dit le saint ; vous n'avez eu aucune
crainte des jugements de Dieu. Comment donc vous
marquerai-je du signe de la croix ? Cependant je
veux bien condescendre à vos désirs en considération des prières ardentes de ceux qui vous
accompagnent. Mais sachez que des peines plus
grandes vous sont réservées, si, une fois délivré,
vous retournez à votre vomissement ; car l'ingratitude entraîne toujours des maux plus graves que
les premiers. »

Il fit donc le signe de la croix sur le paralytique,

qui se trouva aussitôt rendu à la santé et se leva
en louant Dieu et en s'écriant : «Je suis guéri. »
Mais peu de jours après, oubliant le Seigneur, cet
homme retomba dans le désordre, et un soir
qu'il avait été invité à souper et à coucher chez
un chanoine, pendant qu'il dormait, le toit de la
maison s'écroula et ensevelit toutes les personnes
présentes sous ses ruines; cependant tout le
monde échappa à la mort excepté ce malheureux.

Ainsi, par un juste jugement du Ciel, les derniers châtiments infligés à ce pécheur furent pires
que les premiers, à cause de son ingratitude et de
son mépris de Dieu. En effet, le pardon reçu
exige notre reconnaissance, et le crime qui vient
après déplaît doublement.

X

Une autre fois, une noble femme pleine de
confiance en l'homme de Dieu vint le trouver
tout en larmes, pour lui faire connaître combien
son mari était dur, cruel et opposé à son désir de
servir Dieu. Elle conjura le saint, qui lui était
sincèrement dévoué, de prier le Seigneur de
daigner par sa miséricorde adoucir son esprit et
son cœur. Touché de la ferveur et de la peine de
cette noble femme, il lui dit : « Allez en paix, et
tenez pour assuré que bientôt vous recevrez une
grande consolation de votre mari. Dites-lui de la

part de Dieu et de la mienne que c'est maintenant le temps de la miséricorde, et que plus tard ce sera celui de la justice. »

Cette femme s'en retourna donc après avoir reçu la bénédiction du saint, et elle rapporta ses paroles à son mari. Aussitôt l'Esprit-Saint descendit sur lui, et, le changeant en un homme nouveau, lui fit répondre avec mansuétude : « Mon épouse, servons le Seigneur et sauvons nos âmes. » A la persuasion de celle-ci, il consentit à garder la continence, et tous deux moururent heureusement le même jour dans le Seigneur.

X l

Il y avait dans l'Ordre un frère qui paraissait d'une sainteté remarquable et d'une vie exemplaire, mais c'était un homme d'une singularité extrême. Il s'appliquait continuellement à l'oraison et observait si rigoureusement le silence, qu'il avait coutume de se confesser par signe. Or le saint vint en ce lieu pour voir ce frère et s'entretenir de lui avec les autres religieux. Tous l'exaltèrent et en firent les éloges les plus magnifiques. L'homme de Dieu leur répondit : « Laissez, mes frères, c'est assez; ne me louez pas davantage en cet homme ce qui n'est qu'une illusion du démon; sachez en vérité qu'il y a là une tentation diabolique et une déception pleine de ruse. »

Les frères entendirent avec peine un pareil langage, et ils regardaient comme impossible que de telles apparences de perfection fussent l'effet des ruses de notre ennemi. Mais peu de jours après, cet homme ayant abandonné la religion, on comprit combien clairement le regard intérieur du saint avait pénétré le secret de son cœur.

XII

Il prédit plusieurs fois au seigneur Ugolin, cardinal d'Ostie, avec lequel il était lié de l'amitié la plus intime, qu'il serait élu pape, et en tête de toutes les lettres qu'il lui adressait, il écrivait : *Au Père futur des nations, au vénérable évêque en Jésus-Christ de l'univers entier*, etc. La suite confirma la vérité de cette prédiction ; car le cardinal Ugolin succéda à Honorius III, et fut appelé Grégoire IX.

XIII

Comme il voyageait par la Pouille, il rencontra un apostat de son ordre qui se jeta à ses pieds et lui demanda humblement pardon de son apostasie. Le bienheureux lui montrant une potence dressée non loin de là dans un endroit élevé, lui dit : « Je vous pardonne pour cette fois votre faute, rentrez dans la religion ; mais veillez sur

vous, car si vous rejetez de nouveau l'habit et
sortez de l'Ordre, vous serez attaché à cette potence. »

L'apostat rentra dans l'Ordre, mais il y demeura peu de temps ; puis quelques jours après
l'avoir quitté, il commit un crime, et, selon la
prophétie du saint homme, il termina misérablement et honteusement sa vie à la potence.

XIV

Peu avant sa mort, ayant rassemblé ses frères,
il les avertit des tribulations à venir, en leur
disant : « Agissez avec courage, mes frères, soyez
des hommes de cœur, et mettez votre espérance
dans le Seigneur. Les jours de grande affliction et
de grande tribulation s'avancent à grands pas ;
pendant ces jours les perplexités et les dangers
du corps et de l'âme se répandront comme un
torrent, la charité de beaucoup se refroidira, et
l'iniquité des méchants sera surabondante. Les
démons auront plus de puissance que de coutume, la pureté de notre Ordre et des autres
Ordres perdra de son éclat et sera défigurée ; on
arrivera à cet excès que peu d'entre les chrétiens
obéiront au souverain Pontife et à l'Église romaine avec un cœur vrai et une charité parfaite.
Au commencement de cette tribulation, un homme
non élu canoniquement s'élèvera au souverain

pontificat, et mettera toute son habileté à entraîner les masses dans son erreur mortelle. Alors les scandales se multiplieront, notre Ordre sera divisé, plusieurs d'entre les autres Ordres croûleront de tout en tout pour ne pas s'être opposés, mais s'être soumis à l'erreur. Il y aura tant de disputes et de divisions dans le peuple, les religieux et le clergé, que si ces jours, selon la parole de l'Évangile, n'eussent été abrégés, les élus eux-mêmes, s'il était possible, et s'ils n'étaient conduits par l'immense miséricorde de Dieu, seraient entraînés dans l'erreur. Notre règle et notre genre de vie seront alors attaqués avec violence par certains hommes. De terribles tentations se feront sentir, et ceux qui alors auront été fidèles dans l'épreuve recevront la couronne de vie. Mais malheur à ceux qui, mettant seulement leur espérance en leur Ordre, se laisseront aller à la tiédeur, et ne résisteront pas avec courage aux tentations permises pour éprouver les élus!

« Ceux qui seront pleins de ferveur et s'attacheront à la piété par amour et zèle de la vérité, auront à souffrir des persécutions et des injures comme des hommes désobéissants et schismatiques. Leurs persécuteurs, poussés par les esprits infernaux, diront que c'est faire une œuvre vraiment agréable à Dieu, que de mettre à mort et de faire disparaître de la terre des hommes si pervers. Mais le Seigneur sera alors le refuge des affligés, et il les sauvera parce qu'ils auront placé leur espérance en lui. Afin de se conformer à leur chef, ils agiront avec confiance, et, achetant par leur mort la vie éternelle, ils aimeront mieux obéir à Dieu qu'aux hommes ; ils refuseront d'adhérer au mensonge et à la perfidie, ils n'auront aucune crainte de la mort. La vérité alors sera ensevelie dans le silence par certains prédicateurs, d'autres, après l'avoir foulée aux pieds, la nieront. La sainteté de la vie sera un objet de moquerie pour ceux-mêmes qui en avaient fait profession ; voilà pourquoi Jésus-Christ leur enverra non pas un pasteur digne de ce nom, mais un exterminateur. »

XV

Frère Élie de Cortone, qui fut choisi par notre bienheureux Père pour vicaire général de l'Ordre après la mort du bienheureux Pierre de Catane, puis élu pour en être le général après la mort de saint François, était un homme doué d'une telle habileté, qu'il semblait avoir été formé par la nature pour les grandes affaires, et qu'il n'avait pas son égal dans toute l'Italie. Aussi fut-il cher à tous les princes et singulièrement considéré par chacun d'eux. Voyant le bienheureux faire asseoir à table à côté de lui certains frères, hommes simples et du dernier rang, qui étaient venus d'autres maisons, tandis que lui-même et d'autres religieux,

remarquables par leur habileté et leur savoir,
étaient laissés de côté, il le souffrit avec peine,
et, murmurant au dedans de lui-même, il dit :
« Ah! frère François, homme simple et sans
lettres, où nous mènerent votre peu de discernement et votre simplicité? Vous mortifiez les
hommes les plus distingués de l'Ordre, les colonnes
de notre religion ; vous perdrez cette religion par
votre sottise. »

Le bienheureux, ayant connu aussitôt le secret
murmure de son cœur, lui dit : « Non, frère Élie,
c'est vous-même qui détruisez cette religion par
votre vanité fastueuse et par votre prudence char-
nelle. Vous et vos semblables conduisez l'Ordre
au néant. Mais hélas! misérable, il ne vous sera
même pas accordé de mourir dans cet Ordre. »

Il en arriva ainsi : Élie, rempli d'un faste tout
humain, introduisit le relâchement dans l'Ordre
après avoir été élu ministre général, et il établit
plusieurs choses contraires à la pureté de la règle.
C'est pourquoi il fut déposé de sa charge, excom-
munié et privé de l'habit religieux par le pape
Innocent IV, et dans son irritation il s'attacha à
l'empereur Frédéric. Enfin, étant tombé malade à
Cortone, il envoya son propre frère à Innocent,
le conjurant avec les plus instantes prières de l'ab-
soudre de l'excommunication, ce que le pape,
touché de ses supplications et de ses larmes, lui
accorda.

XVI

Une fois, le saint prédit à frère Léon qu'une grande famine se ferait sentir dans toute l'Italie; il lui dit : « Hélas! frère Léon, à cause des péchés des peuples, le Seigneur enverra dans le monde une grande famine, mais à cause des mérites d'un certain pauvre dont j'ignore le nom, et aujourd'hui vivant parmi les hommes, ce fléau sera différé. Après la mort de ce pauvre, la famine sera telle, que des hommes sans nombre périront dans la misère la plus déplorable. »

Il révéla ces choses à frère Léon au moment de sa mort, mais il les apprit de Jésus-Christ sur le mont Alverne; et alors il déclara au frère, comme nous l'avons dit plus haut, qu'il réservait plusieurs choses qu'il devait lui révéler quand il serait sur le point de mourir. Cette prophétie eut son accomplissement aussitôt après la mort du saint. Une si grande famine désola toute l'Italie, que les malheureux en furent réduits à prendre pour nourriture non-seulement l'herbe des champs, mais l'écorce des arbres. Cette famine fut suivie d'une telle mortalité, qu'en tous lieux on ne voyait que l'image du trépas. Pendant ces jours de désolation, le bienheureux apparut à frère Léon, et lui dit qu'il était ce pauvre en considération duquel Dieu avait différé le fléau.

PARABOLE ET EXEMPLES

DU BIENHEUREUX PÈRE FRANÇOIS

—◇—

PARABOLE

Innocent III trouvait la règle des frères Mineurs trop dure et trop intolérable ; il jugeait impossible pour ceux qui feraient profession d'une telle pauvreté de trouver de quoi se nourrir et se vêtir. François lui proposa cette parabole :

« Une vierge pauvre, mais d'une beauté extrême, vivait dans un lieu désert et solitaire ; le roi de cette contrée la vit, et, admirant sa beauté, la prit pour épouse. Il demeura quelques années avec elle dans ce désert, il en eut plusieurs enfants qui avaient toute la beauté de leur mère et une ressemblance parfaite avec le roi. Le monarque étant donc retourné à son palais et remonté sur son trône, la tendre mère nourrit ses enfants ; puis, après les avoir élevés, elle les renvoya au roi en leur disant : « Mes enfants, vous avez pour père un grand roi, il demeure dans son palais ; pour moi, il n'a été ni en ma volonté ni en mon pouvoir d'abandonner cette solitude ; allez, vous autres, trou-

9

ver votre père, et faites-lui connaître de quel sang vous êtes sortis. »

« Ils le firent, et le roi reconnut aussitôt dans les enfants sa propre ressemblance, avec la beauté et les grâces de leur mère. Il leur dit donc avec amour : « Je vous reconnais véritablement comme nés de moi, et je vous élèverai comme des enfants de ma famille; si j'ai pris soin de nourrir de ma table et de mes trésors des étrangers et des serviteurs, combien plus serai-je empressé pour mes enfants, pour les enfants d'une mère que j'affectionne avec tant d'ardeur? Je ferai donc asseoir à ma table tous les enfants que j'ai eus d'elle, je me chargerai, moi, de les nourrir dans mon palais. »

« Ce roi, très-saint Père, c'est Jésus-Christ, le Seigneur du ciel et de la terre; cette vierge si belle, c'est la pauvreté. Le Roi des rois est descendu du ciel épris de sa beauté; à son entrée dans le monde il se l'est unie aussitôt dans la crèche. Il a engendré d'elle plusieurs enfants dans ce désert du monde : les apôtres, les anachorètes, les moines, et autres en grand nombre qui ont fait profession de la pauvreté volontaire. Comme ils portaient les livrées de la pauvreté royale du Christ, de son humilité et de son obéissance, leur mère les a envoyés au Roi, qui les a reçus avec bonté et a promis de pourvoir à leur nourriture en disant : « Je fais lever mon soleil sur les justes et sur les injustes, je donne la nourriture et le vêtement aux maures infidèles et aux païens étrangers à ma foi, je les sustente et les nourris de ma table et de mes trésors ; combien plus vous donnerai-je de grand cœur, et vous accorderai-je les choses dont vous avez besoin, vous et tous ceux qui naîtront de mon épouse bien-aimée la pauvreté ? »

« A ce Roi céleste, bienheureux Père, cette reine et épouse du roi, la pauvreté, envoie ses nouveaux enfants, comme n'étant point indignes de leurs aînés et de leurs devanciers, comme n'ayant en rien dégénéré de la beauté de leur père et de leur mère ; ils font profession comme eux d'une pauvreté parfaite. On ne doit donc pas craindre de voir mourir de faim les enfants et les héritiers du Roi éternel, qui, comme Jésus-Christ, ont pris naissance d'une pauvre mère ; ils seront nourris aussi eux-mêmes avec abondance dans une religion pauvre par l'esprit de pauvreté. Si le Roi des cieux a promis son royaume éternel à ses imitateurs, combien plus leur donnera-t-il les choses qu'il accorde indifféremment aux bons et aux méchants ? »

Le vicaire de Jésus-Christ, ayant écouté avec une grande attention cette parabole, fut pénétré d'une admiration profonde, et, reconnaissant à ne pouvoir en douter que le Seigneur avait parlé par la bouche de cet homme, il approuva la règle.

EXEMPLES

I

Un jour, on demandait à François quel homme on devait juger vraiment obéissant, il proposa pour exemple un corps mort. « Prenez un corps sans vie, dit-il, et placez-le où vous voudrez. Vous ne le verrez pas faire le moindre mouvement, ni se plaindre du lieu où vous l'aurez mis, ni réclamer contre l'abandon où vous le laissez. Qu'il soit dans un lieu élevé, il regardera en bas et non en haut ; qu'il soit déposé sur la pourpre, il n'en paraîtra que plus pâle. Tel est le vrai obéissant. Il n'examine pas pourquoi on le fait marcher ; il ne s'inquiète pas des lieux où il est placé, et il ne sollicite aucun changement. Élevé en dignité, il conserve son humilité accoutumée, et plus il reçoit d'honneur, plus il se juge indigne. »

II

« J'ai vu bien des fois, disait-il, un aveugle qui n'avait qu'un petit chien pour le guider dans sa route. Il le suivait partout où il le conduisait, et marchait selon sa volonté, sans demander à son guide la raison de tel chemin plutôt que de tel autre. S'il le faisait passer par des endroits pier-

reux, il marchait à sa suite; sur les places et les
endroits unis, il l'y accompagnait; s'il le menait à
l'église, il y priait; s'il le faisait entrer dans les
maisons, il demandait l'aumône, de sorte qu'il faisait toutes choses selon la volonté du chien qui le
guidait, et n'allait en aucun lieu sans être conduit
par lui. Tel doit être le vrai et parfait obéissant.
Pour obéir, il faut être aveugle, fermer les yeux
sous la conduite de son supérieur, ne vouloir ni
ne pouvoir distinguer dans ses préceptes que ce
qui est commandé, pour l'accomplir avec humilité
et promptitude; aller partout où la volonté ou
l'ordre des supérieurs nous précède, s'engager
joyeusement dans les sentiers difficiles et pierreux
en vue du mérite de l'obéissance, et s'y avancer
comme si l'on parcourait un chemin uni. Il n'est
ni convenable ni permis au vrai obéissant d'examiner jamais la difficulté de ce qui est commandé,
mais l'autorité de celui qui ordonne et le mérite
de l'obéissance. »

III

Attaqué par une tentation grave de la chair, il
se dépouilla de ses vêtements, saisit une corde et
en frappa rudement son corps. Ensuite, plein
d'une ferveur admirable d'esprit, il sortit ainsi nu
dans le jardin, se plongea tout entier dans un mon-
ceau de neige, et, la ramassant à pleines mains,

il en forma sept nouveaux monceaux. Alors il s'adressa ainsi à son corps : « Le plus grand de ces monceaux, lui dit-il, sera ton épouse ; ces quatre autres tes fils et tes filles, et les deux autres, le serviteur et la servante dont tu as besoin pour les servir. Hâte-toi donc de les couvrir de vêtements, car ils meurent de froid. Mais si un pareil travail te semble trop pénible, applique-toi alors soigneusement à ne servir que Dieu seul. » Le tentateur, vaincu ainsi, se retira aussitôt, et le saint rentra victorieux dans sa cellule.   (S. Bonaventure.)

IV

Alors qu'il n'avait encore que quatre frères, il proposa au bienheureux Ægidius, son compagnon, touchant la diffusion de son Ordre, l'exemple suivant : « Notre religion est semblable à un pêcheur qui jette ses filets et prend une multitude de poissons. Il choisit les plus considérables et les garde pour lui, puis il laisse de côté les moindres. Ce filet sera jeté dans les eaux de ce monde, cette religion gardera avec elle les hommes de vertus et de grande sainteté, mais elle laissera ceux dont la ferveur est médiocre, les hommes tièdes dans l'amour de Dieu, ou, si elle les accepte, elle les jettera ensuite. La multitude de ces poissons sera si grande, que je crains de voir nos filets se rompre à cause de leur abondance. »

V

Comme il était chaque jour singulièrement honoré par le peuple, et que tous, par dévotion et respect pour sa sainteté, baisaient ses mains, son vêtement, ses pieds et même l'empreinte de ses pas, sans que lui-même s'y opposât en aucune manière, un de ses compagnons, concevant quelque doute de son humilité, en le voyant permettre qu'on lui rendît tant d'honneurs, lui dit : « Ne voyez-vous pas, mon frère, et ne remarquez-vous pas ce que font ces hommes? et vous les laissez faire! Ils vous honorent outre mesure, et vous prodiguent leur vénération comme à un saint; et vous, vous ne rejetez et ne refusez rien de tout cela, vous semblez même vous y complaire. Pourquoi donc agissez-vous de la sorte? »

Le bienheureux lui répondit : « Loin de moi, mon frère, de rejeter ces choses; je les trouve même peu considérables. Certainement tous ces peuples devraient faire davantage. »

Le frère, de plus en plus troublé, ajouta : « Pour moi, je ne comprends pas qu'on vous regarde comme un saint, et que vous désiriez les louanges et les honneurs des peuples. »

Le bienheureux Père reprit : « Voyez, mon frère, et comprenez. Je ne m'attribue et ne m'approprie rien à moi de tout ce respect, mais je le renvoie tout entier à Dieu et me tiens moi-même dans la boue de mon humilité. J'apprécie très-bien ma bassesse, et je considère la majesté de Dieu. Les hommes ne retirent pas un avantage médiocre de ces respects, lorsqu'ils reconnaissent, honorent et vénèrent le Seigneur dans ses créatures. Celui-là ne méconnaît pas Dieu en lui-même, qui se montre reconnaissant de ses bienfaits dans la créature, et adore en elle sa divine majesté. Dans les images et les statues du Seigneur ou de sa Mère, on honore l'un et l'autre, et cependant ces images n'en conçoivent point d'orgueil, elles ne s'enflent point de ces honneurs. De même le serviteur de Dieu, son image vivante et véritable, quand Dieu est honoré et vénéré en lui pour quelques-uns de ses bienfaits qui paraissent en cette image, ce serviteur, dis-je, ne conçoit pas de lui-même des pensées plus élevées ou plus considérables, mais il s'affermit, au contraire, dans son humilité; il attribue tout à Dieu, et rien à soi; il se répute une vaine image, ou une statue, ou plutôt rien du tout en présence de ce Dieu, à qui il renvoie tout honneur et toute gloire, en gardant pour lui la tribulation, la misère et la honte. »

BÉNÉDICTIONS

DU BIENHEUREUX FRANÇOIS

PRÉFACE

L'homme qui avait prescrit des règles et des lois à ceux qui désiraient atteindre au sommet de la pauvreté et de la perfection évangélique, a ajouté des bénédictions en faveur de ceux qui se distinguaient par leur zèle et leur ferveur à les mettre en pratique. *Le législateur bénissait*, et les disciples, aidés de cette bénédiction, *marchaient* avec plus de fermeté et de courage *de vertu en vertu jusqu'au jour où il leur était donné de voir le Dieu des dieux dans Sion; car sa bénédiction était comme un fleuve qui déborde, et comme une eau abondante qui enivre la terre desséchée* (1). Par sa bénédiction il éteignait les flammes de la tentation, et il rafraîchissait la sécheresse des âmes. (ÉDITEUR.)

I

Frère Léon, demeurant sur le mont Alverne, y était en proie à une grave tentation. Le bienheu-

(1) Ps. LXXXIII; Eccli., XXXIX.

reux Père lui envoya la bénédiction suivante, qu'il signa du caractère et du signe mystérieux de la lettre *Tau*, dont il fit toujours un cas particulier, et qu'il grava lui-même de sa main. Cette bénédiction le délivra de toute tentation : « T. Que le Seigneur vous bénisse et vous garde, écrivait-il ; qu'il vous montre sa face, et qu'il ait pitié de vous ; qu'il tourne son regard vers vous, et vous donne la paix ; que le Seigneur bénisse frère Léon ! »

II

Les cinq martyrs qui souffrirent au Maroc s'arrêtèrent à Alanquer pour visiter leurs frères demeurant en ce lieu. Étant arrivés à verser leur sang pour la religion, selon leur vœu le plus ardent, lorsque le bienheureux apprit leur constance dans la foi, leur force dans le martyre, leur persévérance dans la sainteté, tressaillant d'allégresse en son âme, il envoya au couvent d'Alanquer, d'où ils étaient partis pour une action si sublime, la bénédiction suivante : « Maison sainte, demeure sacrée, tu as donné à Dieu, par le saint martyre, des fleurs belles et suaves, des fleurs à la couleur empourprée et au parfum le plus délicieux. Ces hommes sont les prémices et la gloire des frères Mineurs. Déjà ils sont les heureux possesseurs du royaume des cieux. O maison de Dieu, que tou-

jours tu possèdes des frères parfaits, ardents observateurs du saint Évangile ! »

III

Lorsque la renommée lui apportait, comme un
parfum embaumé, que ses saints frères répandus
par le monde avaient ramené beaucoup de pécheurs dans les sentiers de la vérité, il éprouvait
des transports d'allégresse en son esprit, et com-
blant de bénédictions toutes particulières ces religieux, il s'écriait : « Soyez bénis du Seigneur, vous
qui lui ramenez les pécheurs égarés en leur faisant
connaître la voie véritable, et vous conservez vous-
mêmes fidèles et zélés à pratiquer en tout le saint
Évangile. Que celui qui vous bénit soit béni du
Seigneur; que celui qui vous assiste et vous donne
l'hospitalité reçoive la récompense éternelle ! Que
Satan n'ait sur vous aucun pouvoir, et qu'il ne
vous tente pas au-dessus de vos forces. Ayez tout
empire sur lui et sur les siens; conquérez sa demeure, et enlevez ses dépouilles. Que la puissance
du Père vous aide, que la sagesse du Fils vous dirige, que la charité du Saint-Esprit vous enflamme.
Ainsi soit-il. »

Mais en même temps, ceux qui, en possédant
quelque chose, en acceptant de l'argent, ou en
commettant quelque péché, violaient la sainteté
de la règle; ceux qui souillaient de la poussière

des choses terrestres un Ordre dont la beauté principale consiste dans la profession de la pauvreté ; ceux qui scandalisaient les autres par leurs mauvais exemples, et introduisaient le relâchement parmi leurs frères, ceux-là, dis-je, encouraient de sa part, au nom de Dieu, les malédictions les plus terribles. « Qu'ils soient maudits de vous, Père très-saint, disait-il, qu'ils soient maudits de toute la cour céleste et de moi, votre pauvre serviteur, ces hommes dont les mauvais exemples renversent et détruisent de fond en comble ce que vous avez édifié et édifiez sans cesse par les saints frères de cet Ordre ! »

IV

Lorsque, en proie aux souffrances extrêmes de sa dernière maladie, on le transportait du palais de l'évêque d'Assise à la petite maison de Sainte-Marie-des-Anges, arrivé dans la plaine, en un endroit d'où il pouvait voir plus aisément la ville, il fit tourner vers elle le brancard sur lequel on le portait, pleura d'abord en la regardant, puis la munit de cette bénédiction : « Soyez bénie du Seigneur, ville fidèle à Dieu, parce que beaucoup d'âmes seront sauvées en vous et par vous ; les serviteurs du Très-Haut habiteront en grand nombre dans votre enceinte, et parmi vos habitants

bien des justes seront choisis pour le royaume
éternel (1). »

V

Une fois, il fut attaqué d'une douleur si grave
et si violente d'estomac, qu'il était sur le point de
mourir et que ses frères désespéraient de sa vie.
L'un d'eux, craignant donc de le voir enlevé
tout à coup à cause de ses fréquentes défaillances,
lui dit : « Bénissez-nous, mon Père, nous et tous
les autres frères que vous avez enfantés à Jésus-
Christ, et laissez-nous quelque mémorial de votre
volonté, dont les frères pourront garder en tout
temps le souvenir pour le plus grand bien de
leurs âmes. »

Alors le bienheureux Père, abaissant ses regards
sur ses enfants, leur dit : « Appelez-moi frère Benoît de Piratro (lequel servait toujours le saint
dans sa maladie, et disait la messe en sa présence),
afin que je vous bénisse. »

Ayant été mandé, il lui dit : « Écrivez, prêtre
de Dieu, comment je bénis tous mes frères qui sont
maintenant dans mon Ordre et y seront jusqu'à la
fin du monde. Mon infirmité m'empêchant de
parler, je fais connaître en peu de mots ma volonté

(1) La ville reconnaissante fit élever une petite chapelle à l'endroit même où le saint prononça ces paroles, et les fit graver
sur son frontispice.

et mon intention à tous mes frères présents et
futurs, comme la bénédiction et le testament dont
ils devront garder le souvenir : « Que les frères s'aiment les uns les autres comme je les ai aimés et je
les aime ; qu'ils chérissent toujours notre Dame la
pauvreté et ne s'écartent pas de ses lois; qu'ils
soient toujours fidèles et soumis aux prélats et aux
clercs de la sainte Église romaine; qu'ils soient
bénis et gardés du Père, du Fils, et du Saint-
Esprit. Ainsi soit-il. »

VI

A la mort du saint, tous les frères étaient dans
les larmes, en se voyant ravir un Père si illustre et
un pasteur si vigilant; il dit aux assistants : « Où
est mon premier-né frère Bernard? » Celui-ci s'é-
tant approché, il lui dit : « Venez, mon fils, afin
que mon àme vous bénisse avant ma mort. »

Mais par humilité, Bernard, craignant de sembler prendre pour lui ce qu'il pensait dû, à cause
de la dignité de son emploi et de l'éminence de sa
charge, à frère Élie, alors vicaire - général de
l'Ordre, et considéré comme le successeur de
l'homme bienheureux, suggéra à ce frère de s'approcher de la droite du mourant et de recevoir la
bénédiction offerte. Élie s'étant donc prosterné
devant le saint, que l'habitude de répandre des
larmes avait rendu presque aveugle, celui-ci, plein

de l'esprit prophétique, lui imposa les mains sur la tête, et dit : « Ce n'est point là la tête de mon premier-né frère Bernard. » Puis, croisant ses bras, comme un autre Jacob, et plaçant sa main droite sur la tête de frère Bernard, qui se tenait à genoux à la gauche de son Père, il le bénit en ces termes :

« Que le Père de Notre-Seigneur Jésus-Christ vous bénisse de toutes les bénédictions qu'il a répandues sur nous du haut des cieux en son Fils. Comme vous avez été choisi le premier pour donner dans cet Ordre le bon exemple de la vie évangélique, et pour imiter la pauvreté dont Jésus-Christ nous a laissé l'exemple dans son Évangile, et que vous lui avez offert de grand cœur non-seulement vos biens, mais encore votre personne comme un sacrifice de suavité, ainsi soyez béni du Seigneur Jésus et de moi, son tout pauvre serviteur; soyez béni d'une bénédiction éternelle, soit que vous entriez ou que vous sortiez, que vous veilliez ou que vous dormiez, que vous viviez ou que vous mouriez. Que celui qui vous aura béni abonde en bénédictions, et que celui qui vous aura maudit ne demeure pas impuni. Soyez le seigneur de vos frères, et que tous soient soumis à votre empire. Que tous ceux que vous aurez voulu recevoir dans cet Ordre y soient reçus, et ceux que vous aurez voulu en renvoyer en soient renvoyés. Qu'aucun n'exerce sur vous sa puissance, et qu'en quelque lieu que vous voudrez aller ou demeurer, vous puissiez le faire librement. »

VII

L'heure de sa mort étant proche, il fit appeler près de lui tous les frères présents à Sainte-Marie-des-Anges, et chercha à adoucir par ses paroles la douleur que sa mort allait leur causer. Il les exhorta avec une affection toute paternelle à aimer Dieu, à garder la patience et la pauvreté, et à demeurer fidèles à la sainte foi de l'Église romaine. Ensuite il ajouta : « Adieu, mes enfants, fortifiez-vous dans la crainte du Seigneur, et soyez-y persévérants. La tentation et la tribulation approchent ; bienheureux ceux qui resteront fidèles en leur sainte entreprise. Pour moi, je m'en vais à mon Dieu, et je vous confie tous à sa grâce. J'ai fait ce qui était en mon pouvoir ; que Jésus-Christ vous enseigne ce que vous avez à faire. »

ORACLES ET SENTENCES

DU BIENHEUREUX PÈRE FRANÇOIS

I

Le plus grand ennemi de l'homme est la chair ; si elle se souvient de ses maux, c'est pour s'en plaindre ; si elle en prévoit quelqu'un, c'est pour s'en effrayer. Toute son occupation est d'abuser des choses présentes, et, ce qui est pire, elle usurpe pour elle-même tous les biens, elle les tourne à sa propre gloire, elle s'arroge avec impudence ce qui a été accordé à l'âme et non à elle. Elle s'empare des louanges données à la vertu, de l'estime donnée par le monde aux veilles et à la prière, elle ne laisse rien à l'âme, elle lui réclame jusqu'à l'obole de ses larmes.

II

Offrir l'amour de Dieu en échange de l'aumône reçue, est une noble prodigalité, et je jugerais bien insensés ceux qui regarderaient pareil bien

comme inférieur à de misérables deniers. Le prix
de l'amour divin est seul inappréciable; car il
suffit pour nous faire acquérir le royaume des
cieux, et l'amour de celui qui nous à tant aimés
mérite bien notre affection au suprême degré.

III

La grâce de l'oraison doit être l'objet constant
des désirs d'un religieux ; sans elle il ne peut avancer dans le service de Dieu, ni rien obtenir de lui.

IV

Le trésor de la sainte pauvreté est si excellent et
si divin, que nous sommes indignes de le posséder
dans le vaisseau abject de nos corps. Par cette vertu
tous les objets terrestres et passagers sont foulés
aux pieds, tous les obstacles repoussés, et l'âme
humaine s'unit à Dieu de la façon la plus intime.
C'est elle qui fait converser avec les anges dans le
ciel l'âme encore habitante de la terre, elle qui
s'associe à Jésus-Christ sur la croix, se cache avec
lui dans le tombeau, ressuscite avec lui du sépulcre, et l'accompagne dans le ciel. C'est elle qui
donne aux âmes éprises de son amour l'agilité pour
s'élever dans les cieux, même durant cette vie,
lorsqu'elle à soin de prendre pour armes la vraie
humilité et la charité.

V

Le F.ls de Dieu est descendu des hauteurs du sein de son Père à l'abjection de notre humanité afin de nous enseigner l'humilité, comme Notre-Seigneur et notre Maître, par ses exemples et ses paroles. Voilà pourquoi c'est une folie de se glorifier des faveurs humaines et de s'enorgueillir des choses terrestres. En effet, ce qui est élevé aux yeux des hommes est une abomination devant Dieu, et l'homme est en soi-même ce qu'il est au regard de Dieu, et rien de plus.

VI

Les emplois de supérieur et les sollicitudes de la prédication ne doivent point être un motif pour ceux qui les exercent de négliger la sainte et pieuse oraison, de ne point aller demander l'aumône, de ne point se livrer de temps à autre au travail des mains et aux autres œuvres d'humilité, comme le reste des frères, tant pour le bon exemple que dans l'intérêt d'une foule d'âmes. Car les inférieurs et les peuples s'édifient des exemples des ministres et des prédicateurs, ils s'adonnent plus volontiers à l'oraison, ils se soumettent avec plus d'humilité aux œuvres humiliantes et aux fonctions basses en les voyant s'y livrer eux-mêmes. Si, au contraire, ils se refusent à de telles choses, ils ne peuvent sans rougir, sans se faire tort et se condamner eux-mêmes, y exhorter les autres; il leur faut, à l'exemple de Jésus-Christ, faire avant que d'enseigner, puis faire et enseigner en même temps.

VII

Autant l'homme opère, autant il a de science, et autant il opère, autant il est bon religieux et bon orateur; l'arbre se connaît par ses fruits.

VIII

Les fêtes du Seigneur et des saints se célèbrent mieux par l'indigence et la pauvreté, qui les ont introduits dans le ciel, que par l'agitation et la superfluité, qui éloignent l'âme du ciel.

IX

La bonté est une des vertus du Seigneur; il donne aux justes et aux injustes le soleil et la pluie, et toutes les choses nécessaires à la vie. La bonté est sœur de la charité, elle éteint les haines et conserve l'amour.

X

Il n'est pas permis d'enlever le bien des autres et de le donner aux pauvres. Donner le bien des autres ne confère pas un droit à la récompense, mais un titre à la punition.

XI

Chacun doit rougir de se répandre en distractions frivoles, lorsqu'il a l'honneur de s'entretenir avec le grand Roi au temps de l'oraison.

XII

La connaissance de soi-même conduit facilement à la connaissance de Dieu celui qui, s'appliquant à méditer les saintes Écritures, en scrute les mystères divins avec humilité et non avec présomption.

XIII

Le serviteur de Dieu, toutes les fois que le trouble s'empare de lui, doit avoir aussitôt recours à l'oraison et persévérer à se tenir en présence du Père suprême jusqu'à ce qu'il lui ait rendu la joie

de son salut. Si la tristesse demeurait longtemps
en lui, ce serait un fléau qui s'y fortifierait,
et, s'il n'était dissipé enfin par l'abondance des
larmes, il produirait dans le cœur une rouille
extrême.

XIV

Le résultat de la renommée est de diminuer le
trésor secret de la conscience. Or, il est bien plus
prenicieux et dangereux d'abuser des grâces que
d'en manquer. Il n'y a pas plus de vertu à acquérir
le bien qu'à le conserver en sûreté une fois qu'on
l'a acquis.

XV

Toutes les condescendances ou facultés obtenues
d'un supérieur sur la demande d'un inférieur
méritent, à proprement parler, le nom de permis-
sions; mais ce que le supérieur enjoint, et que
l'inférieur ne demande pas, appartient, selon moi,
aux actes de la sainte obéissance. Je juge l'obéissance plus sûre et meilleure que toute permission,
parce que dans l'une se trouve quelque chose de
la volonté propre, et dans l'autre seulement
celle du supérieur. L'obéissance souveraine est
celle où le rideau tire le rideau, où la volonté
du supérieur gouverne la volonté de l'inférieur,

où la chair et le sang n'ont rien et ne laissent rien voir de propre. Cependant il y a obéissance pure et parfaite quand on demande la permission d'aller chez les infidèles pour y gagner des âmes ou par désir du martyre, pourvu que ce désir vienne de l'inspiration divine; car alors le rideau tire le rideau, la volonté divine la volonté humaine. Faire donc une pareille demande sera agréable à Dieu et nullement contraire au mérite de l'obéissance.

XVI

Si le corps veut être en repos pour prendre une nourriture qui doit être avec lui la pâture des vers, combien plus l'âme a-t-elle besoin de prendre avec calme et tranquilité l'aliment de vie, qui est Dieu, lequel dans l'oraison et la récitation attentive de l'office divin veut bien s'entretenir avec nous familièrement.

XVII

L'oisiveté est la sentine de toutes les pensées mauvaises; il faut donc travailler et s'exercer à quelque ouvrage, de peur que l'oisiveté ne nous entraîne au mal dans nos pensées ou nos paroles.

XVIII

Quand un serviteur de Dieu reçoit la visite du Ciel en son oraison, il doit dire : « C'est vous, Seigneur, qui avez envoyé du lieu de votre gloire cette consolation à un homme pécheur et indigne ; maintenant je vous en confie la garde ; car je suis un voleur capable de vous ravir votre trésor. » Et lorsqu'il revient de l'oraison, il doit se montrer aussi pauvre et aussi misérable que s'il n'avait reçu aucune faveur nouvelle.

XIX

Les supérieurs doivent rarement commander en vertu de l'obéissance, et ne pas lancer tout d'abord le trait qu'on doit garder comme moyen extrême. Il ne faut pas mettre tout de suite la main à l'épée. Mais celui qui ne craint pas l'épée, ou autrement l'inférieur qui ne se hâte pas de se soumettre au précepte de l'obéissance, celui-là ne craint pas Dieu et ne tient aucun compte des hommes, s'il n'a une raison grave qui lui fasse différer d'obéir. Le supérieur ne doit donc pas être indiscret en donnant des ordres ; car qu'est-ce que l'autorité du commandement chez un supérieur indiscret, sinon un glaive dans la main d'un furieux ? Mais qu'y a-t-il en même temps de plus triste que celui qui néglige ou méprise l'obéissance ?

XX

Je juge si abondant le fruit de l'obéissance, que ceux qui se soumettent à son joug ne sauraient compter aucune perte de temps, ni passer même une heure sans quelque profit.

XXI

Nul ne doit s'applaudir frivolement de ce qu'il est au pouvoir d'un pécheur de faire. Un pécheur peut jeûner, prier, pleurer, mortifier sa chair; une seule chose lui est impossible, être fidèle à son Dieu. Il n'y a qu'un point où nous puissions nous glorifier: Si nous rendons au Seigneur la gloire qui lui appartient, et si, en le servant fidèlement, nous lui rapportons les biens que nous avons reçus de lui.

XXII

On doit tout respect et tout honneur aux prêtres de Dieu; car ils sont élevés en dignité au-dessus de tous les hommes. Ils sont les Pères spirituels de tous les chrétiens, l'esprit et la vie de ce monde. Pour moi, si je voyais venir sur mon che-

min un prêtre et un ange, je me porterais tout de
suite au-devant du prêtre pour lui baiser les mains,
et je dirais à l'ange : « Attendez, ô ange, car ces
mains touchent le Verbe de vie et ont un pouvoir
plus qu'humain. »

XXIII

Je jouis plus du royaume de France que le roi
de France lui-même ; car je jouis de la joie que le
roi tire de la possession de son royaume, et j'ai sur
lui une prérogative dans ma joie, c'est que le roi
doit supporter les travaux et les charges de son
royaume, et moi j'ai une joie exempte de travail et
de charges.

XXIV

Que les supérieurs des réguliers mettent leur
principale sollicitude à ne point changer les bons
usages, si ce n'est pour en introduire de meilleurs ;
à ne point chercher les faveurs, à ne point exercer
la puissance, mais à remplir leur devoir.

XXV

La sagesse suprême consiste à faire de bonnes
œuvres, à se bien garder soi-même et à considérer
les jugements de Dieu.

XXVI

La vraie pauvreté est la racine de l'obéissance, la mère du renoncement, la mort de la propre complaisance, la ruine de la vanité et de la cupidité.

XXVII

L'obéissance est l'œuvre de la foi, la marque de l'espérance véritable, le signe de la charité, la mère de l'humilité, la source de la paix divine qui surpasse tout sentiment.

XXVIII

Les frères doivent considérer dans les livres ce qu'ils nous apprennent du Seigneur, et non leur prix ou leur beauté. Ils doivent en avoir peu, les posséder en commun, et les tenir à la disposition de ceux qui en manquent.

XXIX

Un pauvre peut être plus libéral qu'un riche, parce que, si le riche donnait tout ce qu'il possède, il viendrait à manquer, et il rougirait; d'un autre côté, s'il ne donne pas alors qu'il possède, quand même il serait disposé à le faire s'il n'avait crainte de manquer, sa volonté, quoique bonne, n'est pas réputée pour le fait, parce qu'il a de quoi la mettre à exécution. Au contraire, le pauvre qui n'a rien, et désire donner aux pauvres sans pouvoir le faire, bâtir des hôpitaux, sans pouvoir remplir son désir, ce pauvre, dis-je, voit sa bonne volonté comptée comme si elle avait eu son effet.

XXX

Toute la joie du monde semble amertume à celui qui a goûté Dieu. Goûtez donc et voyez combien le Seigneur est aimable et délicieux, et jamais vous ne vous repentirez d'avoir goûté une telle suavité. Mais autre chose est d'aimer le monde; sous l'appât de cet amour est caché un hameçon; l'amour des choses mondaines produit toujours des fruits nombreux de douleur. Si vous aimez votre épouse, vos enfants, vos biens, vos maisons, les honneurs; lorsque vous vous les voyez enlevés par la mort ou autrement, vous ressentez une douleur d'autant plus grande, que votre affection et votre amour pour ces sortes de biens ont été plus considérables.

———

SENTENCES (1)

1. Voici les armes qui peuvent détruire une âme pure : Les regards, les entretiens, les libertés, les familiarités.

2. Celui qui se retire dans le désert se soustrait à trois sortes de combats : Aux combats de la vue, de l'ouïe, de la médisance.

3. Mes bien-aimés, dans cette vallée de larmes, n'ayez rien de si beau, ni de si délectable, que votre âme en devienne esclave.

4. Fuyez les créatures, si vous voulez avoir de l'empire sur les créatures.

5. Fuyez le monde, si vous voulez être purs; si vous êtes purs déjà, le monde a cessé d'avoir pour vous des attraits.

6. Fuyez, gardez le silence, et demeurez en paix.

7. Si vous vous excusez, Dieu vous accuse; si vous vous accusez, Dieu vous excuse.

8. Celui-là n'est pas parfaitement bon, qui ne peut se conserver bon avec les méchants.

9. La tentation à laquelle on ne donne point de consentement sert à accroître la vertu.

---

(1) Parmi ces sentences, quelques-unes appartiennent au bien-heureux, d'autres sont empruntées aux écrits des saints Docteurs, et il s'en servait pour l'instruction de ses enfants. Elles ont été tirées d'un manuscrit d'Assise. (ÉDITEUR.)

10. L'amour rend léger tout ce qui est lourd, elle change en douceur toute amertume.

11. L'amour de Dieu n'est jamais oisif.

12. De beaux vêtements, une demeure commode, les vins, les mets, l'oisiveté, le sommeil, énervent l'âme et fomentent la luxure.

13. Lorsque je dis : *Je vous salue, Marie,* le Ciel rit, les anges sont dans la joie, le monde tressaille d'allégresse, l'enfer tremble, les démons fuient.

14. Comme la cire se fond au contact du feu, et la poussière se disperse sous le souffle du vent, de même à l'invocation du nom de Marie toute l'armée des esprits infernaux se dissipe.

15. Dans le danger, dans les angoisses, dans les choses difficiles, invoquez Marie, pensez à Marie ; qu'elle ne sorte pas de votre cœur, qu'elle ne sorte pas de votre bouche, et, afin d'obtenir son suffrage, ne cessez d'imiter ses exemples.

16. Que toute créature devienne vile à vos yeux, si vous voulez que le Créateur se plaise en votre cœur.

APPENDICE

AUX

ŒUVRES DE SAINT FRANÇOIS

AVERTISSEMENT

Les discours et les opuscules suivants respirent la doctrine et les pensées de saint François ; mais tous les écrivains de l'ordre séraphique ne s'accordent pas à les lui attribuer. Nous avons donc cru devoir imiter Wadingue, l'éditeur des œuvres du saint, et renvoyer à la fin de notre volume ces ouvrages douteux. Leur lecture au reste ne pourra qu'être profitable, et en plus d'un endroit ils rappelleront les paroles mêmes de François d'Assise.

DISCOURS

I

De l'humilité et de la patience.

Ces vertus que Jésus-Christ a eues pour compagnes inséparables sur la croix, l'humilité et la patience, et qu'un amour indissoluble a unies comme deux sœurs, ce court entretien ne les séparera pas non plus. Le serviteur de Dieu doit souffrir beaucoup de choses pour Jésus-Christ, puisqu'il espère jouir avec lui des biens éternels. D'après la parole de l'Apôtre, les peines de cette vie ne sont pas dignes d'entrer en comparaison avec la gloire à venir qui sera manifestée en nous. Il n'y a et l'on ne saurait rencontrer deux joies parfaites, il ne peut y avoir deux bonheurs complets. Jésus-Christ a commencé son enseignement par l'humilité dans la crèche, et il l'a terminé par la patience sur la croix. Lui-même a dit : « Bienheureux ceux qui souffrent persécution pour la justice. » Il sait très-bien en effet changer la peine en gloire, la persécution et la crainte en joie. L'ouvrier fait du métal qu'il reçoit une coupe ou un autre vase de la nature de ce métal, mais jamais il ne tirera d'une masse de plomb une coupe d'argent ; Dieu seul tire du travail le repos, et des tourments un bonheur éternel. Il convient donc qu'ils soient diligents, humbles et patients, les serviteurs qui attendent de leur maître une récompense incomparable.

II

Contre le péché mortel.

Fuyons sans réserve le péché mortel, mes

frères. Considérez et voyez combien repoussant et difforme est un corps sans mouvement, privé de tout sentiment de vie, et comprenez que beaucoup plus repoussante et plus difforme est l'âme sans Dieu, qui est l'âme de l'âme, quand elle se plonge dans le péché mortel. Si une créature ne peut se passer du secours d'une autre créature, combien plus la créature a-t-elle besoin de son Créateur? Il y a plus de distance de la grâce au péché que de la gloire à la grâce; la distance entre la grâce et le péché est infinie, entre la grâce et la gloire chez les saints la mort seule fait la séparation. Celui donc qui pèche mortellement s'éloigne de Dieu et se voue à l'enfer; or, entre l'enfer et le pécheur la vie seule est la séparation, et bien souvent cette vie se termine et disparaît par une mort soudaine et instantanée. Combien avons-nous vu d'hommes se mettre au lit en bonne santé, et prendre place bientôt après parmi les morts?

Conjurons donc Dieu humblement de daigner, après nous avoir soutenus par sa grâce, nous conserver saints par cette même grâce, et nous régénérer miséricordieusement en elle si nous sommes assez malheureux pour tomber dans le péché. O Dieu fort et charitable, autant vous êtes prompt à pardonner aux pénitents, autant vous êtes puissant et sévère à punir les obstinés.

III

Du bien de l'aumône.

O homme, faites l'aumône au pauvre; par lui vous la faites à votre Créateur. Il s'est constitué, à la place du pauvre, débiteur d'une récompense parfaite et surabondante, d'une rétribution qui dépasse toute mesure. Par le pauvre seulement nous pouvons offrir nos biens à Dieu, et par le pauvre seulement il peut en avoir besoin. Voyez donc, mes frères, le bonheur de celui qui fait l'aumône, de pouvoir donner à Celui qui accorde et donne à tous avec abondance. Non-seulement le riche qui possède beaucoup lui donne beaucoup, mais beaucoup plus encore lui donne le pauvre qui lui donne ce qu'il a. La veuve de l'Évangile mit tout son avoir dans le trésor du temple, quand elle donna de bon cœur les deux seules oboles en sa possession. Aussi Jésus-Christ la loua-t-il publiquement en déclarant à haute voix son offrande non une offrande médiocre, mais une offrande abondante. Ne craignons donc pas de distribuer aux pauvres et aux indigents une partie de nos biens terrestres et périssables, puisque nous acquérons à ce prix des biens immenses et éternels.

L'héritage des pauvres c'est l'aumône, et cet heritage, notre glorieux frère Jésus - Christ le

leur à acquis à tous. Quand donc nous distribuons
quelque chose aux indigents, nous ne leur donnons pas un bien étranger, mais un bien qui leur
est vraiment propre. Pour moi, je prie en Jésus-
Christ Notre-Seigneur mes frères Mineurs, puisqu'ils ont accepté de devenir pauvres à son
exemple et de demander l'aumône en son nom,
de ne pas rougir de le faire de porte en porte. Le
Seigneur lui-même a vécu d'aumônes. Si donc une
vile créature fait ce qu'elle a vu son Sauveur
faire lui-même le premier; elle ne doit point
en rougir, mais s'en glorifier, et les hommes
ne jugeront pas une telle façon d'agir honteuse,
mais honorable. D'ailleurs le pauvre mendiant
comble de trésors bien plus abondants que ceux
qu'il reçoit, le riche à qui il demande l'aumône, et il lui offre une occasion secrète de
gain et de profit. Il enseigne alors au riche
de la part de Dieu à ne point mépriser et à
ne point dédaigner les indigents. Enfin, si les
pauvres ont à souffrir quelque humiliation de la
part des riches, le Juge suprême en tirera une
vengeance sévère, et dans sa miséricorde paternelle il essuiera les larmes de ceux qui en auront
été les victimes.

Tout ce que les hommes laissent sur la terre se
flétrit, l'aumône seule qu'ils ont faite durant leur
vie demeure toujours pleine de fraîcheur. Ce
qu'ils ont donné dans le monde, ils le trouvent

dans le ciel, et qu'ils ont dépensé en biens temporel, ils le recouvrent en biens éternels.　　•

Que celui qui demande l'aumône rende à Dieu des actions de grâces égales quand on lui donne avec miséricorde et quand on lui refuse avec dureté; quand on lui donne, parce que Dieu lui envoie de quoi couvrir sa nudité et calmer sa faim; quand on lui refuse, parce qu'on lui offre une occasion de mérite et de patience.

I V

De l'amour des ennemis.

Écoutez, mes frères, le message que Dieu vous envoie du ciel par son pauvre petit serviteur. Aimez tous les hommes, et ceux qui vous sont favorables, et ceux de qui vous avez à souffrir des désagréments; car les uns sont manifestement vos amis, et les autres ne sont en aucune façon vos ennemis. Ceux qui vous aiment vous servent, vous donnent la nourriture et le vêtement, ceux-là font du bien à votre corps; ceux qui vous persécutent, s'irritent contre vous, vous accablent d'injures, procurent des biens de plus d'une sorte à votre esprit. Tous sont donc vos amis, et nul ne doit être appelé un ennemi, parce que tous vous font du bien, et nul en réalité ne vous fait d'injure. Vous n'avez point d'autre ennemi que vous-mêmes. Si donc vous voulez haïr vos ennemis, commencez par votre corps et vos appétits sensuels. Si vous voulez vous venger de votre ennemi, flagellez votre corps, et soumettez-le à votre esprit comme un esclave. Que Dieu, qui vous a créés, et Jésus-Christ, qui vous a rachetés, soient avec vous et vous protégent contre tout malheur.

V

De la parfaite obéissance.

Nous sommes tous des créatures de Dieu, mes frères, créatures que le Très-Haut a enrichies dans sa bénignité extrême de beaucoup de biens de préférence aux autres. Si nous ne lui obéissons et n'accomplissons pas ce qu'il nous ordonne, comme nous lui en avons fait la promesse dans le baptême, il nous privera de la gloire éternelle et nous précipitera en enfer. Nous perdrons la liberté des enfants, et nous tomberons dans la servitude des captifs. Ne désirons pas commander aux autres, mais plutôt être soumis à toutes les créatures par amour sincère du Créateur. Ceux qui auront agi ainsi et auront persévéré, l'esprit de Dieu se reposera sur eux, et il fera en eux sa demeure. Ils seront les fils du Père céleste, les frères de Notre-Seigneur Jésus-Christ, et leurs

10

âmes les épouses du Saint-Esprit. Or ces fiançailles se célèbrent quand l'Esprit divin et notre âme s'unissent mutuellement par la charité. Nous sommes les frères de Jésus-Christ quand nous participons à ses biens, et nous méritons le nom d'enfants de Dieu, quand nous ressemblons à Dieu par nos œuvres.

Oh ! combien il est glorieux d'avoir un Père dans les cieux ! Combien il est beau et délectable d'être uni à un tel époux ! Combien il est avantageux et honorable d'avoir pour frère l'héritier du royaume des cieux ! Saint Paul l'appelle *le premier-né*, saint Jean *le Fils unique*; il est le premier-né par son union à notre nature, et Fils unique par sa divinité, qu'il a reçue de toute éternité de son Père dans une égalité parfaite.

Le Seigneur a dit dans l'Évangile : « Quiconque ne renonce pas à tout ce qu'il possède, ne peut être mon disciple ; » et encore : « Que celui qui veut sauver son âme, la perde. » C'est comme s'il disait : Celui-là abandonne toutes choses, qui renonce à sa volonté propre ; celui-là sauve son âme en la perdant, qui renonce à tout bien propre et se soumet sans réserve au pouvoir de son supérieur.

Il y a des inférieurs trompés par l'erreur de leur sens propre, qui jugent tout de suite contraire à la règle et à leur âme tout commandement du supérieur opposé à leur volonté insoumise. L'obéissance parfaite est celle où un religieux omet ce qui lui semble meilleur et plus convenable, pour faire uniquement par soumission à l'ordre de son supérieur ce qu'il juge moins parfait et moins conforme au bon sens. En cela il acquiert un grand mérite, parce qu'il renonce entièrement à sa volonté propre, et obéit à une volonté étrangère, au lieu de suivre la sienne. Celui qui se soumet à son supérieur, se soumet à Dieu, et donne au prochain un excellent exemple. L'obéissance suprême est celle dans laquelle la chair ou le sang ne reconnaît rien du sien. Le parfait obéissant ne doit pas attendre qu'on lui réitère une seconde ou une troisième fois un ordre; car celui qui n'obéit pas au premier mot de son supérieur, obéit non de plein gré, mais contraint par la nécessité. Celui qui n'obéit pas promptement, quand il n'a pas une raison suffisante de retarder, n'a ni la crainte de Dieu, ni le respect des hommes. Le fruit de l'obéissance est vraiment fécond; le véritable obéissant ne compte aucun moment sans gain.

VI

De la valeur ou de la dignité de l'âme.

Il faut exercer la plus grande vigilance sur son âme; car l'homme n'en a pas plusieurs, mais une seule. Si Dieu nous en eût donné deux, comme il nous a donné deux yeux ou deux pieds, la première enlevée ou perdue, nous eussions pu garder ou sauver l'autre. Mais nous en avons reçu une seulement, et encore l'avons-nous reçue faible et languissante, en butte et exposée aux traits les plus redoutables de trois ennemis puissants : du monde, de la chair, et du démon ; il ne lui est pas permis de se reposer en sécurité même un seul jour, il lui faut à chaque instant descendre dans la lutte et dans l'arène. L'Apôtre nous a marqué ce combat comme incessant, il l'a appelé non une guerre, mais une lutte. « Nous n'avons pas à lutter, dit-il, contre la chair et le sang, mais contre les principautés et les puissances. »

Dans la guerre ou le combat, quelquefois on accorde aux soldats le temps de reposer un peu leur corps, de mettre bas les armes, de cesser le travail et de réparer leurs forces ; ils ne sont pas toujours forcés durant l'hiver de passer les nuits exposés aux intempéries de l'air ; on leur accorde une tente pour la saison mauvaise, et quelquefois même la faculté de demeurer dans les villes. Mais pour les lutteurs, il leur est permis seulement de respirer quand ils ont vaincu leur adversaire, quand ils l'ont étendu sur la terre et se sont retirés victorieux.

La lutte avec nos ennemis ne cesse jamais ; le temps de cette lutte c'est le temps de la vie, et la fin de la vie seulement est le commencement du repos; notre adversaire, le démon, se retirera seulement après la mort, parce que dans la mort même il redouble ses efforts pour nous renverser.

Prions donc le Seigneur de nous protéger par ses grâces, et de nous défendre dans sa miséricorde contre notre ennemi au milieu de tant de dangers. O douleur! nous n'échangeons aucune chose à aussi vil prix que notre âme, si précieuse pourtant. Nous la précipitons en enfer à la moindre occasion; pour l'avantage le plus médiocre, nous la dépouillons de la grâce inestimable de Dieu.

VII

Des obligations des prêtres.

Prêtres vénérables, vous êtes les amis de Dieu, les hommes de sa maison; vous vous nourrissez de son pain : reconnaissez votre dignité. Estimez avant tout la dévotion, appliquez-vous à la contemplation; que l'Esprit-Saint soit la lumière de votre intelligence et la flamme de votre volonté. Soyez fidèles aux promesses que vous avez faites à Dieu, et ne retournez, ni par vos démarches ni par votre affection, aux choses que vous avez abandonnées. Fuyez l'ambition, et n'aimez point la supériorité entre vos frères. Rappelez-vous que Celui qui l'emporte infiniment sur les anges et sur les hommes, venant en ce monde, s'est placé non-seulement au-dessous des anges, mais encore au-dessous des hommes ; il s'est mis au-dessous de tout quand il a dit : « Je ne suis point venu pour être servi, mais pour servir. »

Que ceux à qui il arrivera d'être choisi pour supérieurs ne commandent pas avec orgueil à leurs inférieurs comme des maîtres; mais qu'ils les corrigent avec humilité, comme il convient à de vrais ministres; qu'ils pourvoient à tous leurs besoins, en ayant un grand soin des choses du corps, et un plus grand de celles de l'âme; qu'ils se considèrent comme les pasteurs des âmes de leurs inférieurs, dont ils auront, selon l'Apôtre, à rendre compte au Juge redoutable. Les pasteurs de brebis, si une d'elles vient à mourir ou à périr de froid, font tous leurs efforts pour apaiser leur maître, en lui remettant la peau de cette brebis; mais les pasteurs des âmes seront rigoureusement forcés au jugement de Dieu de rendre non pas une peau pour une brebis, mais peau pour peau, âme pour âme. Qu'ils traitent donc leurs inférieurs comme ils se traitent eux-mêmes, et se montrent à leur égard comme ils font pour eux-mêmes.

Dieu ordonne aux pécheurs de se repentir de leurs péchés et de les découvrir aux prêtres dans une confession sincère; c'est donc aux prêtres à reprendre les pécheurs de leurs fautes et à les ramener par la pénitence à la vertu. Ils doivent aussi exhorter leurs pénitents à se confesser souvent et à

recevoir fréquemment le très-saint corps du Seigneur ; car s'il est la nourriture sans laquelle l'âme
languit et se dessèche, pourquoi tous les hommes
ne désirent-ils pas s'asseoir et le manger tous les
jours à la table où il est offert à tous ? Celui que le
voyage fatigue, a un besoin plus grand de se fortifier en prenant une nourriture plus abondante. Si
donc nous sommes tous des voyageurs, et si nous
nous dirigeons vers la patrie, pourquoi ne dési-
rons-nous pas nous fortifier par cette précieuse et
suave nourriture? Élie l'a mangée en figure, et il
a marché soutenu par la force qu'elle lui avait
communiquée. Si nous prenions plus souvent ce
pain avec les dispositions convenables, nous fe-
rions de plus grands progrès dans la voie de la
vertu, nous marcherions d'un pas plus ferme vers
notre patrie, le terme de notre voyage.

SIX RAISONS PRINCIPALES

POUR LESQUELLES LE DIEU TRÈS-BON ET TRÈS-GRAND A ACCORDÉ A SON ÉGLISE LA RELIGION DES FRÈRES MINEURS.

Les frères Mineurs ont été donnés et accordés par Dieu surtout pour offrir aux hommes l'image de Jésus-Christ Notre-Seigneur, et rappeler au souvenir des chrétiens ses immenses bienfaits, alors presque tombés dans l'oubli du monde, méprisés et dédaignés par lui. Voilà pourquoi le Fils de Dieu lui-même, Jésus-Christ Notre-Seigneur, les a demandés à son Père.

I. — Ils ont été donnés, en premier lieu, pour être, par leurs paroles et leurs œuvres, les principaux témoins et imitateurs de sa très-haute pauvreté en renonçant sans réserve à toute propriété et à toute affection tant soit peu déréglée aux biens de ce monde, en se servant avec humilité et selon la pauvreté des choses terrestres. Car alors la sainte pauvreté semblait presque abandonnée, répudiée et méprisée de tous ; elle ne trouvait plus où reposer son pied avec aplomb ni sécurité.

II. — Ils ont été donnés afin d'être, par leurs

paroles et leurs exemples, des témoins et des imitateurs de la très-excellente et très-parfaite obéissance, qui l'a porté à obéir pour nous non-seulement à Dieu son Père jusqu'à la mort de la croix, mais encore à se soumettre à ses parents, si inférieurs à lui, à la très-sacrée Vierge sa mère, au bienheureux Joseph son père nourricier, et, ce qui est bien plus considérable, il a voulu obéir et il a enseigné à obéir aux mauvais princes et aux mauvais prêtres, lorsqu'il a payé l'impôt à César et a ordonné de le lui payer, lorsqu'il a dit en parlant des scribes et des pharisiens pervers qui dirigeaient le peuple : « Faites tout ce qu'ils vous diront, mais ne faites pas selon leurs œuvres. » Plus, en effet, celui qui commande est vil, plus l'obéissance est élevée et méritoire, pourvu cependant qu'elle n'ait pas pour motif le désir de s'élever soi-même, de continuer le mal et de maintenir en place un supérieur incapable. Le mode le plus parfait de l'obéissance, le degré le plus conforme à l'Évangile est donc d'obéir à de tels hommes et aux autres à cause de Dieu, non-seulement dans les choses permises par la règle, mais encore dans toutes les choses non contraires à l'âme et à la règle, sans limiter ni restreindre le pouvoir de commander, ou la juridiction des supérieurs réguliers.

III. — Ils ont été donnés pour être les témoins et les imitateurs de l'abaissement et de l'humilité de Jésus-Christ par le mépris de tous les biens, de toutes les dignités et de toutes les vanités du monde, par la véritable abjection, la mortification et le mépris d'eux-mêmes à cause de Dieu.

IV. — Ils ont été donnés pour être, par leurs paroles et leurs œuvres, les témoins et les imitateurs de la grande charité du Sauveur et de son zèle pour le salut de toutes les âmes, en allant çà et là par le monde, en prêchant de parole et d'exemple, et en amenant les âmes rachetées du sang précieux de Jésus-Christ, au vrai Créateur, Pasteur et Rédempteur des âmes.

V. — Ils ont été donnés pour être les témoins et les imitateurs de la sobriété, de la pénitence, de la douceur, de la condescendance, de la miséricorde et de la pureté de Jésus-Christ, par une abstinence modérée, des jeûnes et des travaux, par une compassion tendre et charitable, par le soulagement des affligés, le bon accueil et la guérison des pécheurs faibles, par la pureté sans tache du corps et de l'âme.

VI. — Ils ont été donnés pour être d'une façon spéciale les témoins, les contemplateurs, les imitateurs et les prédicateurs de sa Passion ineffable et de sa mort, des bienfaits sans nombre de son incarnation bénie, de sa vie, de sa mort et de notre rédemption admirable, non-seulement par la méditation continuelle et le souvenir fréquent de ses douleurs intérieures et extérieures, et de celles de sa très-pieuse Mère, mais encore par un support véritable et volontaire de toutes les contrariétés, de toutes les tribulations intérieures et extérieures, de tous les mépris et de toutes les douleurs endurées pour son très-saint nom.

Bienheureux donc les frères qui, autant qu'il est en eux, suivent en toutes ces choses durant leur vie Jésus-Christ Notre-Seigneur et sa très-sainte Mère; à la mort et au jugement ils apparaîtront glorieux avec leur chef en l'armée et la société des vrais soldats de Jésus-Christ et de ses imitateurs particuliers; ils seront assis avec Jésus-Christ et ses apôtres pour juger toutes les nations de la terre, ou autrement pour confirmer la sentence du Juge, selon cette parole : « En vérité, je vous le dis, vous, qui avez abandonné toutes choses et m'avez suivi, au jour de la résurrection, lorsque le Fils de l'homme sera assis sur le trône de sa majesté, vous vous assiérez, vous aussi, sur douze trônes pour juger les douze tribus d'Israël. »

Donc, mes frères bien-aimés, l'objet de mon affection, à cause de Dieu comprenez et voyez votre vocation, voyez pourquoi vous avez été appelés mineurs. Ce n'est point pour que vous soyez au-dessus des autres, mais pour que vous vous efforciez d'être plus humbles, plus abaissés, inférieurs à tous dans le temps; de mériter d'être plus élevés en grâce ici-bas et en gloire dans l'éternité. Soyez reconnaissants au Seigneur notre Dieu,

qui vous a choisis et appelés avec tant de bénignité et sans aucun droit de votre part à des choses
si grandes et si sublimes ; efforcez-vous de marcher dans votre vocation, sans regarder en arrière,
et en vous avançant de vertu en vertu. Tenez pour
indubitable que si vous êtes fidèles, que si vous
êtes les compagnons et les contemplateurs des
souffrances de Jésus-Christ, vous serez aussi associés à ses consolations ; que pour les fatigues pas-
sagères de cette vie, vous recevrez enfin avec le
Sauveur une récompense infaillible et inestimable.
Que le tendre Seigneur lui-même vous l'accorde
par les mérites de sa très-sainte Passion, de sa
mort et de sa glorification, ainsi que par l'intercession de sa très-sainte Mère et de tous les saints
et saintes. Ainsi soit-il.

OPUSCULE

DES DIX PERFECTIONS DU VRAI RELIGIEUX ET DU PARFAIT CHRÉTIEN.

—

I. — La première perfection d'un bon religieux
est de consacrer ses efforts et ses forces à se repentir de ses péchés, à les confesser de grand
cœur et sans retard, et ensuite à apporter toute

sa vigilance à ne plus commettre ces mêmes fautes non plus qu'aucune autre.

II. — La seconde est de mettre toute créature au-dessus de soi et de se mettre au-dessous de toutes. La raison est qu'agir autrement serait offenser le grand Seigneur qui a fait toute créature et nous a honorés jusqu'à se revêtir pour notre amour de la nature humaine ; car, en prenant cette nature, il s'est associé à toute créature. Pour ce motif donc le bon religieux ou le parfait chrétien doit obéir de bon cœur et avec une volonté parfaite à tous ; non-seulement à un compagnon plus élevé que lui, ou son égal, ou son inférieur, mais à toute créature selon qu'il lui sera permis.

III. — La troisième perfection est de soustraire entièrement son cœur à l'amour de toute créature humaine et mondaine ; de ne chercher et de ne choisir de base ou d'appui ailleurs qu'en Celui qui a formé notre cœur ; de s'accoutumer à placer ce cœur en Dieu même et à l'élever fréquemment au-dessus de la fange de la terre, de façon qu'il puisse, quand il le voudra, revenir sans peine par la pensée et l'amour à son Créateur. Il faut aussi dans la prière se confesser des fautes commises, désirer et demander les biens qui font défaut, rendre des actions de grâces des biens reçus, des tribulations et des maux qui surviennent, et croire que le Dieu plein de bénignité les permet pour le châtiment de nos crimes ou de notre corps.

IV. — La quatrième perfection est d'avoir une patience assez grande pour s'efforcer de chérir et d'aimer d'une façon particulière, de tout son cœur et de toute son âme, celui qui nous aura fait quelque mal, ou aura médit de nous, et de lui rendre service avec une volonté plus dévouée encore, et sans aucune amertume de cœur. Comme Dieu nous accorde tous les biens avec une volonté généreuse, il faut croire aussi qu'il permet tous les maux dans le but de faire connaître au pécheur les fautes dont il s'est rendu coupable, de lui montrer qu'il en est instruit et les remarque, et que s'il les punit un peu dans le temps, c'est afin de ne pas leur appliquer les rigueurs de sa colère dans l'éternité. Il faut donc aimer beaucoup celui qui nous a fait du mal, ou qui en a dit de nous, puisque par lui, comme par son messager, Dieu se propose de nous faire un grand bien; puisque par lui, comme par un bras ou un appui, Dieu nous empêche miséricordieusement d'être jetés dans les profondeurs de l'abîme, puisque par lui il nous préserve des tentations du monde et des ruses du démon; il s'en sert comme d'un bain pour nous purifier, comme d'un rabot pour nous polir, comme d'un instrument pour nous perfectionner.

V. — La cinquième perfection consiste à aimer tous les bons et à compatir à tous les méchants, à honorer tous les hommes, à se réputer le plus vil

de tous, à se regarder par la pensée comme au-
dessous des plus pervers, et cela parce que nul
ne sait si ses bonnes actions sont agréables à Dieu
ou s'il persévèrera dans le bien, ou de quelle
manière peut finir tel ou tel méchant. On ne doit
donc juger personne dans son cœur, ni proférer
aucune médisance contre les autres. Quand on
entend dire du mal du prochain, il faut l'excuser,
ne point se réjouir des accusations élevées contre
lui, mais se montrer triste et tourner adroitement
la conversation sur un autre sujet.

VI. — La sixième perfection consiste à aimer
beaucoup les réprimandes et ceux qui nous les
adressent. Si celui qui nous réprimande a dit du
mal de nous, il faut en convenir sans réserve;
si, au contraire, il nous loue de quelque bien, nous
devons nous excuser et déclarer que nous n'avons
fait aucun bien, en nous souvenant que Dieu est
l'auteur de tout bien et qu'il nous donne la volonté
de la faire.

VII. — La septième, c'est de rendre volontiers
service à tout le monde, d'aimer peu à recevoir des
services des autres, et de s'en réputer indigne,
en se rappelant que le Seigneur est venu pour
servir et non pour être servi. Si donc quelqu'un
se trouve dans quelque besoin, il faut remer-
cier Dieu de tout notre cœur de ce qu'il nous a
donné la volonté et les moyens de lui venir en aide.

VIII. — La huitième perfection c'est de se

rappeler tous les bienfaits accordés à nous-mêmes et à toutes les créatures, d'en rendre grâces à Dieu et de s'humilier ensuite en disant : « Qui suis-je, moi qui rends grâces pour les autres? je ne saurais suffire à reconnaître la plus petite partie du bien que j'ai reçu de Dieu, et je suis la plus perverse de ses créatures; » puis se plonger dans son néant.

IX. — La neuvième, c'est de veiller avec soin à la garde de sa langue; c'est là le complément de tous les biens, et sans cela aucun ne se conserve. Il faut la garder non-seulement des paroles méchantes, nuisibles, fausses et déshonnêtes, mais même des paroles superflues et vaines qui détruisent la dévotion du cœur.

X. — La dixième et dernière, c'est d'avoir soin par-dessus tout de montrer dans toutes ses paroles la vérité, la bonté et l'humilité, parce que la parole de l'homme doit commencer par la vérité, s'accroître par la bonté, avoir son terme dans l'humilité, se mesurer par la brièveté; car le Seigneur nous a donné sur la terre son Verbe abrégé. Grâces soient rendues à Dieu !

FIN

ŒUVRES

DES

BIENHEUREUX ÉGIDIUS

ET

JACQUES DE TODI

NOTICE

LE BIENHEUREUX ÉGIDIUS OU GILLE (1)

———

Égidius était d'Assise, où il vivait dans l'aisance et
sans ambition. En 1209, deux de ses amis, Bernard de
Quintavalle et Pierre de Catane, ayant renoncé aux
choses de la terre pour se joindre à saint François, dont
les vertus commençaient à faire bruit dans la contrée,
Égidius sentit son cœur entraîné vers un pareil genre
de vie; sept jours ne s'étaient point écoulés qu'il aban-
donnait sa maison, ses biens, toutes les jouissances du
monde pour aller trouver François. Au sortir de la ville,
trois chemins s'offrirent à lui, et comme il ne savait
lequel prendre, il s'adressa à Dieu avec une confiance
toute filiale. « Seigneur, Père saint, lui dit-il, je vous
conjure par votre miséricorde, si je dois persévérer
dans cette vocation, de diriger mes pas vers votre ser-

(1) Cette notice est tirée de l'Histoire de saint Bonaventure.

viteur. » Puis il prit au hasard un des trois chemins, qui le conduisit au milieu d'une forêt, où il rencontra le pauvre d'Assise occupé à répandre son âme devant le Seigneur. Égidius se jeta à ses pieds et le supplia de l'admettre en sa sainte société. François, illuminé surnaturellement, connut que le Ciel lui donnait un enfant de bénédiction. Il l'accepta en lui rappelant la grandeur de sa vocation, et le présenta à ses deux compatriotes en leur disant : « Voici un bon frère que Dieu nous a envoyé. » Le même jour, retournant à Assise avec lui, ils rencontrèrent une pauvre femme qui leur demanda l'aumône, et François se tournant vers son disciple, lui dit : « Mon frère, donnons-lui, pour l'amour de Dieu, le manteau que vous portez. » Égidius se dépouilla aussitôt, et François vit cette aumône s'élever jusqu'au ciel.

Dès lors la vie d'Égidius fut une vie plus angélique qu'humaine. Il pratiqua les vertus dans leur degré le plus sublime, et marcha dans les sentiers de la perfection avec une simplicité admirable, regardant comme une chose toute naturelle les actes les plus héroïques. Nul ne comprit mieux l'esprit d'abnégation et de renoncement parfait que François attendait de ses enfants, nul n'était mieux parvenu à le posséder. Les frères Mineurs avaient été bannis du royaume de Sicile à cause de leur attachement au Saint-Siège. Deux d'entre eux étant venus trouver Égidius, se plaignirent d'avoir été chassés de leurs pays. « Vous avez tort de parler ainsi, leur dit-il; des frères Mineurs ne sauraient être chassés de leur patrie, puisqu'ils n'en ont point sur la terre. Étranger au monde, ils ne s'inquiètent point du lieu où ils se trouvent dans le monde ; ils n'en ont aucun qu'ils puissent appeler le leur ; pour eux la patrie est partout. Ainsi vous vous êtes rendus coupables envers Frédéric, quoiqu'il soit lui-même un grand pécheur ; vous l'avez calomnié, car il vous a fait plus de bien que de mal en vous fournissant l'occasion d'acquérir des mérites, sans vous ôter votre patrie. »

La vie d'Égidius se passait dans une prière presque continuelle ; l'amour de son Créateur le plongeait dans une sorte d'ivresse. Il parcourait la campagne, embrassant les pierres et les arbres et pleurant de tendresse. Ses extases se renouvelaient souvent plusieurs fois le jour, et duraient des heures entières. La pensée du ciel le transportait ; le nom seul de paradis suffisait pour le jeter en de longs ravissements ; aussi les bergers et les enfants qui le savaient, criaient-ils en le voyant passer : « Paradis! paradis ! » Et le bienheureux à ces paroles se trouvait élevé au-dessus de la terre, et croyait déjà entendre les accents mélodieux de la céleste patrie. Un jour Grégoire IX, qui l'affectionnait singulièrement à cause de sa naïve simplicité et de sa sainteté sublime, le fit venir. Égidius, en arrivant devant le Pape, se prosterna, lui baisa les pieds et lui dit : « Mon Père, comment vous portez-vous ? — Bien, mon frère. — Vous avez un grand fardeau à porter. — C'est vrai ; aussi je vous prie de m'aider à ce qu'il soit moins lourd. — Pour moi, je me soumets

volontiers au joug du Seigneur. — Vous dites vrai,
mon frère; mais votre joug est doux et votre fardeau
léger. » A ces mots Égidius tombe en extase, et demeure jusque bien avant dans la nuit sans parole et
sans mouvement.

Une autre fois, s'entretenant avec saint Bonaventure
sur l'amour de Dieu : « Mon Père, lui dit-il, Dieu
vous a fait une grande miséricorde et comblé de bien
des grâces en vous donnant la science qui vous aide à
le louer; mais nous, pauvres ignorants, comment pourrons-nous correspondre à sa bonté et parvenir au salut? — Quand Dieu, répondit le saint, n'aurait donné
aux hommes que son amour, cela leur suffirait. —
Quoi! reprit le frère, un ignorant peut aimer Dieu autant que le docteur le plus savant? — Oui, mon frère,
et même une vieille femme, sans savoir, peut aimer
Dieu autant et plus qu'un maître en théologie. » Et le
saint frère, transporté de bonheur, ivre de joie, courut dans le jardin, et, se tournant du côté de la ville,
se mit à crier: « Venez, hommes simples et sans lettres;
venez, femmes pauvres, chétives et ignorantes, venez
aimer Notre-Seigneur. Vous pouvez l'aimer autant et
plus que le frère Bonaventure et les plus habiles théologiens. »

Tel était le saint religieux Égidius. Il n'avait point
étudié les lettres humaines, et cependant il avait appris dans une méditation non interrompue, dans une
prière de tous les instants, et surtout dans l'abondance
des illuminations célestes, à parler des choses divines

d'une manière sublime, à donner sur les vertus des enseignements aussi solides qu'édifiants. Saint Bonaventure le regardait comme une des colonnes de l'Ordre, comme un homme vraiment plein de Dieu et dont le souvenir devait être cher à tous les frères.

Égidius mourut en 1262, après avoir passé cinquante-deux ans dans l'Ordre, sans jamais se relâcher en rien de sa ferveur ni de sa pénitence. Sa vertu avait été éprouvée par de grandes peines intérieures et des tentations horribles, même jusque dans les dernières années de sa vie; il triompha du démon, de lui-même et du monde, et après sa mort des miracles illustrèrent son tombeau.

Nous avons recueilli avec un soin religieux les œuvres de ce fervent disciple de saint François ; elles devaient trouver place naturellement près de celles de son bienheureux Père. La science humaine n'y est pour rien ; la gloire de ces hommes à jamais illustres était *de savoir Jésus-Christ, et Jésus-Christ crucifié*. (I Cor., II.)

ŒUVRES

DU

BIENHEUREUX FRÈRE ÉGIDIUS

I

Conseils donnés à diverses personnes pour la conduite
de leur âme.

Le frère Jacques de Massa avait reçu le don
d'extase, et il demanda au frère Égidius quelle
devait être sa conduite à l'égard d'une telle faveur.
Le frère répondit : « N'y ajoutez rien, n'en re-
tranchez rien, fuyez le regard des hommes autant
que vous le pourrez. »

Et comme celui-ci lui demandait ce qu'il entendait par ces paroles, le saint frère répondit :
« Quand l'âme a été jugée digne d'être introduite
au milieu des splendeurs glorieuses de la bonté
divine, elle ne doit rien ajouter à cette faveur par
sa présomption, rien en retrancher par sa négligence, et en même temps elle doit aimer la solitude autant qu'il lui est possible, si elle veut
conserver et augmenter la grâce en elle. »

Un frère lui demandait comment il pourrait se rendre plus agréable à Dieu, il lui répondit en chantant ces mots : « Une seule à un seul, » sans y ajouter une parole. Le frère lui ayant dit qu'il ne le comprenait pas, Égidius ajouta : « L'âme doit être confiée une et seule sans interruption et sans moyen terme à Dieu seul. »

Deux cardinaux étant venus le trouver et le conjurant de prier pour eux, il leur répondit : « Il n'est pas nécessaire que je prie pour vous ; vous avez une foi plus robuste et une espérance plus grande que moi. — Comment cela ? » lui dirent-ils. Égidius reprit : « Vous vivez au milieu des honneurs, des richesses, des jouissances de la vie, et cependant vous espérez arriver au salut ; moi au contraire je passe mes jours dans des afflictions et des peines de toute sorte, et cependant je crains d'être damné. » Les cardinaux se retirèrent profondément touchés de cette parole et résolus de mener une vie plus parfaite.

Un religieux en proie à la tentation avait demandé à Dieu d'en être délivré, sans avoir pu l'obtenir, et il faisait part de son état au frère Égidius ; celui-ci lui dit : « Ne vous étonnez pas, mon frère, si le Seigneur, après vous avoir comblé de tant de grâces, veut que vous combattiez contre ses ennemis. Plus un roi approvisionne ses soldats, plus il s'attend à les voir combattre avec courage. »

Quelqu'un lui demandait comment il pourrait obtenir le don d'oraison, qu'il désirait vivement, alors même qu'il sentait son cœur sans la moindre dévotion, Égidius répondit : « Un roi avait deux serviteurs fidèles dont l'un était armé, et l'autre sans armes. Il les envoya tous deux combattre contre ses ennemis. Celui qui était armé, alla sans crainte à la guerre ; celui qui était sans armes s'adressa à son maître et lui dit : « Je n'ai point d'armes, comme vous le voyez ; mais par amour pour vous je marcherai cependant contre vos ennemis. « Le maître, voyant la fidélité de son serviteur, dit à ses ministres : « Allez, et préparez des armes pour mon serviteur fidèle, et marquez ces armes de mon sceau. » De même l'homme en proie au dégoût qui va avec confiance aux combats de l'oraison, recevra du Seigneur tous les secours dont il aura besoin. »

Quelqu'un lui demandait conseil pour savoir s'il devait entrer en religion ; Égidius répondit : « Si un pauvre savait un trésor caché dans un champ, prendrait-il conseil pour le fouiller ? Combien plus l'homme doit-il courir sans retard à la recherche du trésor infini du royaume céleste? » Celui qui l'avait interrogé renonça sur-le-champ à tout et embrassa la vie religieuse.

Un jour il dit à un avocat : « Estimez-vous les dons de Dieu comme biens considérables? — Oui sans doute, répondit celui-ci. — Eh bien, reprit le frère, je vais vous montrer que vous pensez autrement. Combien valent vos possessions? — Environ un millier de livres. — Maintenant, dit le saint, je vais juger sur votre parole. Si vous donniez ces mille livres pour cent mille, vous croiriez avoir fait une excellente affaire, et cependant vous ne voudriez pas les donner pour le royaume des cieux; donc les biens du ciel ne sont rien pour vous en comparaison des biens terrestres. »

Quelqu'un disait un jour à Égidius : « Quelle conduite dois-je tenir? Si je fais bien, je me sens porté à la vaine gloire; si je fais mal, je tombe dans la tristesse et presque dans le désespoir. » Le frère répondit : « Vous faites bien quand vous vous attristez de vos fautes; mais là encore il faut user de modération en vous souvenant que la puissance de Dieu est plus grande à faire miséricorde que la vôtre à pécher. Si un laboureur se disait avant de semer : « Tu vas répandre ton grain, puis les oiseaux du ciel et les bêtes de la terre viendront tout dévorer; » jamais il n'ensemencerait son champ, et ainsi il n'aurait pas de quoi se nourrir. Mais le laboureur prudent commence par semer, et à la fin il ramasse ce qui lui est nécessaire. N'omettez pas une bonne action par crainte de la vaine gloire; si cette vaine gloire vous déplaît, elle ne vous empêchera pas de devenir parfait, et la meilleure part de votre bonne action sera toujours votre partage. »

Un homme demandait au saint frère : « Peut-on, en demeurant dans le siècle, obtenir la grâce de Dieu ! — On le peut, répondit-il ; mais pour moi j'aimerais mieux une seule grâce dans la vie religieuse que dix dans le siècle. La grâce reçue en religion s'augmente et se conserve facilement, parce que l'homme y est séparé du tumulte et du trouble de l'agitation mondaine, qui est ennemie de la grâce. Ensuite ses frères, par leurs paroles charitables et l'exemple de leur sainte vie, le retirent du mal, l'excitent et l'animent au bien. Dans le siècle, au contraire, la grâce se perd facilement et se conserve avec peine ; car la sollicitude des affaires séculières est la mère du trouble, elle empêche la douceur de la grâce, elle y porte le désordre. En outre vous rencontrez des personnes dont les discours pestilentiels et la vie damnable vous éloignent du bien et vous jettent malgré vous dans le mal. Vous voit-on agir convenablement, loin de vous encourager, on vous tourne en dérision, et, au contraire, loin de blâmer les ennemis de Dieu, on les exalte. Il faut donc mieux posséder une seule grâce en toute sécurité, que d'en avoir dix au milieu de tant d'agitations et d'une crainte perpétuelle. »

Égidius avait adressé une réprimande à un frère, et celui-ci, s'en étant troublé, eut durant la nuit une vision où il lui fut dit : « Ne vous indignez aucunement ; car celui-là sera bienheureux

qui aura ajouté foi au frère Égidius. » Le frère,
se levant donc de grand matin, vint trouver
Égidius pour lui faire l'aveu de sa faute et le
prier de le reprendre fréquemment, parce qu'il
était prêt à accepter sans murmure ses repri-
mandes.

Quelqu'un avait demandé à Égidius de prier
pour lui, il répondit : « Mais priez vous-même
pour vous ; pourquoi demeurer en repos et envoyer
un autre à votre place, quand vous pouvez aller
vous-même où vous avez besoin ?

— Je suis un pécheur, moi, reprit cet homme ;
pour vous, vous êtes l'ami de Dieu, et ainsi vous
pourrez obtenir plus promptement pour vous et
les autres ce que vous lui demanderez.

— Mon bien-aimé, dit Égidius, si toutes les
places de la ville étaient remplies d'or, et qu'on
donnât à chacun la permission d'en emporter autant qu'il serait en son pouvoir, enverriez-vous un
commissionnaire en prendre pour vous ?

— Non assurément, j'irais moi-même en personne, et je n'aurais confiance en aucun autre,
quelque éprouvée que fût sa fidélité.

— Eh bien, le monde entier est plein de Dieu ;
tous peuvent le trouver ; allez donc vous-même à
lui, et n'y envoyez pas un autre. »

Quelqu'un lui faisait connaître son intention
d'aller à Rome : « Au moins, dit-il, prenez de la
bonne monnaie, et rejetez la mauvaise. » Il enten-

dait par la mauvaise monnaie les péchés et les mauvais exemples; par la bonne, les vertus et les bonnes œuvres.

Un soldat, s'étant converti et étant rentré dans l'Ordre, se plaignait à Égidius qu'il ne s'occupait plus de lui et ne voulait plus converser avec lui comme lorsqu'il était dans le siècle.

Égidius lui répondit : « Mon frère, vous êtes de la famille du Seigneur; nous combattons l'un et l'autre sous un même maître; comment puis-je savoir si le Seigneur aurait pour agréable ce que je pourrais vous donner à faire, et si, quand je vous formerais d'une façon, lui ne voudrait pas disposer autrement de vous? »

11

De la voie du salut et de la perfection.

Le saint frère Égidius disait : « Si vous voulez vous sauver, ne demandez raison à aucune créature des choses qui vous arrivent. Si vous voulez vous sauver, employez tous vos soins et vos efforts à vous séparer de toute consolation et de tout honneur que vous pourriez recevoir de la créature; car les démons de la consolation sont plus adroits et pires que les démons de la tribulation, les chutes de la consolation sont fréquentes et plus graves que

celles de la tribulation. Les grandes chutes et les
grands dangers viennent uniquement de ce qu'on
élève trop la tête, et tout bien, au contraire, vient
de ce qu'on la tient inclinée. Malheur à ceux qui
veulent tirer honneur de leur méchanceté ! Si vous
croyez avoir offensé le Créateur de toutes choses,
vous devez supporter avec patience de toutes
choses toutes sortes de contrariétés, car vous
n'avez de raison à alléguer contre quoi que ce soit.

Si quelqu'un entre en contestation avec vous, et
que vous vouliez avoir raison, cédez ; autrement
quand vous croirez l'avoir emporté, vous aurez
perdu votre cause.

Si vous voulez avoir la vue bonne et subtile,
arrachez-vous les yeux.

Si vous voulez entendre bien et d'une manière
parfaite, bouchez-vous les oreilles, et devenez
sourd.

Si vous voulez parler bien et avec grâce, coupez-
vous la langue et devenez muet.

Si vous voulez bien faire toutes vos actions,
coupez-vous les mains.

Si vous voulez que tous vos membres soient
parfaits, coupez-les.

Si vous voulez bien vivre, appliquez-vous à vous
donner la mort.

Si vous voulez bien manger, jeûnez.

Si vous voulez un sommeil calme et profitable,
veillez.

Si vous voulez faire un grand gain, sachez perdre.
Oh! combien est grande la sagesse qui consiste
à agir ainsi! mais elle n'a pas été donnée à tous.

La grâce de Dieu et les vertus sont la voie et
l'échelle pour monter au ciel; les vices et les péchés sont un poison et la voie qui mène à l'enfer :
les vices et les péchés sont un poison, les vertus et
les bonnes œuvres un antidote.

Une grâce attire une autre grâce, et un vice attire un autre vice.

La grâce repousse la louange, le vice repousse
le blâme.

L'esprit trouve son repos dans l'humilité, la patience est la fille de cette vertu.

La pureté du cœur voit Dieu.

La dévotion en fait son aliment.

Si vous aimez, vous serez aimé.

Si vous craignez, vous serez craint.

Si vous êtes soumis, on vous sera soumis.

Si vous vous conduisez bien envers les autres,
les autres se conduiront bien envers vous.

Bienheureux celui qui aime, et qui ne désire
pas être aimé en retour.

Bienheureux celui qui sert, et ne désire pas
être servi.

Bienheureux celui qui agit bien envers les autres,
et ne désire rien de pareil de leur part pour lui-
même. Voilà de grandes choses; aussi les insensés
ne sauraient-ils y atteindre.

Il y a trois choses considérables et avantageuses; quiconque les possèderait ne pourrait tomber dans le mal.

La première est de supporter de bon cœur toutes les tribulations qui nous arrivent.

La seconde, de nous humilier de tout ce que nous faisons et recevons.

La troisième, de garder un amour fidèle aux biens invisibles à l'œil corporel. Dieu et les saints honorent et acceptent avec un empressement particulier ce que les mondains méprisent et rejettent; tout ce qui est digne d'amour, l'homme mondain l'a en haine, et il aime tout ce qui mérite d'être haï. »

Un jour, Égidius adressa à un frère cette question : « Avez-vous une bonne âme? » Celui-ci répondit : « Je n'en sais rien, mon frère. » Alors Égidius reprit : « La sainte contrition, la sainte humilité, la sainte charité, la sainte dévotion, la sainte joie, voilà ce qui rend l'âme sainte et bonne. »

III

De la foi

« Tout ce qu'on peut imaginer, raconter, voir et toucher, n'est rien par rapport à ce qui ne peut être ni imaginé, ni vu, ni touché. Tous les saints

et les sages qui ont existé et existeront, qui ont
parlé ou parleront de Dieu, n'ont rien dit et ne
diront rien de lui en comparaison de ce qu'il est;
tout ce qu'ils pourraient dire serait comme la pointe
d'une aiguille en comparaison de la terre et du
ciel et de toutes les créatures qu'ils contiennent,
ce serait plus de mille fois moins; l'Écriture elle-
même ne nous en parle qu'en balbutiant, comme
fait une mère avec son enfant, qui autrement ne
comprendrait pas son langage. »

Un juge dit un jour à Égidius : « Croyez-vous
qu'il y ait un seul homme qui agisse à raison de
l'étendue de sa foi? » Le frère répondit : « Les
saints se sont efforcés de faire le bien qu'il était
en leur pouvoir de faire; ce qu'ils n'ont pu accomplir par leurs actes, ils l'ont accompli par leurs
pieux désirs, et le défaut de leurs œuvres a été
comblé par ces désirs. Si quelqu'un possédait à un
degré parfait la vraie foi, il arriverait à un état où
il serait dans une assurance parfaite. Car quelle
peine peut faire un mal limité à l'homme qui attend avec certitude un bien immense et éternel?
quelle joie peut causer une joie passagère à celui
qui attend avec certitude un malheur éternel et
sans bornes? Jamais cependant aucun pécheur ne
doit durant sa vie désespérer de la miséricorde divine; s'il n'y a point d'arbre si âpre et si noueux
que les hommes ne puissent aplanir et rendre
beau, à plus forte raison il n'y a point de pécheur

si repoussant dans le monde que le Seigneur ne puisse embellir par sa grâce et sa vertu. »

IV

De la charité.

« La charité est la plus grande de toutes les vertus. Bienheureux l'homme qui ne se rassasie point des choses qu'il doit toujours désirer. »

Frère Égidius disait à un religieux à qui il portait une affection singulière : « Croyez-vous que je vous aime ? — Oui, assurément, répondit le religieux. — Eh bien, reprit le frère, n'en croyez rien ; le Créateur seul aime vraiment sa créature, et notre amour n'est rien comparé à l'amour du Créateur. »

Un autre frère dit à Égidius : « Que signifie cette parole du prophète : *Chacun de mes amis a agi avec fraude avec moi ?* » Il répondit : « Je suis pour vous un ami frauduleux, toutes les fois que je ne considère pas votre bien comme le mien propre ; plus je regarde votre bien comme le mien, moins j'agis avec fraude à votre égard. Plus un homme se réjouit du bien du prochain, plus il participe à ce bien ; plus il se réjouit de son mal, plus il a part à ce mal. Si donc vous voulez avoir part aux biens de tous, réjouissez-vous du bien de tous. Vous faites vôtre le bien des autres, si ce

bien vous plaît, et le mal des autres vous devient
un préservatif, si ce mal vous déplaît. La voie du
salut consiste à vous réjouir du bien du prochain,
et à vous attrister de son malheur; à croire le bien
des autres, et de vous le mal; à honorer les autres,
et à vous mépriser; celui qui ne veut pas honorer
les autres ne sera pas honoré lui-même; celui
qui ne veut pas les connaître demeurera inconnu;
celui qui veut se soustraire à la fatigue ne goû-
tera pas le repos. C'est un travail au-dessus de
tout travail de s'appliquer à la piété et à la bénignité; mais tout ce qui se fait sans dilection et
sans amour ne saurait plaire ni à Dieu ni à ses
saints.

« Quiconque devient pauvre de ses propres
biens s'enrichit des biens de Dieu; donc l'homme
doit choisir les richesses célestes, et mépriser les
siennes propres. Qu'y a-t-il de plus grand que de
savoir exalter les bienfaits divins et se reprendre
de ses propres fautes? Je voudrais avoir étudié
à pareille école depuis le commencement du
monde, et y étudier jusqu'à la fin, si j'avais dû et
si je devais y vivre, occupé à considérer et à
louer les bienfaits du Seigneur, à considérer et
à blâmer mes fautes; et si je me trompais en me
reprenant de mes désordres, je ne voudrais pas
au moins me tromper en considérant les faveurs
de mon Dieu. Vous voyez que les hommes du
dernier rang louent d'une façon extraordinaire

ceux qui leur donnent seulement un faible présent,
que devons-nous donc faire nous autres pour
le Seigneur notre Dieu? Nous devons être d'une
fidélité à toute épreuve dans l'amour de Celui qui
veut nous délivrer de tout mal et nous enrichir de
tout bien. »

V

De l'humilité.

Nul ne peut parvenir à la connaissance de
Dieu si ce n'est par l'humilité; le moyen d'arriver
en haut est de marcher en bas. Tous les dangers,
toutes les grandes chutes en ce monde, sont venus
de ce qu'on a voulu trop lever la tête; ainsi 'en
fut-il pour l'ange qui fut créé dans le ciel, pour
Adam, pour le pharisien de l'Évangile et beaucoup d'autres. Tous les biens viennent de ce qu'on
a su incliner la tête; nous le voyons par la Vierge
bienheureuse, le publicain, le saint larron et
plusieurs autres. Ne pourrions-nous donc avoir
suspendue à notre cou une meule pesante qui nous
forçât à toujours baisser la tête ?

Un frère lui dit : « Comment pourrons-nous
nous soustraire à cet orgueil ? » Il lui répondit :
« Commencez par laver vos mains, puis placez
votre bouche là où vous tenez vos pieds. Si vous
considérez les bienfaits de Dieu, vous devez

incliner la tète ; si vous considérez vos propres
péchés, vous devez l'incliner également. Malheur à celui qui veut tirer honneur de sa méchanceté ! le seul grand degré de l'humilité est
de reconnaître que nous sommes nous - mêmes
en tout temps opposés à notre propre bien. Je
regarde encore comme une branche de l'humilité
de rendre le bien d'autrui, et de ne pas se l'appro-
prier, ou autrement d'attribuer tous les biens à
Dieu, à qui ils appartiennent, et de nous attribuer tous les maux.

« Bienheureux celui qui se regarde comme aussi
vil aux yeux des hommes qu'il se trouve vil en
présence de Dieu.

« Bienheureux celui qui se juge maintenant
lui-mème ; il ne viendra pas à un autre jugement.

« Bienheureux celui qui marche fidèlement
dans l'obéissance et sous la conduite d'un autre ;
ainsi ont agi les apôtres après avoir été remplis de
l'Esprit-Saint. Celui qui veut avoir la paix et la
tranquilité doit considérer tout homme comme
son supérieur.

« Bienheureux celui qui dans ses paroles et ses
actions ne veut pas être vu autrement que la grâce
divine ne l'a formé.

« Bienheureux celui qui sait garder et cacher
ce que Dieu lui a révélé ; car il n'y a rien de
caché que le Seigneur ne révèle, quand il lui plaît.
Si un homme était le plus saint du monde, et

qu'il s'en réputàt le plus vil, en cet homme serait
l'humilité, qui ne sait pas parler, et la patience,
qui n'ose pas le faire. L'humilité me semble
pareille à la foudre ; la foudre frappe d'une manière terrible, puis on ne trouve plus rien d'elle ;
ainsi l'humilité dissipe tout mal, est ennemie de
tout péché, et fait que l'homme se considère comme
un néant. Par l'humilité l'homme trouve grâce
devant Dieu et paix avec ses semblables. Si un
grand roi voulait envoyer sa fille quelque part,
il ne la placerait pas sur un cheval indompté,
bouillant et ombrageux, mais sur un cheval
tranquille et dont la démarche est douce ; ainsi
Dieu ne place pas sa grâce chez les superbes,
mais chez les humbles. »

V I

De la crainte.

« La sainte crainte du Seigneur chasse toute
crainte mauvaise, et protége ces biens que la
langue ne saurait décrire et dont l'homme ne peut
même pas s'imaginer avoir la possession ; mais
ce don insigne de Dieu n'a pas été donné à tous :
celui qui ne craint pas montre qu'il n'a rien à
perdre.

La crainte de Dieu régit et gouverne l'homme,
elle lui procure la faveur de son Seigneur ; s'il a

cette faveur, la crainte la lui conserve; s'il ne l'a pas, elle l'y fait parvenir. Toutes les créatures raisonnables qui sont tombées ne seraient jamais tombées, si elles eussent eu ce don. Ce don sacré est le partage des saints et des saintes. Quand un homme est élevé en grâce, il n'en est pas moins humble ni moins timoré pour cela, et la vertu qui attire le moins le regard des hommes n'est pas pour cela à ses yeux inférieure aux autres.

L'homme qui offense Dieu jusqu'à se rendre digne de mort, avec quelle sécurité peut-il paraître en sa présence? Bienheureux celui qui se regarde en ce monde comme dans une prison, et se souvient toujours d'avoir offensé son Seigneur.

L'homme doit craindre beaucoup de son orgueil qu'il ne le jette dans le précipice. Ayez crainte en tout temps de vous-même et de votre semblable; en tout temps tenez-vous en garde. Il n'y a point de sécurité parfaite pour l'homme tant qu'il habite au milieu de ses ennemis. Notre ennemi, c'est notre chair; elle nous est toujours opposée, elle est toujours contraire à notre âme ainsi que les démons. L'homme doit donc avoir une plus grande crainte d'être vaincu par sa propre malice que par aucune autre chose du monde.

Ainsi il est impossible que l'homme puisse arriver à la grâce de Dieu ou y persévérer sans la sainte crainte, sans une sainte frayeur ; pour celui qui ne l'a pas, c'est un signe de perdition. Cette crainte fait obéir avec humilité et fléchir la tête jusqu'à terre sous le joug de la sainte obéissance. Plus un homme a cette crainte à un haut degré, plus il prie avec ferveur, et celui à qui la grâce de la sainte oraison a été donnée, n'a pas reçu une faveur médiocre. Les œuvres des hommes, quelque grandes qu'elles paraissent, ne doivent pas être appréciées selon l'estimation des hommes, mais selon l'estimation et le jugement de Dieu ; voilà pourquoi nous devons être en tout temps dans la crainte.

VII

De la patience.

« Celui qui supporterait avec patience les tribulations à cause de Dieu arriverait promptement à une grande perfection, il serait le maître de ce monde et aurait déjà un pied dans l'autre. Tout ce que l'homme fait soit de bien, soit de mal, il le fait pour son propre compte. Vous ne devez donc pas vous scandaliser si quelqu'un vous injurie, mais plutôt compatir à son péché.

Souffrez avec patience les injures qui vous viennent de la part du prochain, souffrez-les, dis-je, à cause de Dieu, de vous-même et du prochain ;

autant un homme est prêt à supporter les injures et les tribulations à cause de Dieu, autant il est grand devant Dieu, et pas davantage; autant un homme est faible à supporter la tribulation et la douleur à cause de Dieu, autant il est petit devant lui, et il ne sait même pas ce que c'est que Dieu.

Si quelqu'un dit du mal de vous, aidez-le; s'il en dit du bien, rapportez ce bien à Dieu. Vous devez aider celui qui dit du mal de vous, en disant pis encore. Si vous voulez faire votre part bonne, commencez par la faire mauvaise, et faire bonne celle du prochain; ou autrement, louez les actions et les paroles du prochain et blâmez vos actions et vos paroles. Si vous voulez avoir une part mauvaise, faites le contraire.

Quand quelqu'un entre en contestation avec vous, si vous voulez l'emporter sur lui, donnez-lui gain de cause; autrement quand vous croiriez avoir été vainqueur, vous vous trouveriez avoir tout perdu. La voie du salut est donc une voie où il nous faut céder.

Nous supportons mal les tribulations, parce que nous ne savons pas chercher les consolations spirituelles; celui qui travaillerait fidèlement au-dedans de lui-même, au-dessus de lui-même et pour lui-même, supporterait tout avec bonheur.

Ne faites d'injure à personne, et si vous en

recevez une d'un autre, supportez-la avec patience
par amour pour Dieu et pour la rémission de vos
péchés; il vaut mieux supporter une seule injure
grave sans le moindre murmure pour l'amour de
Dieu que de nourrir chaque jour cent pauvres et de
jeûner durant plusieurs jours jusqu'au soir. Que
sert à l'homme de se mépriser soi-même, et de
soumettre son corps à la tribulation dans les
jeûnes, les prières, les veilles, les disciplines,
s'il ne peut supporter de la part du prochain
une injure dont il recevrait une plus grande
récompense ou un plus grand prix que des choses
provenant de sa propre volonté? Supporter la
tribulation sans murmure purifie autant l'homme
de ses plus graves fautes que l'effusion des
larmes.

Bienheureux celui qui a toujours devant les
yeux ses péchés et les bienfaits de Dieu, et supporte avec patience toute tribulation et toute
angoisse; il retirera de là une grande consolation.

Bienheureux celui qui ne demande et ne désire
point être consolé par aucune créature en ce
monde. S'il est humble, qu'il ne soupire après
aucune récompense de la part de Dieu, et qu'il
n'ait de repos que lorsqu'il aura satisfait pleinement en tout à sa volonté.

Celui qui aurait continuellement ses propres
péchés sous les yeux ne se laisserait abattre par

aucune tribulation. Tout le bien que vous attendez, vous devez le recevoir de Dieu, et tout le mal vous vient de votre péché. Quand un seul homme aurait fait et ferait tout le bien que tous les hommes de ce monde ont fait, font et feront, s'il se considérait attentivement, il trouverait toujours qu'il est lui-même opposé à ce qu'il y a de bien en lui. »

Un frère dit un jour à Égidius : « Que ferons-nous si de grandes tribulations arrivent de nos jours ? » Le saint religieux répondit : « Quand le Seigneur ferait pleuvoir du ciel des pierres et des rochers, nous n'en éprouverions aucun mal, si nous étions ce que nous devons être ; en effet, si un homme était ce qu'il devrait être, pour lui le mal se changerait en bien. De même que le bien se change en mal pour celui dont la volonté est mauvaise, de même le mal se change en bien pour celui dont la volonté est bonne. Tous les grands biens et tous les grands maux sont au dedans de l'homme, et l'on ne saurait les voir ; les démons au contraire, pour exercer leur méchanceté ont recours à de grandes maladies, a de pénibles travaux, à des famines désolantes, à de graves injures.

« Si vous voulez vous sauver, ne demandez pas qu'aucune créature vous fasse justice ; les hommes saints font le bien et souffrent le mal. Si vous reconnaissez que vous avez offensé Dieu, le Créateur de toutes choses, reconnaissez aussi que vous méritez que toutes les créatures vous poursuivent et vengent l'injure faite à leur maître. Vous devez souffrir avec patience de leur part toutes les peines dont vous êtes l'objet; vous n'avez à réclamer justice contre aucune d'elles, puisque vous méritez d'être puni par elles toutes.

« C'est une grande vertu pour l'homme que de savoir se vaincre. Si vous vous vainquez vous-même, vous vaincrez tous vos ennemis, vous parviendrez à la possession de tout bien. Ce serait une grande vertu à un homme de se laisser vaincre par tous les hommes; un tel homme serait le maître du monde.

« Si vous voulez arriver au salut, n'espérez rien des consolations que peut vous donner une créature mortelle; les chutes qui viennent de ces consolations sont plus considérables et plus nombreuses que celles qui viennent de la tribulation. Le cheval est ardent par nature, et cependant, quelqu'emporté qu'il soit dans sa course, le cavalier peut le détourner d'une voie et le diriger vers une autre. Ainsi l'homme doit laisser diriger son impétuosité par celui qui a mission de le corriger; il doit, autant qu'il est en lui, désirer, à cause de Dieu, récompenser ceux qui le frappent, le soufflètent, le traînent par les cheveux. »

Un religieux murmurait en présence d'Égidius de ce qu'une chose pénible avait été imposée à son obéissance. Le saint frère lui dit : « Mon ami, plus

vous murmurez, plus vous rendez lourd votre fardeau ; plus, au contraire, vous soumettez avec humilité et ferveur votre tête à la sainte obéissance,
plus ce fardeau devient léger et agréable. Vous
ne voulez pas être blâmé en ce monde, et vous voulez être honoré en l'autre ; vous ne voulez pas être
maudit, et vous voulez être béni ; vous ne voulez
pas travailler, et vous voulez goûter le repos. Vous
vous trompez, car par le blâme on arrive à l'honneur, par la malédiction on possède la bénédiction, par le travail on obtient le repos ; c'est là
une vérité incontestable. Celui qui ne donne pas
de ce qui lui coûte le plus, ne peut avoir de ce
qu'il désire le plus. Ne vous étonnez pas si votre
prochain vous a offensé en quelque chose. Marthe,
une sainte personne, cherchait bien à provoquer
le Seigneur contre sa sœur selon la chair, et cependant Marthe se plaignait injustement de Marie.
Celle-ci avait perdu plusieurs membres dont Marthe se servait, elle avait perdu la parole, la vue,
l'ouïe et le goût, et cependant elle travaillait d'autant plus. Appliquez-vous à être plein d'amabilité
et de vertus, combattez les vices, puis soutenez
avec patience les tribulations et les reproches.
Vous n'avez rien de plus important à faire que de
vous vaincre vous-même ; c'est peu à l'homme de
gagner les âmes à Dieu, s'il ne sait se vaincre lui-
même. »

VIII

De l'oisiveté.

« L'homme oisif perd le monde présent et le
monde à venir, en ne produisant de fruit ni pour
lui ni pour les autres. Il est impossible d'acquérir
les vertus sans sollicitude ni travail. Si vous pouvez être en sûreté, ne rendez pas votre position
douteuse. Or, celui-là est en sûreté qui travaille
pour le Seigneur. Le jeune homme qui refuse le
travail refuse le royaume des cieux. Si la sollicitude n'est d'aucun profit, dès lors la négligence
ne saurait être un obstacle, elle ne saurait être
nuisible.

« De même que la mauvaise oisiveté est la voie qui
mène à l'enfer, de même la bonne oisiveté, le saint
repos, est la voie qui mène au ciel. L'homme doit apporter une grande sollicitude à garder la grâce qui
vient de Dieu, et à travailler fidèlement en usant de
cette grâce; car souvent on perd le fruit pour les
feuilles, le grain pour la paille. A quelques-uns le
Seigneur donne les fruits, et il leur refuse les feuilles;
à d'autres il donne les deux à la fois, et plusieurs
sont privés des uns et des autres. Je regarde comme
plus considérable de conserver les biens accordés
par le Seigneur que de les acquérir. Celui qui sait
acquérir, et ne sait pas conserver, ne s'enrichira

jamais ; mais savoir conserver et ne savoir pas acquérir n'est pas une qualité bien considérable.
Plusieurs gagnent beaucoup, et ne sont jamais
riches, parce qu'ils ne gardent pas ce qu'ils ont ga-
gné. D'autres, au contraire, gagnent peu à peu et
s'enrichissent, parce qu'ils savent conserver. Quelle
masse d'eau formerait le Tibre, s'il ne coulait sans
interruption ! L'homme demande au Seigneur des
dons sans mesure et sans limites, et il veut le servir
avec mesure et limite. Celui qui veut être aimé et
récompensé sans mesure et sans fin doit aimer et
servir sans mesure et sans fin. Si l'homme n'arrive
pas à la perfection, il doit l'attribuer à sa propre
négligence. »

Un jour, le frère Égidius s'entretenait avec un
homme qui voulait aller à Rome ; il lui dit : « Pendant votre route, ne vous chargez point des choses
que vous rencontrerez, de peur qu'elles ne vous
soient un obstacle. Sachez choisir de la bonne monnaie et rejeter la fausse ; les ruses de l'ennemi sont
nombreuses, ses piéges cachés et fréquents. Bienheureux celui qui se sert de son corps pour l'a-
mour du Très-Haut, et ne demande pas au Ciel de
récompense terrestre pour le bien qu'il fait. Si un
homme était réduit à une pauvreté extrême, et
qu'un frère lui dît : « Voici une chose qui m'appartient, je vous la prête, servez-vous-en durant
trois jours, et vous trouverez dans son usage un
trésor infini. » Si ce pauvre, dis-je, était bien assuré

de la vérité de ces paroles, n'apporterait-il pas le plus grand empressement à bien user de cette chose ? Eh bien, la chose prêtée à chacun de nous par Dieu, c'est notre chair, ces trois jours sont le temps de notre vie ; si donc vous voulez jouir plus tard, appliquez-vous à en tirer parti.

« Si vous ne travaillez pas, comment arriverez-vous au repos ? Si tous les champs et toutes les vignes de ce monde appartenaient à un même homme et qu'il les laissât sans les cultiver ou les faire cultiver, quels fruits en retirerait-il ? Un autre, au contraire, ayant une faible étendue de champs et de vignes, et les cultivant avec soin, y trouvera des fruits pour lui et même pour les autres. Quand un homme veut faire le mal, avec peine il demande conseil ; mais quand il veut faire le bien, il a soin de se conseiller auprès de plusieurs. Un proverbe populaire dit : « Quand vous mettez votre pot au feu, ne comptez pas sur votre voisin pour le remplir. » L'homme n'est pas heureux s'il a seulement la bonne volonté, et ne s'inquiète pas de la mettre en pratique par des bonnes œuvres ; car Dieu donne à l'homme sa grâce pour en arriver là. »

Un homme qui semblait être un vagabond dit un jour au saint frère : « Frère Égidius, donnez-moi quelque consolation. » Il lui répondit : « Appliquez-vous à bien agir, et vous serez consolé. Si l'homme ne prépare pas en lui-même une place à son Dieu, il ne trouvera pas à son tour une place dans les créatures de Dieu. Qui ne devrait être disposé à faire ce qu'il y a de meilleur non-seulement pour son âme, mais aussi pour son corps en ce monde ? Eh bien, nous ne voulons, nous autres, agir ni pour le bien de l'âme, ni pour le bien du corps. Je pourrais dire en toute vérité que celui-là aggrave pour lui le joug du Seigneur, qui cherche à l'alléger, et que celui-là l'allége, qui cherche à le rendre plus pesant. Plût à Dieu que les hommes fissent ce qu'il y a de meilleur pour leur corps même en ce monde ! Celui qui a formé l'autre monde a formé celui-ci ; il peut nous donner en ce monde quelques-uns des biens qu'il nous accorde en l'autre, et notre corps a sa part des jouissances de l'âme. »

Alors un frère lui dit : « Peut-être mourrons-nous avant d'avoir goûté quelqu'un de ces biens. » Égidius répondit : « Les corroyeurs connaissent la qualité des peaux ; les cordonniers, les chaussures ; les maréchaux, le fer, et il en est ainsi des autres métiers. Comment un homme peut-il connaître un art, s'il ne l'a jamais appris ? Croyez-vous que les maîtres habiles fassent jamais de grandes faveurs à des sots et à des niais ? Non assurément. Les bonnes œuvres sont la voie à tout bonheur, comme les mauvaises sont la voie à tout malheur. Celui-là sera bienheureux qu'aucune créature sous le ciel ne fera descendre, qui, au contraire, s'élèvera de tout ce

qu'il verra, entendra ou saura, et cherchera à tirer
son profit de tout. »

IX

Du mépris du monde.

« Malheur à l'homme qui place son cœur, son
désir et ses forces dans les choses de ce monde !
Pour elles il abandonne et perd les biens du ciel.
L'aigle, dont le vol est si élevé, ne parviendrait
jamais à pareille hauteur, si une poutre était suspendue à ses ailes. Je trouve bien des hommes qui
travaillent pour leur corps, fort peu qui en fassent
autant pour leur âme. Pour leur corps, beaucoup
se donnent une peine incroyable; ils broient des
rochers, creusent des montagnes, et ne reculent
pas devant d'autres travaux pénibles; mais pour
son âme, qui travaille avec autant de courage, avec
autant d'ardeur?

« L'avare est semblable à la taupe, qui ne connaît d'autre trésor ni d'autre bien que de fouiller
la terre et d'avoir en elle sa demeure. Cependant
combien d'autres trésors lui sont inconnus !

Les oiseaux du ciel, les bêtes de la terre, les
poissons de la mer sont contents quand ils ont la
nourriture suffisante. Comme l'homme ne trouve
pas son contentement dans les choses de la terre,
comme il soupire toujours vers quelque chose de

nouveau, il s'ensuit qu'il n'a pas été fait pour ces choses, mais pour d'autres. Le corps a été formé pour l'âme, et le monde présent pour l'autre monde. Ce monde est comme un champ composé de deux parties, l'une plus considérable, l'autre moindre.

« Les fourmis, disait Égidius, ne plaisaient pas beaucoup à saint François, à cause de leur trop grande sollicitude à amasser les choses nécessaires à la vie ; il aimait mieux les oiseaux du ciel, qui ne recueillent rien dans des greniers. »

X

De la chasteté.

« Notre chair est semblable à un porc qui court avec avidité vers la boue, et trouve ses délices à s'y vautrer.

« Notre chair est semblable à ces moucherons, qui trouvent en tout temps leur bonheur dans la fange.

« Notre chair est l'athlète du démon. »

Un frère dit à Égidius : « Comment pourrons-nous nous préserver des vices de la chair ? » Le saint religieux répondit : « Celui qui veut transporter de gros rochers et de grandes poutres a plutôt recours aux ressources de son esprit qu'à ses propres forces ; ici nous devons procéder de la même manière ; tout vice blesse la chasteté ; elle est comme un miroir brillant, accessible au moindre souffle. »

XI

De la tentation.

« Une grâce insigne ne peut être possédée dans la paix ; en tout temps s'élèvent contre elle des obstacles de plus d'une sorte. Plus l'homme est comblé de grâces, plus le démon l'attaque fortement ; et cependant l'homme ne doit pas pour cela cesser de correspondre à la grâce ; car plus le combat est pénible, plus la couronne sera brillante, s'il a été suivi de la victoire. Nous rencontrons des difficultés nombreuses, parce que nous ne sommes pas ce que nous devrions être. En vérité, si un homme marchait bien par la voie du Seigneur, il n'éprouverait ni fatigue ni ennui ; dans la voie du siècle, au contraire, il y a fatigue et ennui jusqu'à la mort. »

Un frère répondit à ces paroles : « Vous semblez dire deux choses contraires. »

Le saint frère Égidius ajouta : « Les démons ne s'élancent-ils pas avec plus d'ardeur contre l'homme qui a bonne volonté que contre les autres ? Voilà l'obstacle. Maintenant si un homme vendait mille fois au delà de sa valeur le prix de son travail, quelle fatigue éprouverait-il à travailler ?

Voilà la contradiction résolue. Je dis donc que plus un homme possède de vertus, plus il est en butte aux vices, et il doit de son côté avoir pour eux une haine plus grande ; car autant de vices vous vaincrez, autant de vertus vous acquerrez ; plus aussi vous serez tourmenté par les vices, plus vous recevrez une grande récompense à cause de chacun d'eux, si vous êtes vainqueur. Quel que soit le motif qui empêche l'homme de marcher par la voie de son Seigneur, ce motif lui fait perdre la récompense. »

Un frère lui dit : « Je suis fréquemment en butte aux assauts d'une grave tentation ; j'ai souvent prié le Seigneur de m'en délivrer, et il ne me l'a pas enlevée. »

Le saint religieux lui répondit : « Plus un roi arme ses soldats, plus il désire les voir combattre courageusement. Il en est des tentations comme d'une terre qui s'offre au laboureur couverte de bois et d'épines, et que celui-ci voudrait défricher et ensemencer. Il doit passer par des travaux, des fatigues et des peines de tout genre avant de recueillir du grain ; quelquefois même il se repent d'avoir entrepris pareille tâche, à cause des ennuis dont elle est entremêlée.

« D'abord il voit une forêt à défricher, et le grain n'apparaît en aucune façon.

« Ensuite il coupe les arbres avec bien de la peine, et le grain ne paraît pas encore.

« En troisième lieu, il arrache avec un travail long et pénible les souches des arbres, et là encore ne paraît pas le froment.

« En quatrième lieu, il laboure la terre, il l'a prépare, et pour prix de ce travail il ne voit rien.

« Cinquièmement, il laboure une seconde fois sa terre.

« Sixièmement, il l'ensemence.

« Septièmement, il en arrache les mauvaises herbes.

« Huitièmement, il moissonne.

« Neuvièmement, il bat et nettoie son blé, et toutes ces choses exigent de grandes fatigues.

« Dixièmement enfin, il le place dans son grenier, et alors, en voyant sa récolte abondante, il ne se rappelle plus ses peines sans nombre. Il en endure même plus que nous ne venons de dire, et il les bénit toutes à cause de l'abondance de sa récolte. »

XII

De la pénitence.

Un juge disait un jour au saint frère : « Comment pouvons-nous, nous autres hommes du siècle, arriver à l'état de grâce et à la vertu ? »

Égidius répondit : « L'homme doit : 1° se repentir de ses péchés ;

« 2° Les confesser en toute simplicité ;

« 3° Faire la pénitence qui lui a été imposée ;

« 4° Se garder de tout péché et de toute occasion de péché ;

« 5° S'exercer aux bonnes œuvres.

« Béni soit le mal qui se change en bien pour l'homme, et maudit soit le bien qui se change en mal ! L'homme devrait supporter volontiers les maux en ce monde, parce que Notre-Seigneur Jésus-Christ nous en a donné l'exemple en sa personne. Bienheureux celui qui aura conçu une grande douleur de ses péchés, les pleurera le jour et la nuit, et ne se consolera pas avant d'être parvenu au lieu où tous ses désirs seront accomplis. »

XIII

De l'oraison.

« L'oraison est le commencement et le complément de toute bonne œuvre ; car elle éclaire l'âme, et par elle l'on connaît le bien et le mal. Tout pécheur doit prier Dieu pour obtenir de connaître sa miséricorde, ses bienfaits et ses propres péchés à lui-même. Celui qui ne sait pas prier ne connaît pas Dieu. Tous ceux qui doivent arriver au salut finiront nécessairement par se tourner vers la prière, s'ils n'en ont pas l'usage. Supposons qu'une femme tout à fait timide et simple eût un fils

unique, dont le roi se serait saisi pour quelque offense, et qu'il l'eût condamné à mort ; cette femme,
malgré sa réserve et sa simplicité, n'irait-elle pas,
les cheveux épars, les vêtements en désordre, trouver le roi, et lui demander en criant le salut de son
fils. L'amour qu'elle porte à ce fils et la nécessité
pousseraient ainsi cette femme timide et osant à
peine passer le seuil de sa porte, à courir sans
honte sur la place et à se lamenter au milieu des
hommes, de simple elle deviendrait une personne
habile. De même celui qui connaîtrait bien ses
malheurs, les dangers dont il est menacé et les
pertes qu'il a éprouvées, celui-là, dis-je, saurait
bien prier et en aurait la volonté. »

Un frère disait à Égidius : « L'homme devrait
s'attrister beaucoup, quand dans la prière il ne
peut arriver à la grâce de la dévotion. » Il lui répondit : « Je vous conseille de faire doucement ce
que vous faites. Si vous aviez un peu de bon vin
dans un vase, et qu'au fond il y eût de la lie, vou-
driez-vous remuer le vase et mêler le vin avec la
lie ? Non, sans aucun doute. Si une meule ne faisait pas de bonne farine, le meunier ne prendrait
pas aussitôt un marteau pour la briser ; mais il la
réparerait tout doucement et peu à peu, jusqu'à ce
qu'elle pût moudre selon son désir. Eh bien, faites
de même. Pensez que vous ne méritez en aucune
manière de recevoir la moindre consolation de
Dieu dans la prière. Quand un homme aurait vécu

depuis le commencement du monde jusqu'à ce jour; quand il devrait vivre jusqu'à la fin; quand il aurait versé tous les jours en priant une pleine coupe de larmes, il ne mériterait pas, même à la fin du monde, que le Seigneur lui accordât une seule consolation. »

Une autre fois un frère lui disait : « Pourquoi l'homme est-il en butte à plus de tentations quand il prie Dieu que dans un temps ordinaire? » Égidius lui répondit : « Quand un homme a une cause à soutenir à la cour du prince contre son adversaire, si cet homme va trouver le prince pour lui proposer sa cause et obtenir raison contre l'adversaire, celui-ci, instruit de ses tentatives, fait tous ses efforts pour que la sentence ne lui soit pas favorable. Ainsi agit le diable envers nous. Si donc vous passez votre temps à converser avec les autres, vous reconnaîtrez souvent que vous n'avez pas à supporter beaucoup de tentations. Mais si vous avez recours à l'oraison, afin d'y puiser des forces pour votre âme, alors vous sentirez contre vous les traits les plus brûlants de l'ennemi. Vous ne devez pas pour cela abandonner l'oraison, mais y persévérer résolûment, parce qu'elle est la voie de la patrie céleste. Celui qui abandonnerait alors l'oraison serait semblable au soldat qui prendrait la fuite au milieu de la bataille. »

Quelqu'un lui disait : « J'en vois plusieurs qui, à peine en oraison, semblent avoir la grâce de la dévotion et des larmes; pour moi, c'est à peine si je puis éprouver le moindre sentiment. » Égidius lui répondit : « Travaillez fidèlement et dévotement; car la grâce que le Seigneur ne vous aura pas donnée une fois, il pourra vous la donner une autre. Ce qu'il ne vous accorde pas un jour ou une semaine, il pourra vous l'accorder un autre jour, ou une autre semaine, ou un autre mois, ou une autre année. Commencez, vous, par faire votre travail, et Dieu y joindra sa grâce comme bon lui semblera. L'ouvrier qui veut fabriquer un couteau donne bien des coups sur le fer avant d'achever ce qu'il a entrepris, mais enfin arrive un dernier coup où le couteau est terminé. L'homme doit avoir une grande sollicitude pour son salut. Quand tout le monde serait rempli d'hommes, quand il y en aurait jusqu'aux nues, et qu'il n'y en aurait qu'un seul qui dût se sauver, chacun devrait pourtant faire tous ses efforts pour être cet homme unique; car perdre la céleste patrie, ce n'est pas perdre un cordon de soulier. Mais malheur à nous! Il y a un maître qui donne, et il n'y a personne pour recevoir. »

Une autre fois quelqu'un lui disait : « Frère Égidius, que faites-vous? » Et le saint frère répondit : « Je fais le mal.

— Et quel mal faites-vous, vous qui êtes frère Mineur? » Égidius, se tournant alors vers un frère Mineur présent à cette demande, lui dit : « Mon

frère, qui est mieux disposé de Dieu ou de nous,
lui à nous donner sa grâce, ou nous à la recevoir?
— C'est Dieu, répondit le frère. — Mais alors
faisons-nous bien? — Non, nous faisons mal. »
Égidius, se tournant vers celui qui l'avait interrogé, lui dit : « Vous voyez bien que je vous ai dit
la vérité en vous répondant que je faisais mal. »

Il disait encore : « Bien des œuvres sont re-
commandées dans la sainte Écriture, comme de
vêtir ceux qui sont nus, nourrir ceux qui ont
faim, cependant c'est en parlant de la prière que
le Seigneur dit : *Le Père cherche des adorateurs qui
l'adorent ainsi.* Les bonnes œuvres embellissent
l'âme, mais la prière est quelque chose de tout à
fait grand. Les saints religieux sont comme de
saints loups; ils ne sortent en public que dans la
plus extrême nécessité, et alors même ils n'y demeurent que fort peu de temps. »

Le bienheureux frère, voyant entrer dans
l'ordre un gentilhomme romain dont le bien était
évalué à soixante mille ducats, dit : « C'est quelque chose de bien considérable que ce que le Seigneur nous donne en ce monde, puisque la somme
s'en élève à cent fois soixante mille ducats, car il
a dit : *Celui qui aura abandonné son père, sa mère,
ses frères et ses sœurs à cause de moi, recevra cent
fois autant en ce monde.* Mais nous sommes des aveugles et pires que des aveugles; nous ne voulons ni
reconnaître, ni même envisager un tel bienfait. »

11 *

Une autre fois il disait : « S'il nous était donné de voir un homme plein de grâces et de vertus, nous serions impuissants à supporter la vue de sa perfection. Si un homme était vraiment spirituel, difficilement il consentirait à voir et à entendre quelque chose du dehors, ou à s'entretenir avec une personne quelconque sans une grande nécessité ; il voudrait demeurer toujours solitaire. »

Il disait en parlant de lui-même : « J'aimerais mieux être aveugle que d'être l'homme le plus beau, le plus riche, le plus sage et le plus noble du monde. » Et pourquoi, répondit un frère, préfèriez-vous à ces choses d'être aveugle ? — Parce que je craindrais que de tels avantages ne fussent un obstacle à mon chemin. Celui-là sera bienheureux qui ne dira, ne pensera et ne fera rien qui mérite d'être repris. »

XIV

De la science utile et de la science inutile. — Des prédicateurs
de la parole de Dieu.

« Celui qui veut savoir beaucoup doit baisser beaucoup la tête, travailler beaucoup, traîner son corps contre terre, et le Seigneur lui enseignera beaucoup de choses. La sagesse souveraine consiste à faire de bonnes œuvres, à bien se garder soi-même et à considérer les jugements de Dieu. »

Il dit un jour à quelqu'un qui voulait aller à l'école pour s'instruire : « Pourquoi voulez-vous aller à l'école ? La somme de toute science consiste à craindre et à aimer Dieu ; ces deux choses vous suffisent. L'homme a autant d'habileté qu'il fait de bien, et rien de plus. Ne vous inquiétez pas trop d'être utile aux autres, mais soyez plutôt empressé d'être utile à vous-même. Nous voulons quelquefois savoir beaucoup de choses pour les autres, et fort peu pour nous-mêmes. La parole de Dieu n'est point le partage de celui qui l'entend ou l'annonce, mais de celui qui la met en pratique. Plusieurs se sont mis à l'eau sans savoir nager afin de sauver ceux qui étaient en danger de périr, et ils ont trouvé la mort avec eux ; d'abord il y avait un seul malheur à redouter, et ensuite il en est arrivé deux réellement. Si vous procurez bien le salut de votre âme, vous procurez également bien le salut de tous vos amis. Si vous faites bien ce qui vous concerne, vous ferez bien ce qui concerne ceux qui vous veulent du bien.

« Le prédicateur de la sainte parole a été placé par Dieu pour être la lumière, le flambeau, le porte-étendard du peuple chrétien. Bienheureux celui qui dirige les autres par la voie droite et ne cesse pas d'y marcher lui-même. S'il ne s'arrête pas dans sa course, il invite par là même les autres à suivre ses traces, et, sans s'appauvrir lui-même,

il les aide à s'enrichir. Un bon prédicateur, selon
moi, parle plus pour lui-même que pour les autres. Il me semble que celui qui veut retirer les
âmes du péché doit craindre surtout d'être entraîné lui-même dans le péché. »

Quelqu'un lui dit : « Quel est le meilleur de bien
prêcher ou de bien agir? » Il répondit : «Qui mérite
le plus de celui qui fait le pèlerinage de Saint-
Jacques, ou de celui qui en montre le chemin aux
autres? Je vois bien des choses qui me sont étrangères; j'en entends beaucoup que je ne comprends
pas ; j'en annonce beaucoup que je ne mets pas en
pratique, il me semble donc que l'homme ne se
sauve pas seulement en voyant, en parlant et en
écoutant, mais en pratiquant ce qu'il entend de
bien; il y a plus de distance entre les paroles et
les œuvres qu'il n'y en a entre le ciel et la terre.
Si quelqu'un vous permettait d'aller à sa vigne et
d'y cueillir des raisins, vous contenteriez-vous
de prendre des feuilles? Il vaut mille fois mieux
que l'homme s'enseigne lui-même que d'enseigner le monde entier. Si vous voulez savoir beaucoup, travaillez beaucoup, et humiliez-vous autant que vous le pouvez. Dans la prédication
l'homme ne doit employer un langage ni trop
recherché, ni trop grossier, mais un langage
commun. » Puis, poussant un soupir, le saint
religieux ajoutait : « Il y a une grande différence
entre la brebis qui bêle bien et celle qui est fé-

conde, de même la différence est grande entre celui qui prêche bien et celui qui fait bien. »

Plusieurs fois on l'entendit s'écrier : « O Paris ! ô Paris ! tu détruis l'ordre de Saint-François ! Il parlait ainsi en voyant l'inquiétude d'esprit de beaucoup de religieux lettrés qui mettaient leur confiance en leur savoir.

XV

Des paroles bonnes et des paroles mauvaises.

« Celui qui fait entendre de bonnes paroles est comme la bouche de Dieu, et celui qui en fait entendre de mauvaises est comme la bouche du diable. Quand les serviteurs de Dieu sont assemblés pour converser entre eux, ils doivent s'entretenir de la beauté des vertus, afin que les vertus leur plaisent ; car si les vertus leur plaisent, ils s'exerceront à les pratiquer, et un tel exercice les leur rendra de plus en plus aimables.

« Plus un homme se sent plein de vices, plus il a besoin de parler de la vertu ; en s'entretenant souvent de la vertu, il revient plus facilement à elle, il l'embrasse plus aisément.

« Mais que dirons-nous donc ? Le monde est si corrompu que nous ne pouvons ni parler en bien du bien, ni parler en mal du mal. Nous ne pouvons pas dire du bien combien il est excellent, ni du mal combien il est mauvais, c'est une chose au-dessus de notre intelligence. Je regarde donc comme une vertu non moins grande de savoir se taire à propos que de savoir bien parler. Il me semble que l'homme devrait avoir le cou long comme une grue, afin que chacune de ses paroles passât comme à travers plusieurs nœuds avant de sortir de sa bouche.

XVI

De la persévérance.

« Que sert à l'homme de jeûner, de prier, de faire l'aumône, de se mortifier, d'avoir une grande estime du ciel, s'il n'arrive pas au port du salut? Quelquefois on voit apparaître sur la mer un navire magnifique, grand, d'une forme nouvelle et plein de trésors; mais un danger se présente, il ne peut toucher au port et périt misérablement. A quoi ont servi la beauté et l'excellence de ce navire? Quelquefois aussi on voit au milieu des eaux un vaisseau sans apparence, petit et tombant de vétusté; il n'attire en rien les regards, son changement n'est pas d'un grand prix, c'est à peine s'il peut soutenir les coups de la tempête; cependant il entre heureusement dans le port, et cela seul lui donne une valeur considérable. Ainsi en arrive-t-il aux hommes en ce monde;

tous doivent donc craindre avec raison. Quoique un arbre ait pris naissance, il n'est pas pour cela aussitôt grand ; et quand il serait grand, il ne serait pas chargé de fleurs aussitôt ; et quand il aurait des fleurs, il n'aurait pas des fruits en même temps ; et quand il aurait de fruits, ils ne seraient pas tout d'abord considérables ; et quand ils seraient considérables, ils ne seraient pas immédiatement parvenus à maturité ; et quand ils seraient mûrs, ils ne seraient pas encore sur le point d'être mangés. Plusieurs tombent, se pourrissent et deviennent la pâture des animaux. »

Quelqu'un lui dit un jour : « Que le Seigneur vous accorde de bien finir ! »

Égidius répondit : « En effet, de quoi me servirait de me nourrir du royaume des cieux pendant cent années, si je finissais mal? Je regarde deux biens comme considérables pour l'homme : aimer Dieu, et se garder en tout temps du péché. Quiconque posséderait ces deux choses, aurait tous les biens en sa possession. »

XVII

De la vie religieuse.

Le saint frère Égidius disait : « Plusieurs entrent en religion, et ne font pas ce qui convient à la religion. De tels hommes ressemblent à un la-

boureur qui se revêtirait des armes d'Orlando, et
ne saurait pas s'en servir pour combattre. Tous ne
savent pas monter un cheval indompté, et plusieurs, en le montant, se préserveraient difficilement d'une chute.

« Je ne regarde pas comme bien important d'entrer dans le palais du roi; je ne considère pas
comme bien important de recevoir des bienfaits du
roi; l'important pour moi est de savoir se conduire comme il convient à la cour du roi. Or la
cour du grand Roi est la vie religieuse; la grande
affaire n'est pas d'y entrer, d'y recevoir quelques
dons de Dieu, mais de savoir y vivre comme il faut,
d'y persévérer jusqu'à la fin avec sollicitude et ferveur. J'aimerais mieux demeurer dans le siècle et
y vivre en soupirant après la vie religieuse, que
d'être dans la vie religieuse et en être dégoûté.
La glorieuse Vierge, la Mère de Dieu, naquit de
pécheurs et de pécheresses; elle ne vécut pas en
religion, et cependant elle est ce que nous savons.
Le religieux doit être persuadé qu'il ne saurait et
ne pourrait vivre sans son état religieux. La religion des frères Mineurs me semble avoir été envoyée divinement au monde pour son plus grand
avantage; mais malheur à nous si nous ne sommes
tels que nous devons être! La religion des frères
Mineurs me semble être la plus pauvre et la plus
riche de ce monde; mais notre tort à nous est, je
crois, de vouloir trop nous élever. Depuis le com-

mencement du monde il n'y a pas eu d'ordre religieux meilleur, il n'y en a pas eu de plus libre que
celui des frères Mineurs.

« Celui-là est riche qui imite le riche.

« Celui-là est sage qui imite le sage.

« Celui-là est bon qui imite le bon.

« Celui-là est beau qui imite le beau.

« Celui-là est noble qui imite le noble, ou autrement le Seigneur notre Dieu. »

XVIII

De l'obéissance.

Plus un religieux est lié étroitement pour l'a-
mour de Dieu au joug de l'obéissance, plus il produit de grands fruits. Plus un religieux est obéissant et soumis à son supérieur en vue de Dieu,
plus entre tous les hommes il est pauvre et pur
de tout péché.

Un religieux bien obéissant est semblable à
un homme bien armé, à un soldat monté sur un
bon cheval ; il passe sans crainte au milieu des
ennemis, et nul ne peut lui faire le moindre
mal.

Un religieux qui obéit avec murmure est semblable à un soldat désarmé et monté sur un mauvais cheval ; s'il vient à passer au milieu de ses
ennemis, il tombe et devient leur proie.

Le religieux qui veut vivre selon sa volonté propre, veut aller au feu de l'enfer. Tant que le bœuf tient sa tête sous le joug, les greniers se remplissent de froment; s'il est rendu à sa liberté, s'il peut errer çà et là, il semble être à ses yeux un grand maître, mais les greniers ne se remplissent plus.

Les hommes vraiment grands et sages placent humblement leur tête sous le joug de l'obéissance; les sots, au contraire, l'en retirent, et dédaignent d'obéir.

Quelquefois une mère nourrit son fils et le prépare aux honneurs; mais quand il est devenu grand, il refuse par orgueil de lui obéir, il la tourne en dérision et la méprise; ainsi font plusieurs envers la religion leur mère.

Je regarde comme plus considérable d'obéir à son supérieur par amour pour Dieu, que d'obéir à Dieu même qui nous commande; car quiconque obéit au représentant du Seigneur, se montre par là même prêt à obéir au Seigneur.

Celui qui place sa tête sous le joug de l'obéissance, et l'en retire ensuite sous prétexte de suivre la voie de la perfection, celui-là donne la preuve d'un grand orgueil secret. La bonne habitude est la voie à tout bien, et la mauvaise, la voie à tout mal.

Alors qu'un homme serait assez favorisé pour s'entretenir avec les anges, si cet homme était appelé par celui à qui il a promis obéissance, il devrait, selon moi, laisser là l'entretien des anges et se rendre à l'appel de celui à qui il est tenu d'obéir. Le Seigneur lui-même a donné une preuve de cette vérité en la personne de frère André, mon très-pieux compagnon. Ce frère étant dans sa cellule appliqué à prier avec ferveur, Jésus-Christ lui apparut sous la forme d'un très-bel enfant, et il le remplit d'une indicible consolation, tant par la splendeur dont il était environné que par la familiarité dont il usait envers lui. Sur ces entrefaites, les Vêpres vinrent à sonner, et le pauvre religieux, ne sachant que faire, se décida enfin à laisser le Seigneur pour aller à l'office, en se disant qu'il valait mieux obéir à la créature pour l'amour du Créateur, et satisfaire ainsi l'une et l'autre. Il reconnut bientôt combien excellente avait été sa détermination ; les Vêpres terminées, étant retourné à sa cellule, il y trouva encore l'enfant Jésus, qui lui dit : « Si tu ne fusses allé « au chœur, je m'éloignais tout de suite pour ne « jamais revenir. »

XIX

Du souvenir de la mort.

Quand un homme aurait vécu depuis le commencement du monde jusqu'à ce jour, quand il aurait passé sa vie entière dans les souffrances, que lui resterait-il de toutes ses peines s'il devait maintenant entrer en possession de tout bien? De même quand un homme aurait en son pouvoir tous les biens depuis le commencement du monde jusqu'à ce jour, de quoi lui serviraient tous ces biens s'il devait maintenant endurer tous les maux?

Un homme du monde lui dit : « Je voudrais bien vivre longtemps sur cette terre, et y être dans l'abondance de toutes choses. » Il lui répondit : « Quand vous vivriez mille ans, et que vous seriez le maître du monde entier, à la mort quelle récompense retireriez-vous de ce corps dont vous auriez été l'esclave? Au contraire, celui qui se conduit bien et se tient en garde contre le péché se prépare en peu de temps une récompense inénarrable pour l'avenir. »

XX

De la contemplation.

« Comme nul ne peut s'élever à la vie contemplative sans s'être exercé avec fidélité et ferveur à la vie active, il faut donc apporter une grande sollicitude à cette dernière vie.

Celui-là serait un homme actif, dans le bon sens du mot, qui désirerait. se cela était en son pouvoir, nourrir tous les pauvres de ce monde, les pourvoir tous de vêtements, leur donner en abondance toutes les choses dont ils ont besoin, faire de même à toutes les églises et à tous les hôpitaux, enrichir tous les hommes, avec la prévision d'être ensuite traité lui-même par tous sans exception comme un méchant homme, avec le désir de n'être pas considéré autrement. Il serait, dis-je, actif dans la perfection du mot, si, en vue de ces mauvais traitements, loin de s'abstenir d'aucune bonne œuvre, il s'appliquait à toutes avec ardeur, avec zèle et sans interruption, sans attendre aucune récompense en ce monde.

Marthe était empressée à un service considérable, elle réclamait le secours de sa sœur; le Seigneur la reprit, et cependant elle n'interrompit pas sa bonne œuvre. Ainsi l'homme vraiment voué à la vie active ne doit être détourné du bien par aucun reproche ni par aucun mépris, parce qu'il attend une récompense éternelle et non terrestre.

Nul ne peut arriver à contempler la gloire de la majesté divine autrement que par la ferveur de l'esprit et une fréquente oraison. L'homme est embrasé de la ferveur de l'esprit, et il s'élève à la contemplation, quand son cœur et ses membres sont disposés de telle sorte qu'il ne veut et ne peut penser autre chose que ce qu'il éprouve et ressent en cet exercice. Celui-là serait un bon contemplatif qui aurait perdu l'usage des

12

pieds, des mains, des yeux, de l'odorat, de l'ouïe et de la langue au milieu du parfum délicieux, de la joie ineffable et de la douceur inestimable de sa contemplation ; qui ne s'inquièterait ni de ses membres, ni d'aucune autre chose sous le ciel, et ne désirerait rien avoir que ce qu'il possède et éprouve. Ainsi Marie, assise aux pieds du Seigneur, goûtait une telle douceur à entendre la parole divine, qu'elle n'avait aucun membre qui pût ou voulût faire autre chose que ce qu'elle faisait alors. Aussi ne répondait-elle ni par une parole ni par un signe aux plaintes de sa sœur, et le Seigneur se fit son avocat en répondant pour elle, ce qu'elle ne pouvait faire ; elle sentait et approuvait ce qu'il exprimait : que la contemplation consiste à se séparer des hommes et à s'unir à Dieu seul.

XXI

Des vertus.

L'homme devient riche par les choses divines, il devient pauvre par les choses humaines ; il doit donc aimer beaucoup les premières et haïr beaucoup les secondes. De même que toutes les voies de la terre sont pleines de vices et de péchés, de même toutes les voies du ciel sont pleines de joies et de vertus. Les grâces et les vertus sont pré-

parées pour les créatures, elles les appellent et
leur crient : « Venez, recevez-nous , et nous vous
enseignerons la voie du salut. » Et l'homme infortuné ne veut point faire un pas ! A qui la
faute s'il passe ses jours dans la misère et la pauvreté, quand il est appelé près du Seigneur, et
qu'il refuse la moindre fatigue pour s'y rendre ? Il
est donc digne des peines éternelles.

Les vertus et les grâces sont autant de voies et
d'échelles pour arriver au royaume des cieux ;
les vices et les péchés autant de voies et d'échelles
pour descendre dans les profondeurs de l'enfer.
Cependant il y a danger à demander au Seigneur
des grâces et des vertus, parce que si votre vie
ne répond pas à ces grâces et à ces vertus, vous
deviendrez davantage ennemi de Dieu. Plus
vous demandez, plus vous vous exposez à devenir ennemi de Dieu à cause de votre ingratitude.

Plus un maître donne de grands biens à son
serviteur, plus celui-ci est ingrat s'il ne les
conserve et ne lui en témoigne sa reconnaissance.

XXII

De quelques autres enseignements de frère Égidius.

On trouve et l'on obtient beaucoup de grâces
et de vertus dans l'oraison ; là en effet

1° L'homme est illuminé en son esprit.

2° Il est affermi dans sa foi.

3° Il connaît ses misères.

4° Il arrive à la crainte, il s'humilie et devient vil à ses yeux.

5° Il parvient à la contrition.

6° Ensuite viennent les larmes du repentir.

7° Il se corrige en son cœur de ses fautes.

8° Sa conscience se purifie.

9° Il s'affermit dans la patience.

10° Il se soumet à l'obéissance.

11° Il arrive même à la vraie obéissance.

12° Il trouve la science, puis l'intelligence.

13° Il acquiert la force, la sagesse, la connaissance de Dieu, qui se manifeste à ceux qui l'adorent en esprit et en vérité.

Ensuite il s'enflamme dans l'amour, il court à l'odeur des parfums célestes, il en goûte l'ineffable suavité, il entre dans le repos de l'esprit, il est conduit à la gloire.

Or une fois que l'homme aura fixé ses lèvres sur la parole du Très-Haut, où l'âme trouve à se rassasier, qui pourra le séparer de l'oraison qui mène à la contemplation? Mais pour arriver là, six choses, entre plusieurs, lui sont nécessaires:

1° La considération de ses fautes passées, dont il devra se repentir. 2° Une grande précaution contre les fautes présentes. 3° La crainte des fautes à venir. 4° La considération de la miséricorde divine qui attend l'homme sans se venger de ses péchés, alors que par ces péchés il est digne de la peine éternelle. 5° L'attention aux bienfaits de Dieu, qui ne sauraient être expliqués, le bienfait de l'Incarnation, où il s'est fait chair pour nous, le bienfait de la Passion qu'il a endurée pour nous, le bienfait des enseignements qu'il nous a laissés, et de la gloire qu'il nous a promise. 6° L'amour des choses que Jésus-Christ a aimées : la pauvreté, la nudité, la faim, la soif, le froid, le mépris des hommes, les humiliations, les fatigues, etc.

Quelqu'un demandait à Égidius pourquoi le mal croissait plus abondant que le bien dans l'homme? Il répondit : « Depuis la malédiction la terre est plus portée à produire de mauvaises herbes qu'à en donner de bonnes; cependant un laboureur assidu pourrait travailler de telle sorte, que les mauvaises herbes se montreraient à peine. »

Un autre l'interrogeait sur la prédestination. Il répondit: « J'ai assez du rivage de la mer pour me laver les pieds, les mains et tout le corps; je regarde comme un insensé celui qui se tourmente à connaître ses profondeurs. Que j'aie la science suffisante pour bien régler ma vie, je ne cherche pas à savoir ce qui est au - dessus de moi. »

Puis il ajouta : « Vous devez demander à Dieu qu'il ne vous donne pas beaucoup de bien en ce monde, qu'il vous envoie de dures épreuves, et qu'il ne vous console pas beaucoup au milieu de vos peines, afin que votre récompense soit plus grande. »

Il disait encore : « L'homme connaîtra qu'il aime Dieu parfaitement, s'il apporte un grand empressement à s'éloigner du vice et à croître de jour en jour dans les bonnes œuvres.

« Il y a plus de vertu à répondre à la grâce qu'à supporter avec patience la tribulation ; car nous en voyons plusieurs souffrir ainsi avec patience, et ne pas répondre à la grâce.

« Le nom de frère Mineur signifie un homme qui se tient sous les pieds de tout le monde ; mais plus il s'abaisse, plus aussi il aura à être élevé.

« Nous devons plus craindre les biens que les maux temporels, parce que le mal marche à la suite de l'homme, le bien, au contraire, lui barre la route.

« Nous devons converser parmi les hommes de façon à ne pas perdre le bien que Dieu fait en nous, et nous efforcer de nous sauver avec le petit nombre ; souvent un homme sait nager, et cependant, s'il ne sait pas user de sagesse et de précaution pour aider celui qui est en danger au milieu des eaux, ils y trouvent la mort l'un et l'autre.

« L'homme sera tenu de rendre compte même de la grâce qu'il n'a pas ; parce que, s'il travaillait avec zèle et sollicitude avec la grâce dont il a été comblé, il obtiendrait encore celle qu'il n'a pas.

« Je veux vivre dans l'obéissance jusqu'à la mort, me placer sous les pieds de tous les autres, me reprendre et me châtier durement; et, si la pensée me venait de retrancher quelqu'une de ces choses, je veux m'y astreindre en me liant, s'il le faut, le cou avec une chaîne. »

On lui demandait un jour ce qu'il pensait de saint François. Hors de lui-même en entendant prononcer ce nom du bienheureux François, il répondit : « On ne devrait jamais nommer un tel homme sans se sucer les lèvres de bonheur. Une seule chose a manqué à François, la force du corps; s'il eût eu un corps aussi robuste que moi, le monde entier n'eût pu suivre ses traces. »

LE BIENHEUREUX

JACQUES DE TODI

———

Né à Todi, vers le milieu du XIIIe siècle, le bienheureux Jacques se livra à l'étude de la jurisprudence, et
se fit un nom parmi ses concitoyens. Tout semblait lui
sourire dans le monde, quand il plut à Dieu de l'attirer
à lui par un de ces coups terribles dont quelquefois sa
providence se sert pour sauver une âme déjà sur le bord
de l'abîme.

Jacques avait épousé une femme distinguée par sa
noblesse, sa fortune et surtout sa vertu. Pour répondre
aux désirs de son mari, elle paraissait de temps à
autre, malgré ses répugnances, dans les fêtes mondaines. Un jour donc qu'elle assistait à un bal, le pla-
fond de la salle s'écroula ; tous les assistants furent plus
ou moins grièvement blessés ; plusieurs même trouvèrent la mort dans cet accident, et entre autres l'épouse
de Jacques. Accouru à peine à temps pour recevoir son

dernier soupir, il s'aperçut qu'elle portait un rude cilice sous ses vêtements de fête, et comprit mieux encore par là combien digne de ses affections était celle que la mort lui avait ravie, combien affreux était le malheur dont il était frappé. Il se prit alors à méditer sur la vanité du monde, la frivolité des jouissances terrestres, l'incertitude des honneurs et de la vie; il tourna ses pensées vers des biens plus stables, et bientôt il fut un autre homme.

Mais ce n'était pas assez pour son âme ardente d'avoir renoncé aux plaisirs de la terre; il se vêtit pauvrement, s'associa au Tiers-Ordre de Saint-François, et s'adonna à toutes les œuvres d'une haute piété. De jour en jour ses progrès dans la vertu devinrent évidents aux yeux de tous; rien ne lui semblait difficile au service de Dieu; les humiliations surtout avaient pour son cœur un attrait particulier; il ne croyait pouvoir jamais assez s'abaisser, jamais assez expier les complaisances dont son cœur avait été rempli pour le monde. Enfin il voulut passer pour un insensé, et il s'appliqua à devenir la fable de tous ceux qui avaient été témoins de sa sagesse mondaine. Alors commença pour lui un genre de vie à peu près sans exemple jusqu'à ce jour. Cet homme, réputé si habile et d'un jugement si parfait, parut tout d'un coup avoir perdu l'esprit; il faisait des choses étranges, sans cependant jamais se permettre une parole inconvenante ou injurieuse, sans jamais blesser en rien personne. Les enfants s'attachaient à ses pas, l'insultaient, en faisaient l'objet de leurs sarcasmes et de leurs plaisanteries ; tout le monde le considérait comme un fou.

Après dix ans d'une telle vie, après avoir foulé ainsi sans réserve aux pieds la sagesse humaine et l'estime du monde, Jacques voulut faire un pas de plus dans la voie de la perfection, et il entra dans l'Ordre de Saint-François. Là il dut passer encore par bien des épreuves et des humiliations, mais rien ne fut au-dessus de sa vertu et de son désir des souffrances. Ame héroïque, jamais on ne le vit ralentir sa marche vers les hauteurs célestes, jamais regarder, même un instant, en arrière. Sa mort, arrivée l'an 1306, fut attribué par ses frères à la violence de son amour pour Dieu, plutôt qu'à la maladie.

Nous avons recueilli seulement quelques passages des œuvres spirituelles de ce fervent disciple de saint François, avec le vif regret de ne pouvoir les donner tout entières à nos lecteurs. Ce que nous en avons traduit est tiré du livre *des Conformités* du P. Barthélemy de Pise ; il nous a été impossible de nous procurer un exemplaire de ces œuvres.

ŒUVRES

DU BIENHEUREUX

JACQUES DE TODI

I

Comment l'homme peut savoir s'il est dans la charité.

Je ne puis savoir d'une manière certaine si je suis dans la charité, mais cependant je puis en avoir quelques indices. Voici une preuve de l'amour de Dieu en moi : Si, après avoir demandé quelque chose à Dieu qu'il ne me l'accorde pas, je l'aime encore plus qu'auparavant ; si, m'accordant le contraire de ce que je voulais, je l'aime deux fois plus que je n'avais fait jusqu'alors.

Quant à l'amour du prochain, le signe est de ne pas l'aimer moins alors qu'il m'aurait offensé ; si je l'aimais moins, ce serait une preuve que je ne l'aimais pas auparavant, mais que je m'aimais moi-même. Je dois aimer mon prochain à cause de lui et non pour moi, aimer son bien, son avantage, et m'en réjouir. En agissant ainsi, je tire un plus grand profit de son bien que lui-même.

II

De l'humilité. — Comment l'homme arrive au mépris
de soi-même.

L'homme devrait se considérer comme si vil à
ses propres yeux, se regarder comme si abject, que
dans sa propre estime il jugeât sa société oné-
reuse à tous, digne du mépris de tous. De la sorte
il ferait de vrais progrès dans l'humilité, et il supporterait plus facilement les défauts de ceux au
milieu desquels il vit. Quand j'exerçais la justice,
on me disait : « Eh quoi ! vous n'avez pas d'ennui
de demeurer avec de telles personnes ? Nous ne
comprenons pas comment vous pouvez les supporter. » Et je répondais : « Je ne comprends pas,
moi, comment ces personnes me supportent et ne
me chassent pas comme le diable. »

Il en est ainsi de tous ceux au milieu desquels
nous avons à vivre ; nous devrions nous estimer
indignes de leur société et de leurs entretiens, à
cause de notre bassesse et de notre misère. L'amour
de soi-même est la source de tous les vices et de
tous les maux, il est le ver rongeur de toutes les
vertus ; mais aussi la haine de soi est le principe et
la base de ces mêmes vertus, elle est la ruine de
tous les vices. L'homme devrait donc non-seulement se haïr, mais encore désirer être haï de tous.

Or voici comme on arrive à se haïr : Il faut s'examiner en tout temps avec soin, et s'appliquer à bien se connaître. De la sorte on se verra et l'on se connaîtra mauvais; on se jugera digne de haine, et l'on se haïra comme mauvais. Ensuite, comme cette connaissance de soi-même conduit à la connaissance de la vérité, on commencera alors à aimer la vérité non-seulement en soi, mais dans les autres. Cet amour nous fera désirer que les autres nous jugent selon la vérité, comme nous nous jugeons nous-mêmes; et comme alors nous nous jugerons, selon la vérité, dignes de haine, nous voudrons être haïs de tous, nous ne pourrons supporter de n'être pas condamnés par tous, parce que agir autrement serait faire une injure à la vérité, que nous aimons.

Par là on mortifie le désir des louanges dont on était possédé; on éteint tout autre désir désordonné et vicieux; on ruine l'orgueil, la colère, l'envie et tous les autres vices; on acquiert le mépris de soi-même, toute vertu et tout bien. Par là vous sentez s'enraciner en vous la prudence, la force, la tempérance, la justice, toutes les vertus, et surtout la triple patience qui nous conduit au repos de l'âme.

La première patience est celle qui fait supporter l'adversité sans murmure.

La seconde appartient au don de force, et fait supporter l'adversité de bon cœur.

La troisième est la béatitude exprimée en ces mots : *Bienheureux les pacifiques*. Elle fait tout supporter avec joie.

Voici maintenant l'ordre à observer dans la haine : Il faut haïr l'habitude des vices, et aimer ce qui constitue notre nature; puis garder entre ces deux choses une mesure telle, que pour conserver la nature on ne se jette pas dans le vice, et pour exterminer le vice on ne détruise pas la nature.

III

Du triple état de l'âme.

Il y a trois états de l'âme :

Dans le premier, l'âme connaît ses péchés, et elle verse des larmes de componction qui la conduisent presque au désespoir.

Dans le second, elle considère la rédemption opérée par son Sauveur, et elle a des larmes de compassion pour Jésus-Christ.

Dans le troisième, elle passe à l'amour, et cet état a trois parties :

Dans la première, elle se prend à aimer, et elle répand des larmes de dévotion.

Dans la seconde se trouve la persévérance, et l'amour s'accroît; rien alors ne doit détourner tant soit peu l'âme de sa vocation; si les choses du monde lui sont un obstacle, elle doit les mépriser. Ses larmes sont simples, parce qu'elles sont sans violence, et elle ne sait pourquoi elles coulent de ses yeux.

Dans la troisième, l'âme trouve la consommation, elle se tient dans les parvis de son Seigneur, elle puise aux joies de la vie éternelle, et elle n'a plus de larmes.

IV

Des quatre combats de l'âme.

L'âme a à soutenir quatre sortes de combats : au dehors d'elle-même, près d'elle-même, au dedans d'elle-même, et au-dessus d'elle-même.

Le combat de l'âme hors d'elle-même est avec le monde, et elle demeure victorieuse en n'aimant pas les choses mondaines. Mais ce n'est point assez de ne concevoir aucun amour pour les choses les plus belles et les plus délectables, il faut encore les haïr et les mépriser. Ainsi la verge courbée en un sens doit être courbée en un sens opposé, si on veut l'amener à être droite.

Le second combat de l'âme est avec les sens de son corps.

Le premier moyen pour remporter la victoire

de ce côté est de soustraire ses sens à toute habitude illicite de la vue, de l'ouïe, etc.

Le second est de concevoir un souverain déplaisir des objets qui frappent la vue ou les autres sens. Mais, comme ce moyen n'est pas sûr pour tous, il vaut mieux soustraire ses sens aux objets. Cependant, quand cela est impossible, et qu'on ne peut s'empêcher de voir des choses propres à nuire à l'âme, d'entendre des paroles propres à scandaliser, alors il faut en concevoir le plus grand déplaisir possible, et empêcher ainsi l'âme de s'y complaire en aucune façon.

Pour ce qui est du goût, j'ai tenté trois sortes de remèdes.

D'abord j'ai recueilli et fait dessécher des fleurs d'absinthe, et je les plaçais devant moi sur la table en guise de sel, de façon à ne pas laisser les autres s'en apercevoir. Je mettais sur ce sel les morceaux les plus savoureux, et l'amertume en était telle, qu'ils ne flattaient aucunement la gourmandise ; mais j'en avais la langue déchirée, et je dus y renoncer.

Ensuite je faisais mes morceaux petits et ronds, puis je les avalais comme des pilules, sans les goûter ; mais je ruinais ainsi mon estomac, et je renonçai à ce moyen.

Enfin quand il m'arrivait de manger des aliments savoureux, j'infligeais à mon corps un rude travail, et je le soumettais à de lourds fardeaux.

Quand ensuite on me servait de pareils mets, et que je demandais à mon corps s'il consentait à s'en nourrir, il s'y refusait volontiers, et préférait s'en abstenir plutôt que d'avoir à supporter les châtiments dont je le chargeais en conséquence. Aujourd'hui j'ai renoncé à tout cela, et j'ai recours à un quatrième remède.

Ce remède consiste à rapporter à Dieu toutes les saveurs, et à lui en rendre des actions de grâces. Mais ce moyen n'est pas bon pour tous; il convient seulement à ceux qui vivent avec tant de sobriété et de tempérance, à ceux dont l'âme est si unie à Dieu et si absorbée en lui, qu'ils n'ont nullement la pensée de satisfaire la gourmandise en mangeant des mets savoureux, et rapportent tout au Seigneur.

Et comme, entre tous les sens, la langue porte le plus de préjudice à l'âme, non-seulement comme instrument du goût, mais encore comme instrument de la parole, il faut employer comme remède le silence qui est d'un grand secours à l'âme. Nous avons un exemple de ce genre dans frère Junipère, qui demeura six mois sans parler.

Le troisième combat de l'âme est au dedans d'elle-même, et il se livre à ses affections ou à ses passions, qui sont la joie, l'espérance, la crainte et la douleur. Elle demeure victorieuse dans cette lutte en ayant avec Dieu un commerce intime et assidu par l'oraison, la méditation, la dévotion ; elle obtient ainsi que Dieu lui communique sa toute-puissance, et cette toute-puissance opère en elle un miracle dont l'effet est d'en bannir ces passions.

Le quatrième combat de l'âme est au-dessus d'elle, et c'est le plus grand de tous ; il se livre à Dieu même de cette manière. L'âme se pénètre d'un désir ardent et plein d'anxiété de demeurer unie à lui. Elle se considère créée à l'image de Dieu, elle contemple en elle-même sa ressemblance, elle sait qu'il désire établir en elle sa demeure, et dès lors elle réunit tous ses efforts pour ne rien admettre en elle qui puisse blesser les yeux de la majesté divine, pour ne point se porter vers un objet qui déplaise à Dieu, pour se rendre telle à ses regards qu'il la désire, c'est-à-dire sans la moindre tache.

V

Parabole touchant la répression des sens.

Une vierge d'une grande beauté avait cinq frères, tous très-pauvres, et elle possédait une pierre précieuse d'une valeur considérable. Or l'un de ces frères était musicien, le second peintre, le troisième marchand d'essence, le quatrième cuisinier, le cinquième proxénète.

Le premier vint donc trouver sa sœur et lui dit : « Vous voyez combien je suis pauvre ; je vous prie donc de me faire présent de votre pierre précieuse. — Non, mon frère, je ne veux pas vous la donner, répondit-elle ; j'ai l'intention de la garder pour moi. — Eh bien, reprit-il, je vous l'achèterai. — Et que voulez-vous m'en donner ? — Je vous ferai entendre un chant magnifique avec mon instrument. — Mais que ferai-je, le son une fois passé ? où trouverai-je de quoi vivre ? Non je ne céderai pas à un tel prix cette pierre, je veux m'en servir pour m'établir honnêtement et vivre d'une façon honorable. »

Le second frère vint demander la même chose, et sur le refus de sa sœur, il lui offrit, mais inutilement, une peinture.

Le troisième vint offrir avec aussi peu de succès des parfums, le quatrième des mets exquis, le cinquième des plaisirs grossiers ; et tous se retirèrent sans avoir réussi.

Enfin se présenta un roi puissant. Il demanda à la jeune vierge à acheter sa pierre précieuse ; mais elle lui répondit : « Seigneur, je ne possède point d'autre bien ; que me donnerez-vous donc en retour ? »

Le roi lui répondit : « A ce prix je vous choisirai pour mon épouse, et je ferai de vous une grande reine. Je vous donnerai la vie éternelle et l'abondance de tous les biens que votre âme désire.

—Seigneur, reprit-elle, votre magnificence est telle, que je ne puis vous refuser cette pierre précieuse; je vous l'accorde donc de grand cœur. » Et elle la lui donna.

Cette vierge, c'est l'âme; la pierre précieuse dont elle est en possession est sa volonté, ou le consentement de son libre arbitre. Ses cinq frères sont les sens de son corps. Le premier, c'est l'ouïe; le second, la vue; le troisième, l'odorat; le quatrième, le goût; le cinquième, le toucher en qui réside à un plus haut point la sensualité, et qui incline davantage l'âme aux choses défendues.

Cette vierge eût été bien insensée, si au prix d'objets si frivoles elle eût donné une pierre aussi précieuse. Mais sans comparaison l'âme est plus insensée quand elle se laisse entraîner par un de ses sens à quelque action illicite. Aussi doit-elle faire tous ses efforts pour s'abstenir de ces plaisirs médiocres que pourraient lui procurer les sens, et garder sa volonté pour le Roi suprême, la donner avec empressement à ce roi qui a fait de l'âme son épouse et l'a traitée avec tant de magnificence.

VI

De l'amour de l'âme pour les vertus.

L'âme doit se parer d'ornements et désirer paraître belle ; c'est pourquoi elle doit apporter le plus grand soin à acquérir les vertus ; car en elles elle trouvera tout pour atteindre un tel but.

La foi la rend belle.

L'espérance lui donne une taille majestueuse.

La charité la colore tout entière.

La prudence règle sagement tous ses actes.

La force lui donne la vigueur.

La tempérance la préserve de toute infirmité.

La justice lui donne un vêtement et des parures.

Lorsque, ornée de ces vertus, elle s'avance vers le ciel, tous les ordres des anges et des saints viennent à sa rencontre, elle est avec tous en communion par quelque vertu.

Les patriarches vont au-devant d'elle à cause de sa foi ;

Les prophètes, à cause de son espérance ;

Les saints apôtres, à cause de sa charité ;

Les saints martyrs, à cause de sa force ;

Les saints docteurs, à cause de sa prudence ;

Les saints confesseurs et les pontifes, à cause de
sa justice;

Les saintes vierges, à cause de sa tempérance.

VII

Dialogue entre la raison et la conscience.

LA RAISON. — Pourquoi donc me tourmentez-
vous de la sorte, et me tenez-vous dans une oppression si grande?

LA CONSCIENCE. — Parce que j'ai reçu le jugement de la vérité, et ainsi je ne saurais supporter
le mensonge.

LA RAISON. — Pourquoi maintenant me laissez-
vous en paix, et ne me tourmentez-vous en aucune
manière?

LA CONSCIENCE. — Parce que vous vous êtes re-
mise entre les mains d'un Dieu juste; parce que
tout ce que la justice de Dieu fait de vous, vous est
agréable; il ne m'appartient plus de vous juger,
dès lors que vous vous adressez à un juge au-dessus de moi.

LA RAISON. — Pourquoi, maintenant que je travaille moins, me permettez-vous d'être en paix, et
pourquoi me tourmentiez-vous si fort autrefois,
alors que je travaillais beaucoup?

LA CONSCIENCE. — Parce que vous aviez alors

confiance en vos œuvres et que vous mettiez en elles votre espérance ; je ne pouvais souffrir pareille illusion. Aujourd'hui vous ne vous confiez plus en vos œuvres, vous n'attendez pas de là votre mérite ; ne vous étonnez donc pas si je ne fais entendre aucun murmure, si je ne vous résiste en rien.

VIII

Des cinq boucliers de la patience.

L'homme a cinq boucliers pour défendre sa patience :

Le premier, c'est de tomber malade.

Le second, c'est de ne recevoir en cet état aucun service, et de n'attirer la sollicitude de personne.

Le troisième, c'est d'éprouver du déplaisir lorsqu'il reçoit quelque service.

Le quatrième, c'est d'être privé par Dieu de toute joie du cœur et de toute consolation corporelle.

Le cinquième, c'est de n'attendre pour tout cela du Seigneur aucune récompense ni dans le présent ni dans l'avenir.

NOTICES

SUR LES PRIMIERS DISCIPLES

DE SAINT FRANÇOIS D'ASSISE

NOTICES

BERNARD DE QUINTAVAL

Bernard de Quintaval, né à Assise d'une noble famille, se prit à réfléchir profondément sur la vanité des choses de ce monde, en voyant les exemples de vertu éclatante donnés par saint François. Il ne pouvait sans un étonnement extrême contempler dans le serviteur de Dieu son détachement des biens terrestres, sa constance à supporter les injures, sa patience au milieu des fatigues et des peines de la vie, et le contentement inaltérable de son âme en face d'épreuves capables de bouleverser l'homme le plus courageux. « Le doigt de Dieu est ici, » se disait-il; « c'est là l'œuvre de Dieu, il ne saurait en être autrement. »

Il voulut cependant se renseigner davantage, et éprouver par lui-même jusqu'où allait la vertu de François. L'ayant donc amené, à force d'instances, à accepter à dîner dans sa maison, il prolongea longtemps ses entretiens avec lui; puis il le conduisit dans une chambre où deux lits étaient préparés pour lui et le saint. Bernard feignit de dormir, et François, persuadé qu'il était plongé dans le sommeil, se leva quelque temps après pour se livrer à la prière. A genoux, les mains et les yeux élevés vers le ciel, il oublia bientôt qu'il pouvait avoir un témoin de ses ferventes supplications, et s'écria à plusieurs reprises : « Mon Dieu, et mon tout! Mon Dieu, pour moi vous êtes toutes choses; ô mon Dieu, en vous sont tous les biens; mon Dieu, vous êtes tout bien pour moi! » Et l'âme du saint entrant en extase, il ajoutait: « Vous êtes mon Dieu, toute mon espérance, toute ma force, ma richesse, ma vie, ma joie, mon bonheur, tout ce que je saurais jamais désirer; je ne veux rien autre chose que vous... » La nuit entière se passa dans ces tendres et amoureuses exclamations. Bernard en avait assez vu, le doute n'était plus possible; François était vraiment l'ami de Dieu (1). « Résolu à marcher sur ses traces par un mépris parfait du monde, il lui demanda conseil pour l'accomplissement de son dessein. François, rempli de consolation à la vue de ce premier enfant d'une famille ainsi conçue par l'Eprit-Saint, lui répondit : « C'est auprès de Dieu qu'il faut chercher un pareil conseil. »

« De grand matin, ils allèrent à l'église Saint-Nicolas, et, après avoir prié, François, véritable adorateur de la Trinité, ouvrit par trois fois le livre des Évangiles, en demandant aux trois personnes sacrées de vouloir bien confirmer, chacune par un témoignage, la sainte résolution de Bernard. La première fois il tomba sur ces paroles : *Si vous voulez être parfait, allez, vendez tout ce que vous avez et donnez-le aux pauvres.* La seconde, sur les suivantes: *Ne portez rien dans votre voyage.* Et la troisième, sur ce passage : *Si quelqu'un veut venir après moi, qu'il se renonce soi-même, qu'il porte sa croix et me suive* (2). Voilà, dit le saint, notre vie et notre règle, la vie et la règle de tous ceux qui viendront se joindre à nous. Allez donc, et, si vous voulez être parfait, accomplissez ce que vous avez entendu. »

(1) S. Bonaventure, *Légende de saint François.*
(2) Matth., xix; Luc, ix; Matth., xvi.

Bernard s'en alla aussitôt à sa maison, vendit tous ses biens, sans s'inquiéter des plaisanteries qu'un pareil acte devait attirer à un homme de sa condition, et, en ayant donné le prix aux pauvres, il s'en vint, plein de joie, retrouver le saint, qui l'accueillit comme un enfant bien-aimé, et le considéra toujours comme le premier fondateur de son Ordre. Il avait embrassé sans détour la pauvreté avec ses peines, ses amertumes et ses humiliations; il lui fut fidèle inviolablement, et jamais on ne le vit s'écarter tant soit peu des enseignements de François d'Assise. Il se faisait remarquer surtout par une patience merveilleuse et invincible, patience fondée sur l'humilité la plus profonde et dont son Ordre fut le premier à recueillir les fruits.

Saint François l'envoya à Bologne, peu de temps après l'approbation de la règle par Innocent III, afin d'y gagner des âmes à Dieu. L'étrangeté de son costume excita vivement l'attention des habitants, nul religieux n'avait encore paru vêtu de la sorte; aussi y servit-il durant quelques jours d'objet de moquerie aux enfants et aux gens désœuvrés dont Bologne n'a manqué en aucun temps. Rien ne lassa la patience du saint religieux, rien n'altéra la douce paix de son âme; jamais on ne le vit triste ni préoccupé des soins de la vie; un morceau de pain mendié pour l'amour de Dieu suffisait à ses besoins.

Cependant un des premiers magistrats de la cité, considérant la vie de ce pauvre, comme lui-même autrefois avait considéré la vie de François d'Assise, se dit : « Non, en vérité, un homme si patient à supporter les mépris et les injures ne saurait être un homme ayant un but terrestre; c'est un saint. » Puis, le faisant appeler, il lui demanda qui il était, et d'où il venait. Bernard, sans lui répondre un mot, tira de son sein la règle du nouvel Ordre et la lui présenta. A cette lecture, le magistrat, émerveillé, se tourna vers plusieurs de ses concitoyens qui s'étaient rassemblés pour connaître le religieux, et leur dit : « Voilà bien la vie la plus rigoureuse et la plus parfaite qu'il y ait dans l'Église de Dieu ; cet homme et ses compagnons nous représentent réellement le collége des apôtres ; aussi à mes yeux sont-ils dignes des plus grands honneurs. »

Et conduisant Bernard à sa maison, il l'y reçut comme un ange envoyé de Dieu, et lui bâtit près des murs de la ville un couvent pour lui et pour ses frères. Bientôt le nom du fervent religieux fut dans toutes les bouches ; à sa voix les pécheurs se convertirent, plusieurs vinrent le supplier de les admettre au nombre de ses disciples ; les gens de bien se ranimèrent dans la pratique des vertus, Bologne sembla revenir à une vie nouvelle. Mais l'humble Bernard, si patient dans les injures, ne put soutenir longtemps les témoignages de vénération dont on l'entourait de toutes parts ; il pria son bienheureux père de le retirer d'un lieu où il n'avait plus rien à souffrir, et de l'envoyer en d'autres contrées. François le dirigea vers la Lombardie, où les besoins étaient grands. Là, comme à Bologne, il édifia les peuples, il vit les hommes accourir à sa parole et embrasser son genre de vie ; pour répondre à toutes les demandes, il dut élever plusieurs maisons.

Quand saint François alla en Espagne, il emmena avec lui Bernard et quelques autres frères. Durant le voyage, ils trouvèrent un pauvre malade abandonné de tout le monde dans un lieu dépourvu des choses de première nécessité. Après lui avoir donné ses soins et l'avoir consolé de son mieux, François, jugeant que sa maladie serait longue, laissa Bernard pour le servir, et poursuivit sa route jusqu'à Saint-Jacques avec ses autres religieux. A leur retour le malade était guéri, et son charitable gardien put revenir avec ses frères en Italie. Mais Bernard désirait reprendre ce pèlerinage interrompu seulement par la charité, et François ne lui refusa pas une consolation dont il avait si généreusement déjà fait le sacrifice. Il se remit donc en route sans calculer ni les distances ni les fatigues, surmontant les ennuis du voyage par la méditation et la prière, tout occupé de saintes pensées, et les yeux tournés vers ce tombeau vénérable où reposent les restes du grand Apôtre que le Seigneur associa d'une façon particulière aux amertumes de sa passion. Arrivé en Espagne, il fut un jour arrêté par une rivière sur laquelle il ne découvrait aucun pont, ni même une simple barque pour atteindre à l'autre rive. Tandis qu'il examinait comment il se tirerait d'embarras, il vit arriver à lui un beau jeune homme qui le salua en langue italienne et semblait disposé à lui rendre service. Le religieux, étonné d'entendre sa propre langue dans une contrée si éloignée, s'imagina avoir affaire à un compatriote, et lui demanda d'où il était. « Je viens, dit le jeune homme, de Sainte-Marie-des-Anges, et j'y étais allé pour avertir de sa témérité frère Élie, qui pense à faire une règle nouvelle. Mais, loin de m'écouter, il m'a refusé l'entrée du couvent et en a fermé la porte contre moi. Dieu sans aucun doute le châtiera d'une pareille conduite. » Puis, ayant passé miraculeusement Bernard de l'autre côté de la rivière, il disparut le laissant inondé des plus douces consolations.

La vie de ce fervent religieux tenait plus du ciel que de la terre; rien n'interrompait son union avec Dieu, les occupations les plus fatigantes de la charité ne pouvaient l'en distraire. L'oraison avait pour lui des délices ineffables, il s'y élevait jusqu'à l'extase, et les pures joies dont il était rempli ne sauraient être décrites même imparfaitement. Il s'était donné sans réserve à son Sauveur, et Jésus entrait en communication avec lui comme avec un ami; il lui manifestait les merveilles de sa tendresse et son amour; il lui parlait à toutes les heures du jour et de la nuit, au milieu de ses voyages il se joignait à lui comme autrefois aux disciples d'Emmaüs, et le bienheureux frère ralentissait alors sa marche, il laissait ses compagnons prendre un peu le devant, afin de s'entrenir seul à seul avec son bien-aimé.

Quelquefois aussi il le privait de sa présence, afin d'accroître ses désirs et d'éprouver ses vertus. Alors on le voyait redoubler de ferveur et de persévérance, il usait d'une sorte d'importunité, et contraignait ainsi le Seigneur à ne point se dérober plus longtemps à son âme. Une fois il demeura huit jours entiers sans recevoir aucun signe de la présence divine, sans entendre une parole du ciel. Ces huit jours lui semblèrent huit années, mais, loin de se troubler, il demeura tout ce temps dans la solitude, appliqué à l'oraison, suppliant la bonté céleste de ne pas tarder davantage, l'appelant avec ces cris indicibles dont les prophètes nous ont laissé des exemples. Enfin il mérita d'être consolé, une main lui apparut dans l'air, et une lyre céleste fit entendre des accords si harmonieux, que l'âme du pauvre religieux se crut un moment débarrassée des liens de la chair et déjà admise aux concerts des esprits angéliques.

Mais ces douceurs étaient achetées au prix des épreuves les plus terribles. Un jour il plut à Dieu de les révéler à saint François d'Assise, et le saint, effrayé, conjura Jésus-Christ de venir en aide à son serviteur, de ne point le laisser périr au milieu de si affreuses tentations. Alors une voix du ciel dit au bienheureux Patriarche : « Ne craignez point; les tentations dont frère Bernard est assailli ont pour fin d'exercer sa vertu et d'embellir sa couronne; il remportera la victoire sur tous ses ennemis, et sachez qu'il est un des élus appelés à prendre part au festin du Seigneur. »

Le saint rendit grâces à Dieu de ses dispositions miséricordieuses, et les raconta à ses religieux instruits comme lui des épreuves de Bernard; il les assura que le Seigneur le délivrerait de toutes ses peines un peu avant sa mort, qu'il jouirait alors d'une paix si profonde, que tous ceux qui en seraient témoins en béniraient la bonté divine.

François donna lui-même, au moment de mourir, une bénédiction spéciale à ce premier-né de ses enfants. Il l'établit comme le seigneur de ses frères, et, tandis que son regard attristé se détournait d'Élie, dont il prévoyait les tentatives funestes, il se reposait avec tendresse sur ce fils d'obéissance, dont les pensées étaient en tout conformes aux siennes.

Les frères Mineurs, après la mort de François, considérèrent Bernard comme leur père, et son autorité fut grande parmi eux. Cependant il ne put empêcher le malheureux frère Élie de porter le trouble dans son Ordre par des innovations coupables; il lui adressa plus d'une fois des paroles sévères, plus d'une fois il reprit les religieux trop empressés à condescendre aux désirs d'Élie; mais ces avertissements n'arrêtèrent pas le mal, et l'Ordre se ressentit durant de longues années de ces prétendues réformes.

Après avoir édifié ses frères par la pratique de toutes les vertus, il vit arriver sans crainte la mort. Dans sa dernière maladie, il s'abandonna comme un enfant au religieux chargé de prendre soin de lui, afin de vaquer uniquement aux choses célestes. Parmi ceux qui venaient le visiter de toutes parts se trouvait le saint frère Égidius, qui, le voyant abattu par les souffrances, lui cria : « Élevez votre cœur en haut, mon frère, élevez votre cœur en haut. » Ces paroles le rappelèrent à lui et le réjouirent ; il pria qu'on donnât à Égidius un siége dans sa chambre, afin de l'avoir sans cesse près de lui durant ces derniers jours d'épreuve. Il voulut avoir aussi continuellement un prêtre à ses côtés, et, quand il lui survenait quelque chose de sa vie passée à l'esprit, il s'en confessait aussitôt.

Lorsqu'il eut reçu les derniers sacrements, il se fit asseoir sur son lit, et s'adressa en ces termes à tous les assistants : « Mes frères bien-aimés, n'oubliez jamais, je vous en prie, cette heure à laquelle vous me voyez arrivé, et à laquelle vous devez arriver aussi. Je vous confesse et vous atteste que je n'ai jamais mieux été un frère Mineur que dans les tentations, parce qu'alors j'ai toujours trouvé Jésus-Christ mon Seigneur prêt à me défendre et à me venir en aide. A cette heure, j'éprouve en mon âme que je ne voudrais pas pour mille mondes avoir abandonné le service de mon Seigneur et Rédempteur. Je m'accuse à Dieu et à vous autres des offenses dont je me suis rendu coupable. Je vous conjure à cette dernière heure de ma vie de vous aimer les uns les autres ; vous montrerez véritablement par là que vous êtes les disciples de Jésus-Christ. »

Lorsqu'il eut cessé de parler, son visage devint brillant et lumineux, une sainte allégresse, digne présage des joies célestes, semblait jaillir de ses yeux. Les frères étaient dans l'admiration, mais déjà l'âme bénie du serviteur de Dieu n'était plus sur la terre ; la ville d'Assise comptait un protecteur de plus dans la patrie bienheureuse, et l'Ordre de Saint-François avait à pleurer un de ses pères les plus vénérables.

Au moment où il rendait le dernier soupir, deux religieux illustres de son Ordre, Léon et Rufin, étaient malades dans une autre demeure. Tous deux virent,

durant la nuit, une longue suite de frères Mineurs s'a-
vançant comme dans une procession solennelle, et,
parmi eux, l'un apparaissait plus majestueux et tout
brillant de gloire; de ses yeux s'échappaient des rayons
plus lumineux que la splendeur du soleil, et ils ne
pouvaient en soutenir l'éclat. Ayant interrogé l'un de
la troupe, il leur répondit qu'ils faisaient cortége à
l'âme de Bernard. Ce religieux si brillant de gloire
c'était lui-même, il était ainsi récompensé, parce
que toujours il avait jugé favorablement du prochain.
S'il voyait un pauvre couvert de haillons, il se disait :
« O Bernard, voilà un homme qui observe mieux que
toi la pauvreté. » Lorsqu'il rencontrait des hommes
somptueusement vêtus, il éprouvait en son âme une
componction profonde, et il s'écriait en lui-même :
« Sans aucun doute, sous ces vêtements délicats est
caché un rude cilice destiné à châtier et à macérer la
chair; ces hommes paraissent vains, et ils évitent ainsi
la vanité; et toi, frère Bernard, avec ton habit vil et
rapiécé, tout le monde te regarde comme un grand
pénitent. » Et, comme il voyait tout en bien dans la
créature, il rapportait tout au Créateur et lui en rendait grâces.

Ces choses se passaient au mois de juillet de l'an
1241, quinze ans après la mort de saint François d'Assise.

PIERRE DE CATANE

Le jour où saint François se rendait avec Bernard de Quintaval à l'église Saint-Nicolas pour y

consulter le Seigneur touchant la vocation de celui-
ci, un chanoine nommé Pierre Catanio se joignit
à eux sur le chemin, résolu, lui aussi, à embrasser la
pauvreté et à servir Dieu de la manière la plus parfaite.
Ayant entendu tous trois la messe avec grande ferveur,
François s'approcha du prêtre et le pria de vouloir bien
faire le signe de la croix sur le missel, puis de l'ouvrir.
Trois fois le ministre du Seigneur réitéra la même
chose, et trois fois, comme nous l'avons dit plus haut,
la volonté du Seigneur se manifesta en faveur de la
sainte pauvreté.

Pierre imita Bernard, et s'en alla comme lui se
démettre de tout ce qui pouvait l'attacher encore à la
terre; puis, le 10 avril de l'an 1209, tous deux rece-
vaient l'habit des mains de François, et donnaient
ainsi commencement à cet ordre des frères Mineurs,
appelé à se multiplier comme les grains de sable de la
mer.

Le nouveau religieux était digne de son aîné; c'était
le même dévouement, le même amour de la pauvreté,
le même zèle pour sa propre sanctification, la même
simplicité, la même obéissance. Aussi Pierre de Catane
devint-il l'homme de la droite de François, et quand,
trois années plus tard (1212), le saint voulut se rendre
en Syrie pour en convertir les habitants ou souffrir le
martyre pour le triomphe de la foi, il jugea Pierre digne
de tenir sa place auprès de ses enfants, il l'établit son
vicaire à Sainte-Marie-des-Anges.

Ce voyage n'ayant point abouti par un dessein de la
providence divine, François revint bientôt à Assise reprendre la direction de son Ordre. Mais, poussé vers
l'Espagne l'année suivante par le feu de sa charité, ce
fut encore à Pierre qu'il confia le soin de ses frères.

Six ans plus tard (1219), le grand serviteur de Dieu,
toujours dévoré du désir de prêcher la foi aux nations

de l'Orient, voulut passer en Égypte, et cette fois il jeta les yeux sur Pierre, non plus pour le charger de diriger l'Ordre en son absence, mais pour se l'associer dans cette importante mission comme un serviteur fidèle prêt à répandre son sang pour la foi et à embrasser les travaux les plus pénibles pour l'établir au milieu des peuples.

L'année suivante, François, déçu de ses espérances du martyre, et revenu avec les siens en Italie, tint le chapitre de son Ordre, pendant lequel il ôta à frère Élie sa charge de vicaire général auprès de ses frères, charge dont il avait abusé pour introduire le relâchement durant le voyage en Égypte du saint fondateur. Il voulait se défaire lui-même de tout commandement, et remettre à Pierre la plénitude de son autorité, il lui promit obéissance comme à son supérieur; mais les frères ne consentirent pas à reconnaître d'autre ministre général que François, tant qu'il vivrait, et Pierre, son humble disciple, fut pour la troisième fois son vicaire.

A ce chapitre se trouvaient plus de cinq mille religieux, accourus de toutes parts à la voix de leur Père bien-aimé; plusieurs d'entre eux étaient des hommes éminents en savoir et en sainteté, et cependant c'est sur Pierre de Catane que tombèrent les suffrages de tous pour le titre de vicaire, comme si l'esprit de François se fût reposé plus amplement sur lui. Cet hommage, rendu à la vertu du vicaire général par la multitude de ses frères, nous montre combien il était digne de commander, et combien les leçons de son illustre maître avaient contribué à élever son âme à la perfection la plus sublime.

A l'école du grand patriarche, il avait appris à se défier de lui-même; il recourait fréquemment à ses conseils, et, contrairement à ce qu'avait fait Élie, il n'osait

rien entreprendre sans s'éclairer de ses lumières.
Quelquefois sa charité s'effrayait des embarras sans
nombre auxquels il avait à répondre, et l'homme de
Dieu le reprenait doucement en lui montrant les trésors de la Providence toujours ouverts à ceux dont la
confiance ne sait pas défaillir. Tantôt il le rappelait à
la stricte pauvreté, dont l'âme tendre de Pierre aurait
pu se départir par commisération pour ses frères ; tantôt
il modérait son zèle et l'invitait au nom de son amour
pour Dieu à être miséricordieux envers ceux mêmes
qui se montraient indignes de pitié.

Ces conseils de François allaient au cœur de son disciple et avaient fait de lui un des personnages illustres
de son Ordre. Il était vraiment digne d'élever la voix
dans l'assemblée des saints, cet enfant de l'obéissance.
Aussi avait-il conquis l'affection de tous, quand la
mort vint mettre un terme à ses travaux et à ses pénitences, au mois de mars de l'année 1221.

Sa vie avait été humble, son tombeau fut glorieux.
Des miracles sans nombre attestèrent sa puissance auprès de Dieu ; la ville d'Assise en fut émue, et ses habitants se pressèrent en foule à Sainte-Marie-des-Anges,
les infirmes surtout, afin d'obtenir quelque faveur par
l'entremise du saint religieux. Mais bientôt la communauté des frères eut à souffrir de cette affluence ;
leur solitude n'était plus silencieuse comme autrefois,
le recueillement diminuait de jour en jour, les présents, offerts par la reconnaissance des infirmes rendus
à la santé, menaçaient de porter atteinte à la pauvreté,
et les plus habiles ne savaient comment parer à cet
inconvénient.

François, absent de Sainte-Marie lors de la mort de
Pierre, y revint bientôt après, et comprit aussitôt le
danger. Il n'y avait pas à hésiter ; sa foi lui suggéra un
de ces moyens qui ne conviennent qu'aux saints. Il

s'en alla au tombeau de Pierre, et, se rappelant l'humble soumission de son ancien disciple, il lui ordonna, en vertu de l'obéissance, de ne plus faire de miracle à l'avenir. Dès ce jour, cet homme bienheureux cessa de répondre aux supplications des pèlerins, et en quelques semaines le silence régna à Sainte-Marie-des-Anges comme au milieu d'une solitude sans accès.

Un peu plus tard, François voulut faire transporter le corps de Pierre en un autre endroit. Lorsqu'on se mit en mesure de découvrir la tombe, on trouva le saint religieux à genoux, la tête baissée, dans l'attitude d'un homme qui écoute la voix de son supérieur et s'incline à ses ordres. Comme Lazare à la voix du Sauveur, Pierre avait tressailli, malgré les étreintes de la mort, à la voix de François; il avait reconnu au delà de cette vie la parole de son maître, et durant les siècles éternels il voulait avant tout demeurer le fils de l'obéissance.

(La Vie du bienheureux Égidius est placée en tête de ses Œuvres.)

LE BIENHEUREUX FRÈRE RUFIN

Comme l'arc brillant au milieu des nuages embellit le ciel par la variété de ses couleurs, ainsi frère Rufin a embelli, dès les premiers temps, l'ordre des frères Mineurs par l'éclat et la splendeur de ses vertus; la ferveur de sa charité a répandu au sein de l'Église le parfum de la rose, et l'innocence de son âme y a exhalé la senteur délicieuse du lis (1).

(1) *Chroniche...*, l. VI.

Rufin appartenait à l'une des plus nobles familles d'Assise, et était parent de sainte Claire, la vierge à jamais glorieuse dont le nom se rattache si intimement à l'ordre Séraphique. Comme ses devanciers Bernard de Quintaval, Pierre Catanio, Égidius, il ne put voir les exemples donnés par François au monde sans se sentir profondément ému ; il ne put entendre sa parole sans éprouver ces attraits qui sont pour l'âme la voix de Dieu. Cette voix ne le trouva pas incrédule ; il renonça aux joies terrestres pour embrasser les saintes rigueurs de la pénitence, s'adonner sans réserve aux pratiques les plus sublimes de la vertu, et mener à l'avenir une vie cachée en Jésus son Sauveur. Il arriva en peu de temps à une contemplation élevée, à une pureté angélique, et François le regardait comme un de ses disciples les plus parfaits : « Dieu m'a révélé, disait-il, que l'âme de Rufin est une des trois plus saintes âmes qu'il y ait aujourd'hui sur la terre ; aussi je ne crains pas de l'appeler un saint ; car son âme, selon que le Seigneur me l'a fait connaître, est dès maintenant canonisée dans le ciel. »

Ses entretiens avec Dieu étaient continuels, et ses extases admirables. Comme Moïse, au milieu de ces conversations célestes, il avait désappris le langage de la terre, il ne s'exprimait plus qu'avec une extrême difficulté, et il lui fallait se faire violence pour dire quelques paroles. Un jour le saint, voulant mettre son obéissance à l'épreuve, lui commanda de s'en aller prêcher au peuple d'Assise. L'humilité de Rufin fut effrayée d'un tel ordre, et il répondit : « Vous savez bien, mon Père, que je ne suis pas bon à prêcher ; je n'ai aucunement le don de la parole, je suis un homme simple et ignorant. » François le reprit de ces observations, lui commanda de nouveau de se rendre à

Assise, et lui imposa pour pénitence d'y paraître sans capuce.

Alors, sans murmurer, l'humble frère ôte son capuce, se prosterne pour recevoir la bénédiction de son Père, puis se rend directement à l'église et s'y met à prier. Les habitants, le voyant ainsi traverser les rues de la ville sans capuce, se disaient : « Ces pauvres frères à force de pénitences perdent la raison. » Et ils accouraient en foule pour voir ce qui allait arriver. François de son côté, se reprochant ses rigueurs envers Rufin, s'en va à son tour sans capuce à Assise, en la compagnie de frère Léon, et se mêle à la multitude qui remplissait l'église. Les habitants portèrent de lui le même jugement que de Rufin.

Cependant le bon religieux monte en chaire, et, se tournant vers le peuple, s'écrie : « Mes frères bien-aimés, fuyez le monde, renoncez au péché, marchez dans la voie sûre, si vous désirez ne point aller en enfer. Gardez les préceptes divins ; aimez Dieu et le prochain ; déjà le royaume de Dieu est proche, faites pénitence si vous voulez le posséder. » Alors ses yeux se portèrent sur François, et à peine l'eut-il aperçu qu'il se hâta de descendre, pensant qu'à lui seul il appartenait d'achever ce discours commencé par l'obéissance. François, satisfait de son disciple, monta à son tour en chaire, et là, inspiré par l'Esprit-Saint, il dit sur le mépris du monde, la nécessité de la pénitence, la passion de Jésus-Christ des choses si admirables, que l'auditoire éclata en sanglots et implora à grands cris la miséricorde divine.

Ce saint et fervent religieux était devenu par sa pureté et son humilité la terreur des démons. Un jour qu'il s'en allait de porte en porte par les rues d'Assise en demandant l'aumône, il se rencontra en face d'un possédé fortement lié et conduit par quelques habitants à Sainte-Marie-des-Anges. A la vue de Rufin, le possédé poussa un cri horrible et prit la fuite. Mais ceux qui le conduisaient, étant parvenus à le reprendre, lui demandèrent la cause d'un pareil cri : « Ce frère Rufin, que vous avez vu demandant l'aumône, dit le démon, me brûle et me tourmente à tel point par ses vertus et ses ferventes oraisons, que je ne puis rester plus longtemps en ce corps. » Et aussitôt il se retira, laissant pleinement libre le malheureux possédé.

Et cependant cet homme qui torturait les démons, « comme le raisin dans le pressoir, » selon la parole d'autres possédés, cet homme si versé dans les voies de Dieu et si habile à discerner les mouvements de la grâce des inspirations trompeuses de l'enfer, faillit un jour être victime des ruses de l'ennemi de nos âmes. Nous avons raconté comment saint François le délivra d'une de ces tentations auxquelles les âmes les plus saintes sont soumises quelquefois, et cette faveur insigne fut la récompense de son obéissance aveugle aux volontés de son bienheureux Père.

Rufin eut le bonheur d'être le témoin des souffrances du saint Patriarche, et il lui fut donné d'admirer sa patience héroïque, son humilité, sa charité et toutes ces vertus qui pénétraient l'âme de ses enfants et y laissaient un souvenir ineffaçable. Dix-huit ans après la mort du saint, il reçut l'ordre, avec Léon et Ange de Riéti, d'écrire ce qu'il savait de sa vie, et après deux ans de travail au couvent de Grecio, ils remirent au ministre général de l'Ordre cette *Légende des trois compagnons : Legenda trium sociorum*, œuvre de piété filiale destinée à ranimer parmi leurs frères l'esprit de pauvreté et d'abnégation.

Rufin survécut de longues années à son saint père François. Objet de la vénération de ses religieux, jamais son cœur ne s'ouvrit aux atteintes de l'amour propre, jamais il ne se relâcha de son ardente ferveur. Sentant son heure approcher, il fit venir près de son lit de mort tous les frères du couvent d'Assise, les exhorta à être fidèles à leur sainte profession et à s'aimer les uns les autres, puis il s'endormit dans le Seigneur, en l'année 1270.

LE BIENHEUREUX LÉON D'ASSISE

SECRÉTAIRE ET CONFESSEUR DE SAINT FRANÇOIS

Le bienheureux Léon était encore un compatriote de François, comme si cette ville d'Assise fût devenue une terre de saints, un jardin béni où le Père de famille trouvât à volonté des fleurs au parfum délicieux. Il s'était donné à Dieu avec un grand détachement de sa volonté propre, une forte résolution de se plier en tout au joug de l'obéissance, et il arriva à cette simplicité parfaite de la colombe, tant recommandée dans l'Évangile. Saint François, émerveillé de sa vertu, l'appelait : « Sa petite brebis, » et disait : « Celui-là serait un vrai frère Mineur, qui aurait la pureté et la simplicité de frère Léon. »

Il entra dans l'ordre Séraphique dès l'année 1210, et y vécut soixante-un ans, toujours attentif à diriger ses voies dans la simplicité, l'humilité, le renoncement à toutes les choses d'ici-bas. Admis à l'intimité du saint patriarche François, il étudia ses actions,

recueillit avec un soin religieux ses enseignements,
et s'appliqua avant tout à marcher sur ses traces.
Plusieurs fois il fut témoin de ses ravissements, il le
vit élevé en l'air à une hauteur extraordinaire, et alors,
touché d'une componction profonde, il se jetait à genoux
à la place occupée un instant auparavant par le saint,
versait des larmes abondantes, et conjurait Dieu de
vouloir bien lui faire la miséricorde à cause de son
serviteur.

Léon, devenu le confident et le conseiller de François, l'accompagnait dans presque tous ses voyages. Il
était avec lui sur le mont Alverne lorsque, par une
grâce ineffable de la miséricorde céleste, il reçut les
stigmates de la passion du Sauveur; et comme l'état
de souffrance dans lequel les blessures sacrées jetaient
le saint exigeaient qu'on prît de lui un soin plus particulier, Léon avait l'avantage insigne de rendre à
son Père bien-aimé tous les services exigés par ses
douleurs. Il se fit son médecin, et dès lors il put chaque jour contempler ces plaies bénies de ses pieds et
de ses mains, d'où le sang s'échappait presque sans
interruption, les toucher, en changer les linges; il
put voir, malgré l'attention du saint à la tenir cachée,
cette plaie profonde dont son côté avait été transpercé
lors de l'apparition divine, et son âme, transportée
à la vue d'un tel spectacle, se sentait embrasée
d'une ardeur toute nouvelle, les sentiers de la vertu
n'avaient plus d'âpreté, quand ils lui apparaissaient
ainsi arrosés du sang de son Père.

Au reste, le Seigneur n'avait pas attendu si longtemps
pour récompenser le zèle de Léon à marcher dans les
voies parfaites les plus sublimes; déjà il lui avait révélé ses secrets et l'avait admis à jouir, lui aussi,
de temps à autre des faveurs extraordinaires dont il
enivrait chaque jour l'âme de François. Durant la

dernière maladie du saint, Léon ne le quittait plus, et
un jour, auprès de sa couche de douleur, s'étant mis
en oraison, il se trouva ravi en esprit. Il voyait un
fleuve aux larges rives et aux eaux impétueuses. Tandis qu'il examinait comment on pouvait le traverser,
quelques-uns de ses frères y entrèrent; mais à peine
avaient-ils fait quelques pas qu'ils étaient emportés
par la rapidité du courant et ne reparaissaient plus.
D'autres s'avançaient jusqu'au milieu, même presque
à la rive opposée, et les objets divers dont ils s'étaient
chargés ne leur permettaient pas de vaincre jusqu'au
bout la violence des eaux, ils périssaient dans l'abîme.
D'autres enfin se présentaient sans le moindre fardeau,
entraient dans le fleuve et touchaient sans difficulté de
l'autre côté. Léon, effrayé à la vue de tant de personnes
englouties de la sorte, poussa un cri au milieu de son
extase; et, quand il fut revenu à lui-même, François
le pria de lui faire connaître la vision dont le Seigneur
l'avait favorisé. Le bon religieux obéit sans détour, et
demanda au saint de lui en donner l'explication.

« Mon frère, reprit le saint, ce que vous avez vu est
la vérité. Ce fleuve, c'est le monde; il roule ses flots
avec une grande impétuosité. Les frères qui vont tout
d'abord périr dans ses eaux sont les hommes infidèles
à la pauvreté stricte et volontaire dont ils ont fait profession selon l'Évangile; ils se chargent des choses
de ce monde, et leur fardeau les précipite au fond des
eaux. Les seconds sont ceux qui commencent à bien
marcher dans la voie du Seigneur; arrivés au milieu
de leur course, ils se laissent vaincre par leurs sens,
l'amour des objets terrestres leur fait oublier leurs
vœux, et à la fin le fleuve les engloutit. Les derniers
sont ceux qui, ayant suivi l'esprit du Seigneur et non
celui du monde, n'ont voulu se charger d'aucun fardeau de la terre, mais se sont contentés d'un habit pour

se couvrir, d'un morceau de pain pour se nourrir, et ont suivi Jésus-Christ nu sur la croix. Ils passent sans aucun péril aux biens éternels auxquels les convie le Seigneur. »

Cette vision et bien d'autres encore affermirent Léon dans son amour de la pauvreté; il s'opposa de toutes ses forces aux tentatives de frère Élie, et en vint à des actes extrêmes pour sauver l'œuvre de François. Lors de l'érection de la grande église du couvent d'Assise, Élie, voyant les ressources lui manquer pour conduire à bonne fin tous ses projets, plaça à la porte de cette église une boîte surmontée d'un titre par lequel il réclamait les aumônes des fidèles. C'était une contravention à la règle, et les zélateurs de la pauvreté en furent transpercés de douleur. Léon va trouver le bon frère Égidius pour connaître son avis. « Pour moi, dit le frère, Sainte-Marie-des-Anges me suffit; que l'on fabrique, si l'on veut, un grand monastère à Assise, je me contente du lieu où je suis, et je n'en veux point d'autre. »

Ce n'était pas répondre à la question. Léon et ses frères ajoutèrent : « Nous sommes dans l'intention de brûler le tronc placé, contre la règle, à la porte de l'église: que vous en semble? »

Alors Égidius, les yeux baignés de larmes, se tournant vers eux, reprit : « Si Élie est mort, frère Léon, allez et brûlez sans crainte; mais s'il est vivant, tenez-vous en paix; autrement vous aurez bien de la peine à supporter la persécution qui vous attend. »

Léon et les siens, sans se soucier de ces prédictions menaçantes, enlevèrent le tronc et le brûlèrent; mais Élie, irrité, se déchaîna contre eux, les châtia sévèrement, les retint même quelques jours en prison, puis les chassa d'Assise. Le serviteur de Dieu se retira à Fabriano, où il attendit dans la paix des temps meilleurs.

Il ne cessa point pour cela d'être utile à son Ordre et de le servir. Il fut un des trois auteurs de la grande légende de saint François, et, en racontant les vertus et les prodiges dont il avait été témoin, il contribua singulièrement à ranimer parmi ses frères l'esprit de ferveur, à atténuer les résultats des tentatives d'Élie et à préparer les jours de calme dont il lui fut donné de voir jouir l'Ordre sous le gouvernement de saint Bonaventure.

Il fut appelé aussi à travailler au procès de la canonisation de sainte Claire. Confident des pensées de François, il connaissait mieux que personne tout ce qui concernait les vertus de Claire, et son cœur goûta une consolation bien douce, d'avoir à rendre témoignage en faveur de celle que son Ordre tout entier considérait comme une mère.

Plus d'une fois Dieu se plut à manifester par des miracles le mérite de ce fervent et saint religieux. Plusieurs malades lui durent leur guérison, et son pouvoir auprès du Seigneur était si bien connu, qu'on envoyait quelquefois de contrées éloignées réclamer le secours de ses prières.

Arrivé à une extrême vieillesse, il envisage sans crainte la mort, après laquelle il soupirait comme après le moment qui devait le mettre en possession des éternelles félicités. Il avait passé environ soixante ans dans la vie religieuse, sans cesser d'être un zélateur parfait de la sainte pauvreté et de toutes les pieuses pratiques enseignées par François d'Assise. Le monde était pour lui un désert, un lieu d'exil et de bannissement ; il lui tardait de toucher aux rivages de l'éternité et de voir tomber le voile à travers lequel l'homme est condamné ici-bas à contempler les mystères du divin amour. Déjà une fois, dans une vision dont il avait été favorisé à la mort du saint frère Bernard de Quintaval, il s'était cru au terme de sa course; mais une voix amie avait tempéré sa joie en lui faisant connaître les desseins du Ciel; l'heure bienheureuse était différée. Enfin, le 15 novembre de l'an 1271, l'ange du Seigneur vint recevoir son âme et la conduire au séjour de la gloire. Un de ses compagnons, le bienheureux Gui de Spolète, eut révélation de son bonheur. Il le vit s'élever radieux vers le ciel, et aller s'asseoir au festin de l'Agneau pour y chanter à jamais les divines miséricordes.

FRÈRE SILVESTRE

Lorsque, aux premiers temps de sa conversion, le bienheureux François eut entrepris de réparer l'église Saint-Damien, il s'en alla de porte en porte, à travers les rues d'Assise, demander des aumônes pour conduire à fin son entreprise. Les uns lui donnaient de l'argent, d'autres des matériaux, chacun selon sa volonté, et l'homme de Dieu acceptait avec reconnaissance, laissant à la bonté divine le soin de récompenser au centuple ses bienfaiteurs.

Or parmi eux se trouva un prêtre dont le désintéressement dans cette circonstance ne fut point parfait comme celui des autres habitants d'Assise. Il fournit à François les pierres dont il avait besoin, mais à regret, et en considérant comme une perte ce que l'importunité de cet homme semblait exiger de lui.

L'église était réparée déjà depuis longtemps, et François, divinement illuminé, songeait à faire disparaître de la maison de Dieu des ruines d'une bien autre

importance. Un compagnon venait de s'offrir à lui,
c'était Bernard, dont nous avons raconté la vie. Par son
conseil il avait vendu ses biens, et sur la place d'Assise il en distribuait le prix aux pauvres en la société
de celui qu'il venait de choisir pour son Père. Le
prêtre, attiré comme bien d'autres par la nouveauté
d'un tel spectacle, en fut choqué, et, s'adressant à
François, il lui dit : « Au lieu de disperser ainsi l'avoir
de vos disciples sans discernement et sans mesure, il
vaudrait mieux satisfaire aux exigences de la justice et
payer ce que vous devez. Je vous ai fourni les pierres
dont vous eûtes besoin pour réparer l'église Saint-Damien, et je n'ai rien reçu de vous. »

Étonné d'une pareille demande, François ne répondit pas ; mais, plongeant les mains dans la bourse de
Bernard, il en tira une poignée de pièces et les donna
au prêtre en lui demandant s'il se trouvait assez payé.
Celui-ci se déclara content et s'en courut à sa maison.
Bientôt cet argent fut pour lui comme du feu ; son
âme, en proie aux remords, se reprochait le jour et
la nuit cet acte odieux d'avarice ; la libéralité de François et de Bernard, simples laïques et nullement obli-
gés, comme lui, au détachement des choses du monde,
lui revenait sans cesse à la pensée ; il maudit son argent et commença à examiner comment il pourrait
réparer sa faute.

Or ce prêtre s'appelait Silvestre ; il était, comme
François, Bernard, Pierre de Catane, Égidius et ceux
dont nous avons parlé, de la ville d'Assise.

Son estime pour le genre de vie des nouveaux religieux
s'accrut de jour en jour ; mais Dieu voulut l'éclairer
d'une façon plus parfaite. Durant trois nuits une vision
horrible et consolante à la fois vint troubler son sommeil
et lui faire comprendre quel homme il avait eu le malheur d'insulter. La ville d'Assise lui apparaissait envi-

ronnée d'un énorme et immense dragon; la bête immonde ouvrait sa gueule comme un abîme et menaçait d'y engloutir la cité tout entière; mais à son tour apparaissait François, et de sa bouche sortait une croix merveilleuse dont la hauteur atteignait le ciel, et les deux bras touchaient aux extrémités de la terre. Le dragon ne pouvait en soutenir l'éclat; il prenait la fuite comme importuné de sa splendeur.

Silvestre garda pour le moment le silence; puis, quand il vit le nouvel Ordre confirmé par le souverain Pontife, et François persévérer inviolablement dans ses austérités, dans la pauvreté, l'humilité, la mansuétude, il jugea le moment arrivé de répondre aux inspirations de la grâce. A son tour il vendit ses biens, les distribua aux pauvres, et s'en vint, humble et dépouillé de tout, demander à être le disciple de celui dont la vie lui avait semblé si repoussante.

Une fois engagé dans les sentiers de la perfection, le nouveau frère ne regarda plus en arrière; il se livra avec ardeur aux saintes pratiques de la piété, il mortifia ses sens, et en peu de temps il devint cher à François, qui le considéra comme une des colonnes de son Ordre et le choisit pour un des compagnons habituels de ses voyages. Il l'avait avec lui en 1211, lors de cette fameuse prédication où il annonça aux habitants de Pérouse de grands malheurs, s'ils ne se hâtaient de se convertir sincèrement au Seigneur, prédication qui valut dans la suite de nouveaux frères à son Ordre.

En cette même année le saint se rendait à Arezzo, dans un temps où cette ville, agitée par des divisions intestines, était à la veille d'une ruine déplorable. D'un des faubourgs où il était logé, il vit des démons tressaillant d'allégresse au-dessus des remparts, et les citoyens soulevés s'avançant les uns contre les autres à un combat à mort. Afin de mettre en fuite les puissances infernales, il envoya, comme son héraut, le frère Silvestre en lui disant : « Allez devant la porte de la ville, et, en vertu de l'obéissance, commandez, de la part du Dieu tout-puissant, aux démons de se retirer au plus vite. » Cet homme vraiment obéissant s'empresse d'accomplir les ordres de son Père, il arrive en louant le Seigneur à la porte, et se met à crier de toutes ses forces : « De la part du Dieu tout-puissant et par l'ordre de son serviteur François, démons, hâtez-vous tous de vous retirer. » Aussitôt le calme revint dans la ville, et les citoyens procédèrent avec une tranquillité profonde à une juste reconnaissance des droits de chacun (1).

François avait une confiance entière en la sainteté de Silvestre, et dans les circonstances importantes il le mettait en prière pour connaître la volonté du Ciel. Ainsi en l'année 1212, voyant ses enfants se multiplier et les embarras du gouvernement de sa famille s'accroître, il était indécis sur le genre de vie qu'il devait adopter pour lui-même. Se consacrerait-il uniquement à la direction de ses frères, ou bien se livrerait-il à la vie contemplative, en remettant à d'autres cette charge, ou bien irait-il prêcher par le monde ? Ne sachant que résoudre, il confia à deux saintes âmes le soin d'interroger le Seigneur, à Silvestre et à la bienheureuse Claire. Silvestre se retira sur une montagne près d'Assise, et Claire adressa ses supplications de son monastère de Saint-Damien. Après quelques jours d'attente, François reçut la même réponse de ses deux délégués : Dieu ne voulait pas qu'il refusât ses enseignements aux pécheurs, il lui ordonnait de parcourir le monde et de lui annoncer les vérités évangéliques.

Silvestre vécut de longues années dans la vie reli-

---

(1) *Œuvres spirituelles de saint Bonaventure*, t. V.

gieuse. Ses entretiens avec Dieu étaient des plus intimes ; il goûtait dans l'oraison ces pures délices dont les âmes d'élite seulement sont favorisées. Ses jours se passèrent dans une union étroite avec son Seigneur, et quand le moment de quitter la terre fut arrivé pour lui, il s'endormit en son couvent d'Assise plein d'espérance et de paix ; il allait converser désormais sans interruption avec son Père céleste et goûter à jamais ses tendresses ineffables.

FRÈRE MASSÉ

A ces vénérables et parfaits religieux donnés par la ville d'Assise à François, il nous faut joindre un homme digne de leur être associé et de compter comme eux parmi les plus saints personnages de son Ordre. C'est le frère Massé de Marignan. De mœurs douces, d'une aménité toujours constante, d'un langage plein de charmes, il plaisait à tous ceux qui avaient à traiter avec lui. Il entra en 1210 dans la famille franciscaine, où ses progrès dans la vertu l'eurent bientôt fait regarder comme un religieux d'une rare perfection, et lui conquirent l'estime de ses frères. Il mangeait seulement une fois par jour sur le soir, son sommeil était de deux heures, puis il consacrait le reste de la nuit à la prière et aux larmes dans l'église.

Saint François avait pour lui une affection toute particulière, fondée sur la connaissance de ses vertus ; mais, comme il avait reconnu jusqu'où pouvait s'élever un religieux doué de dispositions si heureuses, il voulut le faire passer par des épreuves et l'établir ainsi sur la base solide de l'humilité. Ayant donc un jour réuni les frères, il lui dit en leur présence : « Vos compagnons ont reçu de Dieu le don de la prière et de la contemplation, et vous le don de la parole ; votre emploi naturel est donc de répondre aux personnes du dehors. Aussi désormais pendant que ceux-ci se livreront aux pratiques de la vie contemplative, vous resterez à la porte du couvent, vous servirez à la cuisine, vous irez demander l'aumône ; nul en ce lieu, excepté vous, n'aura à s'occuper des choses temporelles. Pendant les repas vous vous tiendrez à la porte en dehors, afin de répondre par de bonnes paroles à ceux qui pourraient se présenter, sans leur donner le temps de sonner ou de frapper et de s'ennuyer à attendre. Je vous ordonne tout cela au nom de la sainte obéissance. »

Le vertueux frère reçut de tels ordres sans la moindre observation et d'un air joyeux, comme si Dieu lui-même eût parlé par la bouche de François. Plusieurs semaines se passèrent, et Massé continuait à remplir gaiement ses fonctions de cuisinier, de portier, de mendiant ; il pourvoyait à tous les besoins de la maison, servait tout le monde, répondait aux gens du dehors, et s'estimait bienheureux de pouvoir être le serviteur de ses frères, quand ceux-ci, instruits par François du mérite de cet excellent religieux, demandèrent unanimement à partager avec lui les charges pénibles confiées à son humilité. L'épreuve était suffisante, et le Père, satisfait de l'obéissance de son enfant, le rendit à ses exercices de prédilection.

Ces pieux exercices avaient pour but la plus haute perfection de son âme. Un jour le saint frère Léon, s'entretenant avec lui et plusieurs autres religieux des choses divines, dit : « Je connais un grand serviteur de Dieu, (il entendait parler de saint François), qui a obtenu du Seigneur des grâces nombreuses dans la vie active et la vie contemplative, et malgré toutes ces grâces son humilité est si profonde, qu'il se regarde comme le plus grand pécheur de la terre. Cette humilité le fait croître d'une façon prodigieuse en sainteté, elle l'établit de telle sorte dans la grâce de Dieu, qu'il ne saurait en déchoir tant qu'il aura cette vertu. » Massé, l'entendant discourir ainsi de l'humilité, conçut le plus ardent désir d'une vertu si agréable au Seigneur, et s'en alla, plein de ferveur, se mettre en oraison. Là, les yeux fixés vers le ciel, il fit vœu de ne jamais se livrer à aucun sentiment de joie en ce monde, tant qu'il ne sentirait pas en son âme que cette vertu lui aurait été accordée par la majesté divine.

Il s'attristait donc chaque jour, il poussait des soupirs, versait des larmes, et se regardait comme vraiment digne de l'enfer, s'il n'arrivait à obtenir la vertu par laquelle le grand serviteur de Dieu, dont frère Léon lui avait parlé, s'estimait le dernier des hommes. Il redoublait ses mortifications, ses prières brûlantes, ses supplications affectueuses; il s'offrait en sacrifice à la volonté du Père céleste comme une victime d'immolation; rien ne lui semblait pénible pourvu qu'il arrivât à l'objet de ses vœux. Ce désir était trop conforme aux pensées de Celui qui a dit : *Apprenez de moi que je suis doux et humble de cœur*, pour ne pas être exaucé. Un jour le bon frère s'en allait seul sur une montagne pour prier, lorsqu'il entendit une voix du ciel l'appeler deux fois par son nom. Il reconnut la voix de son Dieu, et lui répondit : « Mon Seigneur, me voici. — Eh bien! lui dit le Seigneur, que me donneras-tu pour cette vertu d'humilité, que tu me demandes avec tant d'instances? — Seigneur, reprit le frère, tout ce que je possède, jusqu'à mes yeux. — Conserve tes yeux, ajouta le Seigneur, je t'accorde sans rien te réclamer ce que tu désires. »

Dès lors le fervent religieux se sentit pleinement en possession de la vertu d'humilité ; la lumière divine se répandit à flots dans son âme, il se trouva comme inondé d'une joie toute spirituelle, il pouvait, comme l'Apôtre, s'écrier : *Je ne vis plus maintenant, c'est Jésus-Christ qui vit en moi.*

Mais aux fontaines sacrées du Seigneur plus l'homme se désaltère, plus il sent croître sa soif et ses désirs devenir intenses. Arrivé à une certaine hauteur dans les sentiers de la vertu, il voit l'horizon s'agrandir, les espaces s'étendre, les sites enchanteurs se multiplier, et il oublie les contrées déjà parcourues, les joies goûtées sur son passage, tant le spectacle qui va se déroulant de jour en jour à ses yeux lui semble ravissant. Alors la tristesse prend naissance en son âme, il se sent vide de tout bien en comparaison de ceux qu'il entrevoit, il s'estime pauvre et dénué, il a honte de lui-même, il s'étonne d'avoir pu un instant se croire possesseur de la moindre richesse, quand il repose ses regards sur des richesses plus grandes. Mais cette tristesse, cette honte, ce sentiment de sa pauvreté et de sa misère, sont pour l'homme préférables à toutes les richesses et les joies de la terre.

Ainsi en fut-il pour le saint frère Massé. A cette allégresse produite par la visite du Seigneur succéda bientôt une mélancolie profonde excitée par la vue d'un bien plus considérable, dont il n'était pas en possession. Ses frères s'en aperçurent et lui dirent : « Frère Massé, faites-nous connaître la vérité : sommes-nous pour quelque chose dans la tristesse à laquelle vous êtes en proie ? Nous étions accoutumés à vous voir un air gai, un visage serein et riant ; maintenant vous êtes abattu et dévoré d'inquiétude. Que s'est-il donc passé de nouveau ? »

L'humble religieux répondit avec candeur : « Mes frères bien-aimés, vous n'êtes pour rien dans cette tristesse, et je vais vous dire d'où elle provient. Autrefois je n'ai ménagé aucune peine pour obtenir du Seigneur mon Dieu la précieuse vertu d'humilité; par elle je me reconnus le plus vil et le plus grand pécheur du monde, comme je le suis en réalité. Mon orgueil m'empêchait de comprendre comment un homme appliqué le jour et la nuit aux veilles, à la prière, à la mortification et autres pratiques de vertu, pouvait ne pas se croire meilleur que l'homme dont la vie se passe à mal parler, à vivre dans l'oisiveté et le vice, sans s'occuper des vœux faits au Seigneur. A la fin la miséricorde divine m'a accordé ce que je n'avais pu obtenir ni par mes prières, ni par mes exercices de piété, ni par aucune bonne œuvre. Aujourd'hui ma tristesse vient de ce que je ne puis arriver à cet autre signe de perfection : si un homme me coupait les mains et les pieds, s'il m'arrachait les deux yeux, je lui pardonnerais volontiers, je lui rendrais tous les services en mon pouvoir; mais, après tout, je ne l'aimerais pas comme avant qu'il m'eût offensé, je ne me réjouirais pas autant de son bien. Or je demande au Seigneur ce degré de perfection, ce complément de grâce; mon âme sera joyeuse et satisfaite de tout point si, comme je l'espère, il veut bien me l'accorder ; car alors je serai entièrement conforme à sa volonté très-sainte. »

Telles étaient, ajoute le pieux auteur à qui nous empruntons ces détails, les pensées, tels étaient les désirs de ces premiers Pères de l'ordre fanciscain, tels étaient leurs trésors et leurs richesses. Leur unique affaire était de chercher les moyens les plus

propres à arriver à la perfection de la vertu, cette
perfection leur semblait la pierre précieuse seule digne
d'être l'objet des sollicitudes de l'homme spirituel, et,
pour l'obtenir, ils vendaient non-seulement ce qu'ils
avaient dans le monde, mais ils renonçaient au désir
de tout ce qu'ils auraient pu avoir, ils renonçaient à
toute satisfaction temporelle, à leur volonté propre,
au boire, au manger, au dormir; ils se livraient aux
abstinences, aux mortifications, aux veilles, aux
prières et aux larmes, et enfin ils entraient en possession de la vertu, ils la conservaient pour la gloire
de Dieu, le salut de leur âme et l'édification du
prochain.

Un religieux aussi parfait méritait toute la confiance de François d'Assise; il la lui avait accordée sans
réserve. Il le choisit en plusieurs de ses voyages pour son
compagnon et le confident de ses pensées, il s'ouvrit
à lui des faveurs dont le Ciel le favorisait, et, dans un
pieux pèlerinage fait à Rome au tombeau des saints
apôtres, Dieu lui-même voulut associer le bon frère
aux consolations insignes dont il inondait l'âme de
François. Pendant que le saint Patriarche priait avec
une ferveur brûlante, la flamme de sa prière se
communiqua à son compagnon, et celui-ci déclara
n'avoir jamais durant sa vie goûté pareil enivrement.

La grâce divine ne demeurait pas oisive dans un
cœur si bien disposé; il la faisait servir toutes les fois
que l'occasion se présentait au bien du prochain. Un
homme du monde allait souvent visiter les frères du
couvent de Cibotoli, alors que Massé y demeurait, et
il se plaignait sans cesse des fautes commises par les
pécheurs. Le bon religieux l'avait plus d'une fois
entendu se répandre en murmures sur la conduite
des autres, sans oser lui faire une observation, par
respect pour le gardien témoin de ses discours. A la

fin, n'y tenant plus, il prit cet homme à part et lui dit : « Mon fils, veuillez, je vous en prie, agréer les conseils que je vais vous donner; ils sont le fruit d'une longue expérience. Ayez toujours en votre mémoire, devant les yeux et sur les lèvres, la vie des hommes saints, des hommes de bien; si vous êtes mauvais, vous deviendrez bon ; si vous êtes bon, vous deviendrez meilleur. Mais gardez-vous de vous rappeler et de vous entretenir des vices et des péchés du prochain; une telle habitude de bon vous rendrait mauvais, et de mauvais exécrable; de plus, elle produirait un semblable effet sur ceux qui vous entendraient parler ainsi. » Ces excellents avis furent reçus avec respect, la douce parole du saint frère avait pénétré le cœur de cet homme; il se retira corrigé d'un défaut dont peut-être il ne s'était jamais rendu compte.

Envoyé en France deux ans après la mort de saint François, Massé établit les Franciscains à Bourges, en 1228, environ dans le même temps que saint Antoine de Padoue les établissait à Limoges. Il demeura de longues années dans cette ville, édifiant ses frères par ses vertus sublimes et apprenant aux gens du monde par l'aménité de son caractère à aimer les nouveaux religieux. Les occupations et la vieillesse ne diminuaient rien de sa ferveur. Plus d'une fois, durant la nuit, les frères l'entendirent s'écrier au milieu des transports de son oraison : « Mon Seigneur Jésus-Christ, donnez-moi une vraie contrition de mes péchés, la grâce de me corriger et de satisfaire à votre justice selon votre très-sainte volonté. » Puis il se répandait en gémissements et en sanglots comme un criminel coupable de fautes nombreuses. Souvent aussi il redisait avec ardeur la prière suivante : « Jésus-Christ, mon Seigneur, faites que je vous connaisse, que je vous craigne, que je vous aime de tout mon cœur. »

Si l'on en croit Wadingue, ce saint religieux mourut à Saumur en 1280, après avoir étendu en France l'ordre de Saint-François, dans lequel il avait vécu soixante-dix ans. Selon d'autres auteurs il mourut à Assise.

ANGE DE PISE

Vers les premiers jours d'octobre de l'an 1211, saint François d'Assise se rendait de Florence à Pise, en la société de quelques-uns de ses nouveaux disciples. Là, ayant fait quelques prédications, plusieurs habitants, touchés de ses discours et de sa sainteté, vinrent le prier de les admettre dans son Ordre. Parmi eux se trouvaient deux hommes divinement choisis pour dilater les tentes du glorieux patriarche : le premier s'appelait Ange, le second Albert; ils s'attachèrent à François comme à un père, ils le suivirent sans arrière-pensée terrestre, déterminés à tous les genres de sacrifices pour arriver à la perfection.

Quelques années plus tard, le saint les trouvait dignes de le suppléer dans la mission qu'il désirait faire en France. Cette belle et religieuse contrée attirait depuis longtemps ses regards, il voulait s'y rendre lui-même, afin d'y établir ses frères; mais le cardinal Hugolini, le protecteur de son Ordre, lui ayant représenté les inconvénients d'un voyage si lointain, à une époque où sa jeune famille avait besoin de sa présence, il y renonça, et choisit pour le remplacer le frère Pacifique, cet illustre poète appelé dans le monde le *roi des vers*, Ange et Albert de Pise. C'était l'an 1217. Ils fondèrent à Paris un couvent, dont le frère Ange devint le premier gardien.

En 1219, François, résolu à étendre encore plus au loin ses frères, donna l'ordre à Ange de passer de France dans la Grande-Bretagne, et d'y remplir les fonctions de ministre provincial de toute la contrée. Il devait prendre pour compaguons de son voyage Albert, son compatriote, et quelques autres religieux. Ce voyage souffrit quelques retards, et ne put s'effectuer avant les premiers jours de mars de l'année suivante.

Les voyageurs se dirigèrent d'abord vers Cantorbéry, où ils reçurent l'accueil le plus tendre des frères Prêcheurs déjà établis dans cette ville. De là ils prirent la route d'Oxford, et, surpris par la nuit, s'en allèrent frapper à la porte d'un couvent de bénédictins où ils espéraient trouver l'hospitalité. Le couvent était bien éloigné de la ferveur primitive de son Ordre ; c'était une de ces maisons dont le relâchement, à toutes les époques, fait gémir les cœurs pieux et scandalise les faibles. D'ailleurs l'habit franciscain était inconnu en Angleterre ; aussi le portier prit-il ces religieux pour des histrions dont la vie se passe à amuser la populace dans les carrefours des graudes villes ou dans les foires. Il alla avertir le prieur, alors en recréation avec le sacristain, le cellérier et un jeune frère. Heureux d'avoir un moyen de s'amuser pendant le reste de la soirée, le prieur ordonna de les faire entrer, et leur demanda d'exercer leur art en sa présence. « Mais vous vous méprenez, dit avec humilité Ange de Pise, nous sommes des religieux et non des histrions ; notre art consiste à pratiquer le saint Évangile. » Aussitôt le prieur leur ordonna de sortir du monastère en les traitant de vagabonds et de menteurs. Pas un de la pieuse troupe ne fit entendre un murmure; mais le jeune religieux chargé de les reconduire au portier ne put sans un vif sentiment de compassion voir des hommes si pauvres et si humbles, privés même d'un asile et condamnés à errer dans la campagne durant une nuit sombre. Il s'entendit avec le portier, et à l'insu du prieur les logea dans un recoin, où il leur procura quelques aliments pour calmer leur faim et de la paille pour se reposer; puis, s'étant recommandé à leurs prières, il se retira, attristé de la conduite de son supérieur.

La vengeance céleste ne tarda pas à se faire sentir aux coupables. Pendant son sommeil, le jeune moine vit Jésus-Christ assis sur un trône éclatant; il citait à son jugement les trois religieux, et tous trois paraissaient devant lui, suivis d'un pauvre sans apparence et vêtu comme les frères il y a un instant l'objet de leur mépris. Ce pauvre disait au Seigneur : « Le sang des frères Mineurs crie vers votre justice; ces moines, autant qu'il a été en eux, l'ont répandu cette nuit quand ils ont refusé, au milieu de leurs besoins et alors qu'ils étaient dans le danger, de leur fournir un logement et de leur servir à manger. Ces pauvres ont pour votre amour renoncé à tous leurs biens, puis ils sont venus en ce pays pour procurer le salut des âmes rachetées au prix de votre sang, et ceux-ci leur ont dénié ce qu'ils auraient accordé à des saltimbanques et à des bouffons. »

Alors Jésus-Christ, abaissant sur le prieur un regard terrible, lui dit : « De quel Ordre es-tu? — Je suis, reprit le prieur en tremblant, de l'ordre de Saint-Benoît. » Et le Seigneur, se tournant vers saint Benoît, l'interrogea à son tour : « Cet homme, répondit le saint, et ses compagnons sont les destructeurs de mon Ordre; car ma règle commande que la table de l'abbé soit celle des pauvres étrangers, et ceux-ci ont refusé aux pauvres même les choses de première nécessité. » Alors le Seigneur prononça contre les trois religieux une sentence de mort, et se tourna vers le moine qui avait usé de miséricorde envers les frères. Celui-ci, effrayé, recourut au pauvre qui venait à la suite des coupables, réclama sa protection et se déclara du nombre de ses enfants. Ce pauvre était François d'Assise; il le prit sous sa tutelle et le préserva de la colère céleste.

Éveillé au milieu de cette terrible vision, il courut à la chambre du prieur pour lui en faire part et l'amener à des sentiments de repentir. Il le trouva mort dans son lit, les traits difformes, la figure contractée d'une manière horrible. Effrayé, il alla à la chambre des deux autres; ils avaient été frappés comme le prieur : la justice de Dieu avait exécuté la sentence portée dans le ciel. Au jour du jugement dernier, parmi les reproches adressés aux réprouvés, il y aura celui-ci : *J'étais étranger, et vous ne m'avez pas recueilli*. Ils diront : *Quand donc étiez-vous étranger, et ne vous avons-nous pas recueilli?* Et il leur répondra : *Toutes les fois que vous n'avez pas recueilli un seul de ces plus petits d'entre les miens, vous ne l'avez pas fait pour moi.*

C'en était assez pour le jeune religieux; il se fit franciscain, et non-seulement lui, mais encore l'abbé du couvent dont dépendait le monastère où cet événement avait eu lieu, et dans la suite l'évêque d'Héréford, ayant obtenu de Grégoire IX la permission de quitter son évêché, vint se ranger également au nombre des nouveaux religieux. Le roi d'Angleterre, instruit de ce qui s'était passé, accorda à Ange les plus grands pouvoirs pour établir des maisons dans les diverses contrées de son royaume. Oxford vit s'élever la première, et de grands docteurs y renoncèrent au monde, se soumirent à toutes les humiliations d'une vie aussi pénitente, travaillèrent eux-mêmes à porter les pierres, le bois et tous les matériaux pour la construction ou l'agrandissement de cette demeure, sans se plaindre ni trouver trop lourd le fardeau imposé à leur délicatesse.

Ange gagna au plus haut degré la confiance du roi, et travailla à mettre fin aux querelles qui existaient entre lui et les grands seigneurs. Il étendit l'Ordre en plusieurs endroits, fit prospérer les études parmi les jeunes religieux d'Oxford, puis arrêta l'élan qu'il leur avait imprimé, parce qu'il les vit plus tard dégénérer en questions oiseuses et propres à éteindre l'esprit de piété, du moins le jugeait-il ainsi.

L'humilité du saint religieux ne lui permit pas de recevoir le sacerdoce avant d'y être contraint par un ordre formel du chapitre général. Il était diacre et âgé de trente ans quand il vint en Angleterre. Il reçut la prêtrise à Cantorbéry, et quand l'archidiacre appela ceux de son Ordre, il le fit en ces termes : *Que les frères de l'Ordre des Apôtres s'approchent.* Longtemps les frères Mineurs furent connus sous ce nom en Angleterre.

Le bon frère mourut, vers l'an 1232, à Oxford. Des miracles s'opérèrent à son tombeau, et les peuples le considérèrent comme un saint. Son œuvre alla en grandissant jusqu'au jour où l'impiété du roi Henri VIII la fit disparaître. Alors, au milieu de la défection générale, l'ordre de Saint-François donna des martyrs à l'Église ; il consola les cœurs fidèles par son courage contre les caprices d'un tyran sanguinaire, et la terre arrosée de son sang put se promettre d'être encore féconde un jour.

ALBERT DE PISE

Le digne compatriote d'Ange de Pise, Albert, dont nous avons déjà parlé, mérite une page à part dans nos récits. C'était un de ces hommes héroïques formés aux vertus par les enseignements et les exemples de François, incapables de tergiverser en face du devoir, de reculer en vue d'une considération humaine.

En 1217, il partait pour la France, devenait le compagnon fidèle du premier ministre provincial d'Angleterre, et l'assistait dans les débuts de sa pénible mission; puis, rappelé un peu plus tard, il s'en allait en Allemagne remplacer le saint frère Césaire de Spire, qui devait un jour tomber victime des machinations du malheureux frère Élie. Césaire avait fondé la mission de Germanie, Albert allait continuer son œuvre. Il commença par célébrer le chapitre de sa province, et là, après avoir examiné les besoins, les espérances et les ressources de son immense province, il résolut d'en embrasser autant que possible toutes les contrées comme dans un vaste réseau. Quatre maisons furent établies en même temps, l'une en Franconie, l'autre en Bavière, l'autre en Saxe, et la quatrième en Alsace. Des hommes de mérite eurent charge de les gouverner, et bientôt à ces diverses demeures on vit accourir des hommes de toute condition et dignes, la plupart, d'occuper les plus hauts postes dans le monde ou dans l'Église. D'autres maisons s'élevèrent promptement, et en peu d'années l'ordre Séraphique se trouva implanté dans toute l'Allemagne. Dès l'année 1224, nous voyons les frères à Nuremberg, à Cologne, à Mayence, en Thuringe; rien désormais ne devait arrêter le mouvement imprimé par Albert.

L'illustre religieux, ayant célébré, en 1227, à Mayence, le chapitre de ses provinces, et fait quelques dispositions utiles à l'Ordre, se dirigea vers l'Italie, où l'assemblée générale des frères réclamait sa présence. Le saint fondateur de la religion franciscaine était mort l'année précédente, et l'élection d'Élie de Cortone allait donner lieu à bien des changements. Albert vint donc en Italie, où il fut déchargé de ses fonctions de ministre provincial, puis renvoyé en Angleterre exercer les mêmes fonctions.

Élie, dans les premiers temps, respecta l'œuvre de saint François; mais il ne put résister à la tentation d'innover. En 1231, les hommes les plus éminents de l'Ordre jugèrent que le moment était venu de lui résister en face, ou de laisser périr la grande famille Séraphique, dont l'Église recevait en tous lieux des services si importants. A saint Antoine de Padoue et Adam de Marisco s'unirent Albert de Pise, Jean Bonelli, de Florence, et plusieurs autres; tous s'opposèrent énergiquement aux prétentions du ministre général, en appelèrent à la règle telle que François l'avait donnée, et ne craignirent pas de s'exposer aux persécutions pour le salut de tous.

Le résultat de ces efforts fut la déposition de frère Élie et l'élection de Jean Parent, provincial d'Espagne, à la dignité de ministre général. Il était difficile de faire un choix meilleur; mais le mal était grand, et ne devait céder ni aux démarches ni aux exhortations du saint frère. En vain Dieu le favorisa du don des miracles, lui donna le pouvoir de chasser les démons et de prédire l'avenir, les germes de relâchement semés dans l'Ordre par le malheureux Élie persévérèrent, et l'an 1236, l'humble ministre général, s'attribuant à lui-même le mal qu'il n'avait pu réparer, demanda en plein chapitre pardon à ses frères de sa mauvaise administration, déposa le fardeau du pouvoir et sortit aussitôt de l'assemblée pour reprendre la dernière place parmi les siens.

Pendant ce temps, Albert parcourait l'Espagne, où il avait remplacé Jean Parent, et exerçait son zèle en faveur de la grande famille Séraphique; Élie trouvait le moyen de se faire élire de nouveau, mais pour être déposé après trois ans.

Les zélateurs se rappelèrent alors comment Albert avait marché droitement en la société de saint Antoine de Padoue, comment il avait souffert persécution pour la justice, comment dans ses grandes missions de Germanie, d'Angleterre et d'Espagne, son courage et sa ferveur avaient lutté contre les obstacles de tout genre; les vœux se réunirent donc pour l'élever à la suprême autorité.

Il eût pu par son habileté dans les affaires réparer bien des maux et relever bien des ruines; la mort ne lui en laissa pas le temps. Ses courses continuelles depuis plus de vingt années, ses abstinences et ses fatigues de tout genre, sous des climats si divers, avaient usé sa santé et épuisé ses forces. Il s'endormit dans le Seigneur l'an 1239, vers la fête de la Nativité de la très-sainte Vierge, et alla recevoir la récompense de ses longs combats pour la cause de l'Église.

AMBROISE DE MASSA

La vie d'Ambroise dans le monde avait été une vie innocente et éloignée du mal; mais Dieu exigeait de lui quelque chose de plus. Arrivé à un âge déjà avancé, il sentit son cœur s'éprendre d'amour pour l'ordre de Saint-François, et vers l'an 1220, ayant distribué aux pauvres tout son avoir, il s'en vint lui-même revêtir les livrées de la pauvreté.

Ce n'était pas chez lui un élan passager de ferveur, la suite le montra d'une manière évidente. Il s'adonna à la contemplation et à une obéissance parfaite; rien ne lui semblait difficile quand il fallait obéir ou rendre service à ses frères. Vêtu comme le dernier d'entre eux, il allait demander l'aumône de porte en porte, heureux de pouvoir leur épargner ce pénible exercice; puis, une fois rentré, on le voyait s'employer aux divers offices de la cuisine, balayer la maison, se porter aux travaux propres à humilier l'amour-propre et à éloigner de lui la considération des hommes.

Son zèle se montrait surtout envers les malades; il compatissait vivement à leurs souffrances, les servait avec tendresse, leur procurait tous les secours en son pouvoir, allait demander pour l'amour de Dieu tous les remèdes dont ils pouvaient avoir besoin, et se faisait mendiant non-seulement pour ses frères, mais pour les pauvres et les malades du monde. Si, dans ces occupations charitables, il lui échappait une parole tant soit peu vive, il se mettait une corde au cou comme un criminel, et demandait pardon à celui qu'il croyait avoir offensé. Pour lui, au contraire, s'il recevait quelque injure, il n'en tenait aucun compte et l'oubliait comme si jamais il n'en avait eu connaissance.

Ces vertus avaient leur source dans une oraison presque continuelle, un examen rigoureux, journalier de sa conscience, des larmes abondantes sur ses moindres imperfections. Cet homme, si bon et si compatissant pour les autres, était impitoyable pour lui-même. Le plus souvent sa nourriture se composait de pain et d'eau; il s'efforçait d'amortir ainsi jusqu'au moindre mouvement de la chair, afin de pouvoir offrir en tout temps en sacrifice à son Seigneur une âme pure de la moindre tache.

Quinze ans se passèrent dans cette pratique constante de toutes les vertus. L'an 1236, le Maître suprême voulut apprendre à son serviteur combien il avait eu pour agréable ses sacrifices de tous les jours en lui faisant connaître l'heure prochaine de sa mort, alors que rien dans sa santé ne pouvait la lui laisser entrevoir comme prochaine, et le lieu où il l'appellerait à lui. Ce lieu était Civita-Vecchia.

Arrivé dans cette ville, Ambroise tomba malade; puis, sentant s'approcher l'heureux moment de sa délivrance, il s'abandonna à une allégresse inaccoutumée; la joie de son âme rejaillissait sur son visage, et les frères qui le servaient lui demandèrent s'il avait vu un ange du ciel ou leur Père saint François. L'humble frère, sans répondre à toute la question, se contenta de dire : « Non, notre bienheureux Père ne m'est pas apparu. » Le moment de passer de ce monde à Dieu venu, il rendit sa sainte âme au milieu des religieux édifiés et attendris; c'était bien la mort des justes, la mort précieuse en présence du Seigneur.

Déjà, pendant la vie d'Ambroise, des miracles avaient attesté combien puissantes étaient ses vertus; ils devinrent plus nombreux à son tombeau. Des malades

de toute sorte recouvrèrent la santé, des hommes possédés du démon furent délivrés, sept morts ressusci-
tèrent. Aussi les magistrats de Civita-Vecchia, émus
de tant de prodiges, prièrent-ils Grégoire IX de vouloir
bien procéder à la canonisation du serviteur de Dieu.
Le pape fit examiner les miracles; mais durant cet
examen lui-même mourut, et la chose en resta là pour
le moment. L'an 1251, l'examen recommença; cependant nous ne trouvons point le nom du fervent et illustre religieux inscrit au catalogue des saints, et nous
ignorons pour quelle cause le procès de sa canonisation ne fut point terminé.

FRÈRE JUNIPÈRE

Junipère était un de ces hommes qui peuvent s'é-
crier avec l'Apôtre : *Nous autres, nous sommes des insensés à cause du Christ*. François d'Assise avait commencé par la folie de la croix ; sa vie tout entière fut
conforme à cette heureuse folie choisie pour confondre
la sagesse mondaine, et il estimait ses disciples selon
qu'il les voyait s'en rapprocher davantage ; aussi
Junipère avait-il une part spéciale à sa tendresse,
c'était pour lui le type parfait d'un vrai frère Mineur :
« Non-seulement, disait-il, je ne rougis point de la
simplicité de ce frère, mais je souhaite ardemment que
Dieu me donne un grand nombre d'hommes semblables à lui. »

Il était venu se joindre au saint dès l'année 1210, et
sans tarder il s'appliqua à jeter les fondements d'une

haute perfection. L'humilité, la patience, le mépris du monde et de lui-même, telles étaient ses vertus de prédilection. De là pour lui une paix inaltérable, une douce joie, un contentement profond au milieu des réprimandes, des injures, des avanies, des mauvais traitements et même des dangers les plus graves. Les peines de ce monde lui semblaient autant de pierres précieuses destinées à embellir sa couronne ; partout il les recueillait avec une pieuse sollicitude, et cherchait les occasions de s'en procurer de nouvelles, il allait même jusqu'à faire des actes dignes de blâme s'ils n'eussent été inspirés par Dieu. Ainsi, une fois à Viterbe, et une autre fois à Spolète, il s'en alla sur la place au milieu d'une grande foule, dans un accoutrement qui le fit traiter de fou par tous les spectateurs et lui attira les poursuites des enfants. Rentré au couvent, ses frères ne lui ménagèrent ni le blâme, ni les représentations, ni les paroles dures; il reçut tout avec une grande allégresse, et dit à ceux de Viterbe : « Continuez, mes amis, vos paroles sont pour moi des perles inestimables, des richesses immarcescibles. » Au supérieur de Spolete il répondit : « C'est vrai, mon Père, je mérite un châtiment pour ma conduite. Eh bien ! renvoyez-moi comme je suis venu, vêtu de même et par le même chemin. » Le supérieur, désarmé par ces paroles, comprit quel esprit le faisait agir.

Junipère veillait avec un soin particulier à la garde de ses sens; son âme était pour lui comme une place forte dont il défendait les abords et tenait la porte soigneusement fermée. Quand des pensées terrestres se présentaient, il les renvoyait en s'écriant : « Retirez-vous, la place est prise, il n'en reste plus pour vous. Je ne puis d'ailleurs admettre chez moi si méchantes gens, il y a trop de péril en votre société. » Une fois il fut repris par son supérieur de se laisser aller trop facilement à lier conversation à la porte dont il était chargé, et de perdre ainsi l'esprit de prière et de ferveur. Il demeura six mois dans un silence perpétuel, en offrant à Dieu et à ses saints le sacrifice de sa langue. Au reste, ses entretiens étaient tout spirituels, le nom de Dieu était sans cesse sur ses lèvres quand il avait à parler soit à ses frères, soit aux personnes du dehors, et il abhorrait les discours inutiles.

Il s'appliquait également à soigner les malades. Leurs souffrances lui inspiraient une tendre compassion, il n'avait point de repos qu'il ne leur eût procuré quelque soulagement. Les pauvres occupaient une large place dans son cœur; il allait jusqu'à leur donner ses habits, et, comme cela se renouvelait souvent, le supérieur dut lui enjoindre au nom de l'obéissance de ne plus en user ainsi; alors il eut recours à un moyen qui nous montre bien toute la simplicité ingénue de son âme. Quelques jours après cette défense, un pauvre lui ayant demandé l'aumône, il lui dit : « Je n'ai rien à vous offrir, si ce n'est ce vêtement, et l'on m'a défendu au nom de l'obéissance de le donner; mais si vous voulez le prendre vous-même, je vous promets de ne pas y mettre obstacle. » Et ayant été dépouillé de sa robe par le pauvre, il s'en vint raconter son aventure au supérieur, qui se contenta de lever les épaules en souriant. Là ne se bornait pas sa libéralité, il donnait jusqu'aux livres du couvent, au linge de l'église, aux manteaux des autres frères, de sorte qu'on était obligé de ne rien lui laisser sous la main et de lui faire les défenses les plus rigoureuses.

Or cet homme, dont la simplicité pouvait tant de fois sembler excentrique et toucher à la folie, était redouté de l'enfer entre tous les religieux de l'ordre Séraphique; le démon ne pouvait soutenir sa présence, et fuyait devant lui, tant sa vertu lui inspirait de frayeur. C'est qu'en effet il avait placé en son cœur la croix de Jésus-Christ, et cet arbre sacré produisait en lui ces fruits incorruptibles de patience, de force, de charité, de mortification, qui rendent l'âme du juste terrible comme une armée rangée en bataille.

Le bon frère parvint à une grande vieillesse; il avait dans ses dernières années pour compagnon un religieux digne de lui par son invincible patience, son obéissance à toute épreuve, son courage à supporter les injures et les mépris du monde. Il mourut avant Junipère, et celui-ci le pleura amèrement. « Maintenant, disait-il, il me reste à mourir moi-même, la vie s'est brisée pour moi. » Il soupirait ainsi de jour en jour après le moment suprême, et se livrait avec une ferveur extraordinaire à la contemplation des merveilles du divin amour; sa prière, déjà si fervente, s'anima de nouvelle ardeurs. Dieu le favorisa de grâces singulières en ces derniers temps; un jour, à l'église, il fut ravi durant plusieurs heures en extase, et il vit la félicité préparée aux amis du Seigneur. Revenu à lui-même, il s'écriait avec transport : « O mes frères, ô mes frères, pourquoi ne pouvons-nous supporter un peu de travail et d'ennui pour acquérir la vie éternelle ? » Et il ajoutait des choses merveilleuses sur la gloire réservée à l'humilité.

Le saint frère Junipère mourut l'an 1258, sous le généralat de saint Bonaventure, et fut inhumé à Rome, au couvent d'Ara-Cœli. Il avait vécu quarante-huit ans dans la vie religieuse, sans jamais se démentir en rien de son humilité.

LE BIENHEUREUX CHRISTOPHE DE CAHORS

Le vénérable frère Christophe, né dans la Romagne, était prêtre depuis plusieurs années, et exerçait les fonctions du saint ministère dans une paroisse de son pays, lorsque la voix divine l'appela à la suite de saint François. C'était l'an 1216. Déjà l'ordre franciscain était répandu en plusieurs contrées, il allait se multipliant de jour en jour, et le parfum de ses vertus réjouissait tous les cœurs sincèrement catholiques. Christophe avait alors environ quarante-quatre ans; il renonça à sa cure sans redouter en rien les austérités d'une vie aussi pauvre, ou plutôt bien déterminé à en accroître encore les saintes rigueurs.

En effet, à peine admis dans l'Ordre, il déclara à son corps une guerre incessante, le couvrit d'un rude cilice, d'une cotte de mailles de fer, et le soumit à des pénitences de chaque jour. Il jeûnait toute l'année, excepté les dimanches et les fêtes, et son jeûne consistait en un seul repas. La vieillesse ne fut point pour lui un motif de diminuer ses abstinences; il était centenaire quand il mourut, et nul dans son Ordre ne le surpassait en mortification.

Cette vie rigoureuse n'attristait en rien ses rapports avec ses frères ou avec les personnes du monde; la douce joie de son âme se reflétait sur son visage et dans ses paroles; l'amour divin le rendait insensible aux épreuves de la vie religieuse, et répandait en sa personne un air de contentement propre à lui gagner les cœurs.

Sa charité d'ailleurs n'avait point de limites; il eût voulu être le serviteur non-seulement de ses frères, mais de tout le monde. Les infirmes et les lépreux excitaient à un haut degré sa compassion ; il les servait avec diligence, leur lavait les pieds, pansait leurs plaies, faisait leurs lits, et pourvoyait à tous leurs besoins.

François ne fut pas longtemps à reconnaître ce qu'il y avait de grand dans ce prêtre déjà avancé en âge, et, dès l'année 1219, il l'envoya en Gascogne pour y établir des maisons de son Ordre. La suite montra combien justement le saint patriarche avait apprécié la vertu de Christophe. Dans sa mission laborieuse, il distribua son temps de façon à n'en jamais employer la moindre portion en inutilités. La prière, la lecture, le travail des mains, le service du prochain, l'occupaient successivement. L'oraison surtout avait pour lui un attrait particulier ; afin d'y vaquer avec moins de distractions, il s'était fait de branches d'arbres et de terre une cellule séparée des autres, et il y passait tous les moments dont il pouvait disposer. La bonté divine venait le visiter en cette pauvre demeure ; une fois la bienheureuse Mère du Sauveur lui apparut avec sainte Anne, et le laissa inondé de consolations.

Tous les jours il célébrait la sainte messe. Ses larmes témoignaient alors de la dévotion de son cœur ; la pensée de Jésus-Christ présent sur l'autel le jetait en des transports d'amour, et le Seigneur montra par des prodiges arrivés pendant le saint sacrifice combien agréable était à ses yeux la ferveur du saint frère. A plusieurs reprises un jeune religieux qui lui servait la messe vit une colombe se reposer sur sa tête ; la première fois il voulait la chasser, mais Christophe lui fit signe de n'en rien faire, ce qui lui donnait à comprendre qu'il n'y avait là rien de naturel.

Ce jeune frère, appelé Pierre, avait renoncé au

monde et à ses espérances, pour consacrer à Jésus-Christ les prémices de sa vie ; sa pureté, son innocence et sa ferveur lui méritèrent de s'entretenir avec son ange gardien comme avec un ami. Christophe n'ignorait rien de ces entretiens sacrés ; il voulut s'en servir pour ses propres besoins. Le souvenir des fautes qu'il avait commises dans le monde l'inquiétait, il pria donc le jeune religieux d'interroger l'ange sur l'état de son âme. « Dis à Christophe, répondit l'ange, qu'il soit sans inquiétude sur les fautes dont il a pu se rendre coupable ; Notre-Seigneur Jésus-Christ lui en a accordé le pardon ; mais qu'il persévère jusqu'à la fin dans les bonnes œuvres auxquelles il se livre, pour mériter la vie éternelle. »

Ces bonnes œuvres il les poursuivait sans relâche, et Dieu le soutenait par des faveurs insignes. La nuit où mourut saint François, Christophe était à se reposer des fatigues de la journée, quand il se trouva transporté en songe à la porte d'une maison dans laquelle il voyait son bienheureux Père en proie à la maladie. Admis en sa présence, il lui demandait sa bénédiction, et le saint avec bonté étendait ses mains pour le bénir ; puis il ajoutait : « Allez, mon fils, retournez en votre province, et dites à mes frères que le cours de ma vie est fini, l'heure est arrivée pour moi de m'en aller au ciel. » Le lendemain il raconta sa vision à ses frères, et plus tard on sut qu'en effet à cette heure même François sortait de ce monde et entrait en possession des éternelles félicités.

Pour Christophe, cette heure fut différée bien longtemps ; le Seigneur le laissait à ses enfants afin de les animer par ses exemples, ses conseils et ses vertus. Ses miracles l'avaient rendu célèbre dans tout le diocèse de Cahors ; sa vie sainte et pénitente était l'objet de l'admiration universelle ; sa vieillesse centenaire

montrait en lui un émule des anciens patriarches.
Il avait fondé un grand nombre de maisons, le monde
lui avait donné pour les peupler des hommes de tout
rang, la ferveur régnait en tous les lieux soumis à
son autorité, il n'avait donc plus qu'à recevoir la couronne de justice préparée aux ouvriers fidèles et in-
fatigables. Enfin le moment arriva. La veille de la
Toussaint de l'an 1272, les frères de la maison de
Cahors reçurent ses derniers conseils et sa bénédiction ; il les exhorta avec tendresse à la persévérance ;
puis, ayant recommandé son âme à son Sauveur, il
sembla s'endormir d'un paisible sommeil, c'était le
sommeil de la mort.

Christophe avait passé cinquante-six ans dans la
vie religieuse, des miracles nombreux s'opérèrent
à son tombeau, et l'Église le jugea digne de recevoir sur la terre les honneurs qu'elle rend aux
saints.

LES PREMIERS MARTYRS FRANCISCAINS

L'année 1219 est particulièrement célèbre dans les
annales de l'ordre de Saint-François ; c'est en cette
année que l'illustre fondateur envoya ses enfants dans
toutes les parties du monde pour y établir des maisons
de l'Ordre et y prêcher l'Évangile. Il n'avait pu jusqu'a-
lors suivre les désirs de son cœur et embrasser, comme
il l'eût voulu, le monde entier dans les étreintes de son
amour ; mais en cette année, voyant la nouvelle famille
multipliée au delà de ses espérances, abondante en
hommes capables par leur sagesse de présider aux plus

vastes entreprises, et par leur courage d'affronter la mort même, il n'hésita plus. Nous avons dit déjà comment les Franciscains s'étaient établis en France, en Angleterre, en Allemagne; nous pourrions ajouter bien d'autres noms, s'il nous était donné de raconter les progrès miraculeux de ces valeureux soldats engagés à la suite du Christ sous les étendards de la pauvreté; nous nous bornerons seulement à redire l'histoire de ceux qui les premiers tombèrent victimes de leur zèle pour la foi dans les contrées infidèles. Ils ont ouvert une carrière glorieuse dans laquelle bien d'autres ont marché depuis, et de nos jours encore nous avons vu leurs successeurs fidèles à cette longue tradition du martyre qui se rattache à François d'Assise. Par eux nous terminerons ces quelques notices consacrées à faire connaître seulement les principaux compagnons de notre Patriarche; peut-être aurons-nous occasion plus tard de reprendre ce travail et de suivre pas à pas, non-seulement ces hommes généreux des premiers temps, mais les continuateurs de leur œuvre jusqu'à nos jours.

En 1219, saint François choisit donc six de ses frères pour les envoyer chez les Maures d'Espagne et de là au Maroc. C'était Vital, Bérard, Pierre, Ajut, Accurse et Otton, six victimes destinées à la mort, mais dignes de proclamer le nom du Seigneur Jésus en face de l'infidélité. Avant leur départ, il leur parla en ces termes :

« Mes enfants bien-aimés, le Seigneur m'a commandé de vous envoyer en Espagne pour y prêcher la sainte foi aux Maures (1), et combattre les sectateurs de Mahomet; allez donc avec joie en préparant

(1) Les Maures étaient alors maîtres de la partie méridionale de l'Espagne.

votre âme à la couronne céleste; la Majesté divine dai-
gnera vous l'accorder, si vous faites sa volonté sainte,
selon qu'elle vous l'inspirera. »

Et comme des fils obéissants, ils inclinèrent la tête
en signe d'assentiment, se croisèrent les bras et atten-
dirent la bénédiction de leur père; mais le saint
ajouta : « Mes chers enfants, ayez soin de garder soigneusement la paix entre vous, et d'être des frères
non-seulement par votre habit, mais surtout de cœur
et d'esprit. Fuyez par-dessus tout l'envie, qui fut le
principe de notre damnation. Soyez patients dans les
peines, joyeux dans la persécution, humbles devant
Dieu et devant les hommes; de cette manière vous
obtiendrez la victoire contre vos ennemis visibles et
invisibles. Souvenez-vous d'imiter en tout temps le
Seigneur autant qu'il vous sera possible, en vous atta-
chant à le suivre selon vos trois vœux. Suivez-le dans
l'obéissance, en vous soumettant à votre supérieur
comme lui-même se soumettait à ses parents sur la
terre; suivez-le dans la pauvreté, en vivant pauvres
comme lui; car il a voulu naître, vivre et mourir
pauvre, prêcher en tout temps la pauvreté, afin de
nous enseigner à la mettre en pratique. Suivez-le dans
la chasteté, en demeurant purs non-seulement de
corps, mais encore d'esprit; car Notre-Seigneur a tant
aimé la chasteté, qu'il a voulu naître d'une vierge,
avoir pour ses prémices dans le monde, aussitôt après
sa naissance, les innocents, qui étaient vierges; puis
pour témoins de sa mort sur la croix deux vierges, sa
très-sainte Mère et saint Jean l'Évangéliste. Mettez
donc toutes vos sollicitudes en Dieu, il vous aidera et
dirigera vos pas. Emportez avec vous la règle et votre
bréviaire; soyez fidèles à dire l'office divin de la manière la plus parfaite; et sur toute chose n'oubliez
jamais la Passion de Jésus-Christ; c'est elle qui vous

fera trouver douces toutes les difficultés, suaves toutes les peines, soit dans la longue route que vous aurez à parcourir pour arriver en Espagne, soit durant votre séjour chez les Maures ennemis de leur Créateur.

« Sachez bien qu'en vous envoyant si loin de moi, je n'ai pour motif que la gloire de Dieu et le salut des âmes; jamais je ne consentirais sans cela à me séparer de vous; Dieu sait quelle peine je ressens en mon cœur en vous voyant partir, quoique votre obéissance si prompte me comble de consolation. »

A ces mots, ces fils obéissants pleurèrent de tendresse et se recommandèrent aux prières du saint, en qui ils avaient une confiance sans bornes. « O Père, lui dirent-ils, rappelez-vous que nous allons chez des nations très-cruelles, dont nous ne connaissons ni la langue ni les usages, chez des peuples tout à fait ennemis des chrétiens. Ce qu'ils désirent, c'est de se désaltérer de notre sang, et ce désir sera bien plus grand encore quand ils sauront que nous cherchons à convertir leurs gens. Nous nous sentons bien faibles pour un pareil ministère, nous ne savons trop comment nous l'exercerons, si la miséricorde de Dieu ne nous vient en aide par vos prières. C'est pourquoi nous nous recommandons à vous et nous vous demandons humblement votre sainte bénédiction, afin que nous soyons fidèles en ce commandement à la sainte obéissance pour l'honneur de Dieu, le salut des âmes des infidèles et des nôtres. »

Alors le saint Père, levant au ciel ses yeux baignés de larmes, les bénit en disant : « Que la bénédiction de Dieu le Père, la charité de Dieu le Fils, et la grâce du Saint-Esprit descendent sur vous comme autrefois sur les Apôtres; qu'elles vous accompagnent dans votre chemin, qu'elles vous fortifient et vous affermissent dans les tribulations, afin que vous résistiez courageusement à vos ennemis, que vous attaquiez fortement, et que vous sortiez vainqueurs du combat. »

Et, pleurant de tendresse, il les envoya, conformément à leur sainte règle, à pied, sans chaussures, sans argent, sans sac pour les provisions, sans bâton, vêtus d'un seul habit, pauvre, grossier et tout rapiécé; mais en échange, ils avaient la grâce de Dieu, et elle les conduisit en Espagne sans le moindre accident.

En Aragon, frère Vital, le supérieur de la pieuse troupe, tomba gravement malade. Après quelques jours d'attente, ne voyant aucune amélioration à son état, il appela ses compagnons et leur dit : « Mes frères bien-aimés, sans doute je suis indigne de votre société ou incapable de rendre aucun service au Seigneur, puisque la divine Majesté ne juge pas convenable de me permettre d'aller plus loin. Pour vous, il est nécessaire que vous me laissiez ici pour vous appliquer à la sainte œuvre de la conversion de ces peuples, à laquelle le Seigneur vous a conduits au nom de l'obéissance. Ne vous inquiétez pas de m'abandonner seul en ces lieux, la Majesté divine ne manquera pas de me venir en aide; poursuivez votre course, en vous rappelant les avis de notre saint Père; demeurez-y fidèles, et n'oubliez pas de prier Dieu pour moi. »

Les frères ne purent entendre ces paroles sans verser des larmes abondantes; ils prirent le Seigneur à témoin de la peine extrême qu'ils éprouvaient à abandonner ainsi leur compagnon, et que l'obéissance seule pouvait les contraindre à un pareil sacrifice; puis, serrant le malade dans leurs bras, ils le prièrent de demander au Seigneur de vouloir bien au moins les réunir dans le ciel. Le pauvre malade demeura profondément attristé de ne pouvoir suivre ses frères dans cette mission, dont le terme devait être le martyre, et sa faiblesse alla en s'augmentant ; il ne devait pas être longtemps séparé d'eux.

Les religieux se dirigèrent vers le Portugal, où ils furent reçus par la reine Urraque, épouse d'Alphonse II, comme des envoyés célestes. A Alenquer, ils s'arrêtèrent pendant quelque temps pour laisser pousser leur barbe et leurs cheveux, et rendre possible un déguisement sans lequel ils ne pouvaient pénétrer chez les infidèles. Alenquer possédait depuis deux ans une maison de frères Mineurs dirigée par le saint religieux Gaultier ; les missionnaires purent s'y préparer dans la solitude à leur grande entreprise. Après quelques mois de séjour dans cette maison, on les fit embarquer à Lisbonne pour Séville, alors au pouvoir des musulmans.

Arrivés là, ils descendirent chez un chrétien fort riche, et y demeurèrent huit jours occupés à prier le Seigneur de leur donner le courage dont ils avaient besoin pour glorifier son nom, puis ils demandèrent conseil à leur hôte. Celui-ci, effrayé de leur dessein, et redoutant la fureur des infidèles pour avoir reçu dans sa maison de tels hommes, chercha à les détourner d'une tentative au moins inutile, et dont le résultat le moins douteux serait sa ruine à lui et celle des autres chrétiens de la contrée. Les frères, sans daigner même répondre à ces raisons d'une sagesse terrestre, sortirent de chez lui revêtus de leur habit franciscain et se dirigèrent vers une mosquée, où la foule était réunie pour prier. Là ils se mirent à prêcher Jésus-Christ ; mais leur costume étrange et leur langage inintelligible (Bérard seul connaissait un peu la langue arabe) les firent chasser de la mosquée par la multitude. Alors ils se dirent les uns aux autres : « Pourquoi lutter inutilement contre cette foule trop grossière et trop nombreuse pour prêter attention à nos paroles ? Allons plutôt trouver le roi ; cherchons d'abord à abattre le chef, et nous vaincrons ensuite facilement les membres. Allons sans crainte, allons avec joie lui annoncer les vérités de notre foi divine. Confessons courageusement en sa présence le Seigneur; il nous attend pour nous donner la couronne du martyre après nous avoir rachetés par son sang de la mort éternelle. »

Les saints missionnaires prirent donc le chemin du palais, aux portes duquel ils furent arrêtés par les gardes. Interrogés, ils répondirent : « Nous sommes Italiens, et nous avons à entretenir Sa Majesté de choses qui importent à sa personne et à son royaume. — Mais avez-vous des lettres à remettre à ce sujet? — Non, reprirent-ils, nous devons nous acquitter de vive voix de notre message. — Alors, dit le ministre du prince, rendez-moi compte de tout sans crainte, et je ferai au roi un rapport fidèle. — Non, ajoutèrent les religieux, introduisez-nous en sa présence, et vous-même vous assisterez à notre entretien. »

Cédant à leurs instances, le ministre s'adressa au roi, et ils furent introduits immédiatement. Le roi leur demanda quel était le but de leur voyage, et de la part de qui ils venaient. Alors frère Bérard répondit : « Nous sommes chrétiens et des contrées de l'Italie; nous venons de la part du Roi des rois, du Rédempteur du monde, Jésus-Christ, vous prêcher sa sainte foi. Ce que nous nous proposons, c'est de sauver votre âme, et vous y arriverez en renonçant à votre Mahomet, en croyant en Jésus-Christ, et en recevant le baptême au nom de la très-sainte Trinité; hors de là il n'y a pas de salut possible en ce monde. »

Le prince, qui s'attendait à toute autre chose, se crut insulté par les serviteurs de Dieu et entra dans une colère étrange : « Hommes insensés et malheureux, s'écria-t-il, comment avez-vous eu l'audace de paraître en ma présence pour me tenir un tel lan-

gage? comment avez-vous pu faire si peu de cas de ma
dignité et exposer ainsi votre propre vie? quels châtiments méritez-vous pour avoir blasphémé de la sorte
contre mon prophète? Mais, dites-moi, êtes-vous venus
pour me prêcher seulement à moi votre doctrine, ou
bien encore à mon peuple, afin de lui faire adopter
vos mensonges et de le soustraire à mon obéissance? »

Les saints missionnaires, sans s'étonner de l'empor-
tement du prince, lui répondirent d'un ton calme :
« Nous nous sommes adressés à vous, ô roi, comme
au chef de la secte impure de l'imposteur Mahomet ;
comme à celui qui doit être plongé plus profondément
dans l'abîme de l'enfer avec son prophète, afin qu'une
fois dans le chemin de la vérité, vous enseigniez à vos
sujets à y marcher également, et que vous soyez alors
la cause de leur salut comme vous êtes la cause de leur
damnation. Pour cela, il vous faut d'abord croire en
Jésus-Christ notre Rédempteur; lui-même nous envoie
à vous; car il a dit dans son Évangile : « Allez, ensei-
gnez à toutes les nations la voie véritable du salut, et
baptisez-les au nom du Père, et du Fils, et du Saint-
Esprit. » Ensuite il a ajouté pour vous et pour ceux
qui ne voudront pas se soumettre à sa loi : *Celui qui
croira sera sauvé; celui qui ne croira pas sera condamné.*

Le roi poussa un cri en se bouchant les oreilles :
« Hommes maudits, leur dit-il, vos crimes vous ont
conduits ici pour y recevoir leur juste châtiment; il
n'y a qu'un moyen de vous soustraire au supplice,
c'est de rétracter vos discours téméraires et insensés,
et de croire en notre grand prophète. A cette condition
non-seulement je vous pardonnerai, mais je vous ferai
grands et riches dans mon royaume, et tous appren-
dront à estimer notre prophète en voyant de quelle
manière nous traitons ceux qui l'honorent; autrement

je punirai votre folie par des supplices inouïs. »

Les saints reprirent : « Si votre loi, ô prince, n'était pas une loi de mensonge et d'iniquité, si elle était conforme à la vérité et à la justice, nous l'accepterions volontiers; mais elle fait encourir à tous ses adhérents des peines sans fin, et ainsi nous ne pouvons tenir aucun compte de vos trésors; nous ne voulons point de vos honneurs, nous n'avons aucune crainte de vos menaces ni de vos supplices; par la pauvreté et le mépris d'une vie passagère, nous acquérons une vie éternelle, des biens et des honneurs sur la terre et au ciel; car le Seigneur nous dit : *Ne cherchez pas à amasser des trésors en ce monde, où rien n'est en sûreté, mais dans le ciel, où vous les possèderez éternellement.* Pour vous, ô roi, convertissez-vous à cette loi sainte et véritable; si vous tenez tant à ce royaume terrestre, combien plus devez-vous faire cas du royaume céleste? Tournez votre cœur vers le vrai Dieu; depuis bien longtemps il vous attend à la pénitence, et maintenant il vous envoie ses messagers pour vous délivrer des tourments éternels préparés à vous et à tous les sectateurs de l'impur Mahomet. Ne méprisez pas la grâce que le Seigneur vous fait par ses ministres. »

Le prince, rendu furieux par ces discours, commanda d'emmener les frères hors de sa présence et de leur trancher la tête. Pleins d'allégresse, ils s'encourageaient les uns les autres. « Allons, se disaient-ils, voici le moment tant désiré, si ardemment appelé, le Seigneur nous l'a donné, nous touchons au port. Ranimons donc à cette heure notre courage, supportons cette courte épreuve; désormais nous n'aurons plus à craindre les tempêtes formidables du monde, les assauts terribles de la tentation, les entraînements perfides de la chair. Les méchants désormais n'auront plus de pouvoir sur notre faible corps. Nous irons dans cette patrie bienheureuse, où nous servirons vraiment le Seigneur, où nous recevrons au centuple la récompense de nos fatigues. Oui ! louons en ce moment le Seigneur, souffrons pour lui ces tourments passagers, rendons-lui cette vie, dont tout le mérite vient de sa mort sur la croix... »

Ainsi les serviteurs de Dieu marchaient d'un pas allègre au lieu où ils allaient recevoir le martyre. Le bourreau, touché de compassion et les prenant pour des insensés, les exhortait à rentrer en eux-mêmes et à profiter des offres du roi ; mais ils le remercièrent de sa pitié, dont le résultat serait de leur ravir les félicités éternelles. Cependant le fils du roi, présent à tout l'entretien, conseilla à son père de modérer la rigueur de sa sentence, et d'essayer par la prison d'abattre cette ardeur des missionnaires ; le temps les ferait rentrer en eux-mêmes, et lui-même n'exciterait pas contre lui les princes chrétiens ses voisins. Autant par politique que par pitié, le roi céda à ce conseil, et les fit enfermer dans une tour jusqu'à nouvel ordre.

Ce changement contrista singulièrement les martyrs. Le Seigneur, se disaient-ils, les avait trouvés indignes de verser leur sang pour sa religion. Cependant ils se remettraient de tout à sa divine volonté, et jusqu'au bout ils accompliraient l'œuvre confiée à leur faiblesse. A peine dans la tour, ils montèrent au sommet, et de là se mirent à annoncer aux passants les enseignements de notre sainte foi. Instruit de ces tentatives nouvelles, le chef maure les fit jeter dans une prison souterraine, où ils passèrent cinq jours dans une prière continuelle ; puis il les fit appeler en sa présence et leur dit : « O hommes aveugles, avez-vous enfin reconnu votre erreur ? N'abusez pas davantage de ma clémence ; assez longtemps j'ai attendu votre retour à de meilleurs sentiments. Aujourd'hui je vous donne ma dernière parole : ou la mort la plus terrible sans plus tarder, ou ma faveur, avec des honneurs et des richesses, comme en ont mes amis les plus chers. »

Ces hommes, venus de si loin pour annoncer Jésus-Christ, saisissaient avec empressement l'occasion de le faire connaître et de remplir leur mission ; ils répondirent donc : « Déjà nous vous avons fait connaître nos sentiments sur les richesses et les honneurs de ce monde ; nous vous avons dit ce que nous pensions de vos tourments et de la mort ; faites donc et bien vite ce que vous avez à faire ; l'amour de notre Rédempteur nous presse à tel point de nous unir à lui, que chaque heure de retard nous semble avoir la durée de mille ans ; nous brûlons d'aller le rejoindre au ciel pour vivre avec lui éternellement sans crainte d'en être jamais séparés. Lui seul est le Dieu véritable, et non votre Mahomet, qui déjà souffre les supplices préparés pour lui et ses sectateurs. Ces supplices vous aurez à les souffrir vous-même sans jamais pouvoir sortir de l'enfer, si vous ne vous convertissez. Alors vous appellerez, et nul ne vous répondra ; vous vous repentirez de n'avoir pas suivi le conseil que nous vous donnons de la part de Dieu, quand vous serez plongé dans ces tourments horribles, dans ces douleurs, dans ce désespoir éternel; mais ce sera inutilement. Toutes ces peines sont pour ceux que Dieu au jour du jugement aura trouvés contraires à la foi de son Fils Jésus-Christ, vrai Dieu et vrai homme; ils vivront au milieu de ces supplices, comme les serviteurs fidèles au milieu d'une joie éternelle. O roi, il n'y aura plus de ressource alors; mais maintemant vous pouvez quelque chose; par un bienfait de sa charité, Dieu attend que vous vous convertissiez. Vous serez bienheureux si vous comprenez une telle faveur. »

Ces paroles ne furent pas sans impressionner le musulman, et, avant de prendre un parti, il voulut avoir l'avis de ses conseillers. Ceux-ci l'engagèrent à renvoyer les frères de son royaume comme des hommes dont la raison s'était altérée, et à ne pas souiller ses mains dans leur sang. Un vaisseau allait partir pour le Maroc, il fit embarquer les missionnaires pour cette contrée, où ils désiraient eux-mêmes aller.

L'infant de Portugal, don Pédro, vivait retiré là à la suite de quelques discussions avec son frère le roi Alphonse II. Il reçut les serviteurs de Dieu comme des envoyés célestes, leur donna tous les secours dont leur santé, délabrée par la pénitence et la prison, avait besoin, puis leur conseilla de modérer leur zèle pour ne pas s'exposer de nouveau aux périls qu'ils venaient de courir à Séville. Ils quittèrent la demeure du prince portugais, sans se soucier de l'avenir dont ils étaient menacés, et dirigèrent leurs pas vers le palais de Miramolin, empereur du Maroc. Le souverain, pour lors absent, devait rentrer sous peu dans sa capitale; les religieux commencèrent donc à annoncer l'Évangile au peuple en attendant son retour. Bérard, qui connaissait mieux l'arabe, déployait dans ces prédications toute l'ardeur de son âme, et il était à invectiver contre le prophète imposteur de la Mecque quand enfin le prince musulman vint à passer. Surpris d'une telle audace, il le fit chasser de la ville, lui et ses religieux, avec ordre de les embarquer pour les pays chrétiens. Mais, arrivés à Ceuta, les missionnaires trouvèrent le moyen d'échapper à la vigilance de leurs gardes et de revenir à la capitale. Le prince, irrité de ce retour inattendu, les fit jeter dans un cachot avec défense de leur donner aucune nourriture; la grâce divine leur vint en aide et les sustenta miraculeusement dans la prison. Une sécheresse excessive fit craindre pendant ce temps des malheurs pour le pays, et les Maures, reconnaissant dans ce fléau une vengeance du Ciel, supplièrent le prince de rendre la liberté aux prisonniers.

Miramolin, les ayant fait venir en sa présence, fut très-étonné de les voir, après vingt jours d'abstinence absolue, mieux portants qu'avant leur entrée en prison. Il demanda à Bérard qui leur avait donné à manger pendant ce temps. Bérard lui répondit que, s'il voulait se faire chrétien, il connaîtrait combien grand était le pouvoir de Dieu, comment il sustente ses serviteurs sur la terre et les conserve pour leur accorder ensuite une récompense éternelle. Le prince, sans répliquer un mot, les fit remettre aux chrétiens de la ville avec ordre de les reconduire à Ceuta et de les diriger vers le Portugal. Mais ils s'échappèrent comme la première fois, et revinrent à leurs prédications. Alors don Pedro, craignant que leur zèle n'occasionnât quelque persécution violente contre les chrétiens de tout l'empire, les fit garder dans son palais.

Quelque temps après l'infant, ayant pris part à une expédition contre des tribus rebelles, les mena avec lui à la guerre. La victoire couronna l'entreprise ; mais l'armée victorieuse se trouva à son retour en danger de périr de soif dans un désert sablonneux. Les religieux, pleins de confiance en la miséricorde divine, promirent de l'eau à tous ces soldats s'ils voulaient se convertir à la foi chrétienne. Le roi, instruit de ce discours, prétendit, lui, que, si ses troupes étaient réduites à une telle extrémité, on devait l'attribuer à sa clémence envers des hommes coupables de blasphème contre Mahomet. Il n'y avait plus à attendre ; Bérard, touché de l'aveuglement de ces peuples malheureux, frappa la terre de son bâton, et il en jaillit une source abondante à laquelle se désaltérèrent les hommes et les animaux; on fit des provisions pour le reste du voyage, et la source se tarit aussitôt. Chrétiens et mahométans crièrent au miracle, et regardèrent les missionnaires comme des saints; seul l'empereur demeura endurci et plus irrité que jamais contre les serviteurs de Dieu.

A peine de retour à Maroc, ils recommencèrent à prêcher; mais le prince les fit arrêter de nouveau, et chargea un des principaux de sa cour de les faire mourir au milieu des tourments les plus cruels. Cet officier, témoin du miracle opéré dans le désert, se contenta de les mettre en prison; puis, l'empereur étant sorti de la ville, il s'entendit avec l'infant pour les faire conduire à Ceuta. Ils trouvèrent encore le moyen de s'échapper et de revenir à Maroc, où ils prêchèrent de nouveau la foi sur les places publiques. Le peuple, furieux de les entendre parler contre Mahomet, se jeta sur eux, les accabla de mauvais traitements et les conduisit devant le magistrat chargé de la justice. Il leur demanda quel but ils se proposaient par cette persévérance à blasphémer contre Mahomet. L'un d'eux prit la parole et répondit : « Nous avons reçu du Seigneur l'ordre de prêcher, et il vaut mieux lui obéir que d'obéir aux hommes. Jésus-Christ est notre Créateur, notre Rédempteur et notre Maître; de lui dépendent toutes les choses de ce monde, nul ne saurait résister impunément à sa volonté. Or ce Jésus-Christ nous a commandé de prêcher son saint Évangile à tous les hommes, et ainsi nous sommes venus l'annoncer à votre empereur et à vous-même; nous sommes venus vous faire connaître les paroles de vie, afin que, illuminé par la grâce divine, vous connaissiez l'erreur dans laquelle vous êtes plongé, et que vous rentriez dans la voie du salut, comme nous allons vous l'apprendre, si vous voulez prêter l'oreille à nos paroles.

— Mais, reprit le juge, c'est vous qui êtes des aveugles et des insencés, vous qui vous êtes écartés de la voie véritable du salut. Quelle voie pourrait être vraie, si ce n'était la nôtre ? »

Alors frère Othon, rempli du Saint-Esprit, s'écria : « La voie véritable est Jésus-Christ; elle seule peut conduire au port du salut; la voie véritable est notre sainte foi, qui consiste à le croire Dieu et homme, à croire à la Trinité Père, Fils, et Saint-Esprit, Dieu unique en essence, trois en personnes et Créateur du monde. Jésus-Christ est Dieu et homme, homme uni à la divinité, et rédempteur de tous les hommes, perdus par le péché d'Adam. Il a conversé avec eux dans son humanité, il les a enseignés, il a sauvé ceux qui ont cru en lui, il les sauve encore aujourd'hui, et il les sauvera jusqu'au jour du dernier jugement. Il a souffert sa passion et la mort pour satisfaire, au prix de son sang, à la dette de nos fautes; il est ressuscité et monté au ciel, d'ou il viendra encore une fois pour juger sur la terre les vivants et les morts. Alors ni la force, ni la puissance, ni les richesses, ni les empires ne serviront de rien; seules les œuvres, bonnes ou mauvaises, compteront en ce jugement, où les saints recevront une gloire éternelle dans le ciel, tandis que ceux qui n'auront pas voulu croire seront pour jamais condamnés au feu de l'enfer.

— Et comment sais-tu ces choses? dit le juge en souriant.

— Je les sais par le témoignage des saintes Écritures qui contiennent ces vérités, et qui nous ont été transmises de main en main par des hommes saints; je les sais par les prophètes et les patriarches. Leurs prophéties ont reçu leur accomplissement, il faut donc croire à leur doctrine. Pour vous, vous croyez sur les écrits seuls de votre Mahomet, sans autre temoignage que sa parole trompeuse. Nous avons nous autres, outre les prophéties, les miracles de Jésus-Christ, de ses martyrs, de tous ses saints; nous avons une multitude innombrable de malades guéris, de démoniaques délivrés, d'aveugles, de sourds et de muets recouvrant l'usage de leurs yeux, de leur langue et de leurs oreilles; de lépreux rendus à la santé, de morts ressuscités et arrachés à la corruption du tombeau. Vous ne sauriez montrer rien de semblable chez votre Mahomet. Par conséquent laissez là cette croyance criminelle et abominable pour vous attacher à notre croyance à nous, croyance appuyée sur tant de prodiges, sur tant de témoignages divins et humains. Fuyez cette erreur dont la fausseté est si évidente, élevez les yeux au-dessus de ce nuage trompeur qui vous entoure de son ombre, uniquement parce que vous êtes né et avez été nourri dans cette loi. A peine vous serez-vous élevé au-dessus de cette atmosphère pour donner place au Saint-Esprit en votre cœur, que, tout illuminé d'une splendeur éclatante, vous ressentirez une force extraordinaire, et alors vous ferez de vous-même plus que nous ne vous disons, plus que nous ne pouvons vous dire, et par votre exemple vous ouvrirez encore la porte du salut à ce peuple. »

Ainsi autrefois parlait Étienne devant les Juifs prêts à lui donner la mort, ainsi parlait Paul devant l'Aréopage et devant Agrippa. Le juge comprit tout de suite quelle pouvait être la portée d'un tel langage sur la foule, et il donna aux saints à choisir entre la religion de Mahomet et les tourments les plus atroces. « Le Seigneur a eu soin de nous prévenir de toutes ces menaces, reprit frère Othon, et il nous a avertis de ne pas craindre ceux qui peuvent tourmenter ce corps fragile, mais bien Celui qui peut livrer le corps et l'âme aux supplices de l'enfer. Nous savons que celui-là sera couronné qui aura persévéré jusqu'à la fin; faites donc comme bon vous semblera, nous espérons de la bonté divine que vous serez las de nous tourmenter avant que nous le soyons de souffrir pour l'amour de Dieu. »

Alors le juge ordonna de les séparer les uns des autres, puis il les fit battre cruellement; on répandit du sel et du vinaigre sur leurs plaies, et on les livra à la fureur populaire, qui, ayant à venger sur eux les injures dites à Mahomet, les traita avec une barbarie sans mesure. Mais au milieu des tourments, les saints martyrs se montraient imperturbables; ils louaient et bénissaient le Seigneur Jésus. Enfin on les ramena demi-morts en prison.

La tendresse miséricordieuse du Seigneur les y attendait pour les consoler et les préparer à de nouveaux combats. Pendant la nuit, une lumière éclatante remplit la prison et les pénétra d'une telle douceur, qu'ils oublièrent leurs peines. Les gardes eux-mêmes, témoins du prodige, accoururent effrayés, croyant les martyrs en fuite. Un chrétien nommé Hernandez, aussi prisonnier, les rassura en leur disant qu'il les avait entendus louer Dieu toute la nuit, et ils les trouvèrent eux-mêmes occupés à prier.

Le matin, le roi, ayant connu la suite de cette affaire, et tenant à amener les missionnaires à sa religion, les fit paraître de nouveau en sa présence. « Eh bien, leur dit-il, voulez-vous être encore mes ennemis, des rebelles, et mourir ainsi cruellement, ou bien mes amis les plus chers et les premiers de mon royaume?

— Prince, répondirent les saints, nous sommes vos amis en toute vérité; car nous sommes venus de si loin par amour pour vous et vos sujets, pour ne pas vous laisser périr et aller à jamais en enfer. Nous avons ex-

posé notre vie à des peines de toutes sortes pour le
salut de votre âme et de votre corps. »

Le tyran, confus de cette réponse, se retira dans sa
chambre pour prendre conseil sur ce qu'il avait à faire.
Pendant ce temps un des grands de la cour voulut
aussi tenter d'amener les religieux à des sentiments
meilleurs; il leur parla de la clémence du prince, du
grand prophète et de sa loi. « Retire-toi, Satan, lui dit
Othon, nous adorons le Père, le Fils, et le Saint-Esprit,
Dieu unique en trois personnes. Pour toi, tu seras
condamné avec ton prophète au feu éternel de l'enfer,
si tu ne te convertis. Aie donc pitié de toi et non de
nous, qui avons choisi la voie assurée pour arriver au
ciel. » Un soufflet fut la réponse du courtisan; Othon
lui présenta l'autre joue sans se plaindre, au grand
étonnement des spectateurs, qui ne comprenaient pas
cette sorte de vengeance.

Le roi imagina contre les serviteurs de Dieu ce que
les persécuteurs des premiers temps avaient imaginé
plus d'une fois; ne pouvant les intimider par les tourments, il voulut les amollir par les plaisirs. Il fit retirer la foule et introduire des femmes richement
parées, qu'il leur proposa pour épouses avec de grandes
richesses et les premières places du royaume. A ces
promesses les saints se bouchèrent les oreilles, puis
répondirent : « Homme maudit de Dieu, garde pour
toi ces délices, qui te conduiront bientôt à l'abîme de
l'enfer, où t'attend ton faux prophète Mahomet. Tu
lui as été fidèle sur la terre, tu seras avec lui éternellement, et parce que tu es puissant ici-bas, tu seras tourmenté plus terriblement après ta mort. Pour nous,
avec la grâce de Dieu, nous savons fuir ces plaisirs
passagers, afin de pouvoir jouir de la béatitude divine.
Cette béatitude, nous te l'offrons encore une fois de sa
part malgré tes péchés, car Jésus-Christ est mort pour

toi sur la croix aussi bien que pour nous, si tu veux te montrer reconnaissant de ses bontés et te repentir de ta vie criminelle.

— Puisque vous ne voulez pas comprendre mes bienfaits, reprit le roi, vous connaîtrez ce qu'on gagne à offenser mon prophète et ma couronne; je me vengerai et pour lui et pour moi.

— Nos corps sont entre vos mains, s'écrièrent les martyrs; plus vous nous traiterez mal en cette vie, plus vous nous procurerez de gloire dans le ciel. Faites donc tout ce qui est en votre pouvoir, nous mourons pour notre sainte foi, et la couronne céleste nous est préparée. Nous vous conjurons seulement encore une fois, pour le salut de votre âme, de renoncer à vos erreurs, d'embrasser la foi du Dieu vivant et de son Fils unique Jésus-Christ, de chercher à vous soustraire aux peines terribles et éternelles de l'enfer. »

Le roi ne fit pas même attention à ces dernières paroles; mais, saisissant son cimeterre, il fit conduire les religieux sur la place, et dit à haute voix: « Je venge de mes mains notre prophète et l'injure faite à notre loi. » Puis il frappa un coup sur la tête de chacun des frères, et, comme si la vue du sang eût redoublé sa fureur, il revint une seconde fois à la charge, alors que les cadavres mutilés ne conservaient plus aucun souffle de vie. C'était le 16 janvier 1220; les martyrs avaient reçu la mort en priant pour leur persécuteur.

À la même heure, l'infante de Portugal, Sancie, priait dans son palais d'Alenquer. Elle avait aidé les missionnaires à passer chez les infidèles, et leur avait demandé le secours de leurs prières comme à des amis de Dieu. Ils lui apparurent alors brillants de gloire, tenant en main un cimeterre, et lui disant : « O servante du Très-Haut, vous nous avez aidés à parvenir au triomphe, c'est pourquoi la Majesté divine nous permet de vous apparaître. Nous avons triomphé, et nous vous promettons d'être vos avocats dans le ciel. »

Les chrétiens de Maroc voulurent enlever les précieux restes des martyrs à la faveur de la nuit; mais les Maures les poursuivirent à coups de pierre, tuèrent deux écuyers de don Pédro, et cherchèrent à brûler les corps sans pouvoir cependant en venir à bout, la puissance divine éteignant toujours le feu. Un orage ayant ensuite éloigné les infidèles, les chrétiens revinrent sur la place, enlevèrent tout ce qu'ils purent ramasser des saintes reliques et les remirent à l'infant, qui plus tard les rapporta en Portugal. Des Maures aussi recueillirent quelques lambeaux de chair et les portèrent à l'infant, dans l'espoir de recevoir une récompense. De nombreux miracles s'opérèrent au tombeau des saints martyrs; le pape Sixte IV les canonisa l'an 1481.

Nous avons laissé frère Vital, le supérieur de la pieuse troupe, malade en Espagne. Séparé de ses frères, il n'avait fait que languir, s'estimant un homme inutile et indigne du combat du Seigneur. Quand il apprit leur triomphe, son âme s'illumina d'un rayon de joie céleste, il bénit Dieu et mourut dans un transport de sainte allégresse; il allait rejoindre les siens dans le ciel; le feu de son amour et de longues souffrances corporelles, unies à un désir ardent du martyre, le rendaient digne de s'asseoir à côté d'eux dans la gloire.

Lorsque saint François apprit cette nouvelle victoire de son Ordre, il s'écria en pleurant de tendresse : « Je puis dire en toute assurance que j'ai cinq frères Mineurs. » Puis, s'adressant au couvent d'Alenquer, d'où ils étaient partis pour aller au martyre, il le saluait en ces termes : « Maison sainte, terre sacrée, tu as produit et offert au Roi du ciel cinq belles fleurs empourprées d'une odeur très-suave. O maison sainte, sois toujours habitée par des saints! »

Depuis l'immolation du 16 janvier 1220, l'ordre de saint François n'a pas cessé de donner des martyrs à l'Église. Il y a quelques mois, la voix solennelle du Père des fidèles conférait à vingt-trois d'entre eux le titre de saints; il y a deux ans à peine, d'autres trouvaient la mort dans les montagnes du Liban, au milieu des fonctions du ministère apostolique.

FIN

TABLE

ŒUVRES DE SAINT FRANÇOIS D'ASSISE.

PREMIÈRE PARTIE. — LETTRES.

OPUSCULES.

DEUXIÈME PARTIE. — RÈGLE DES TERTIAIRES.

CONFÉRENCES MONASTIQUES.

APPENDICE AUX OEUVRES DE SAINT FRANÇOIS.

DISCOURS.

ŒUVRES DU BIENHEUREUX FRÈRE ÉGIDIUS.

ŒUVRES DU BIENHEUREUX JACQUES DE TODI.

A corriger p. 19, *l.* 17: dont il est écrit, *lisez :* d'eux il est écrit.

Tours. — Impr. MAME.